영호남의 인문지리

-동서지역갈등의 사회사-

김 정 호

영호남의 인문지리
-동서지역갈등의 사회사-

초판 1쇄 인쇄 2018년 10월 2일
초판 1쇄 발행 2018년 10월 10일

지은이   김 정 호
펴낸이   김 경 희
펴낸곳   ㈜지식산업사
등 록   1969년 5월 8일, 1-363
본 사   10881, 경기도 파주시 광인사길 53(문발동)
      전화 (031) 955-4226~7   팩스 (031) 955-4228
서울사무소 03044, 서울시 종로구 자하문로6길 18-7(통의동)
      전화 (02)734-1978, 1958   팩스 (02)720-7900
누리집   www.jisik.co.kr
전자우편 jsp@jisik.co.kr

ⓒ김정호, 2018
ISBN 978-89-423-9053-3(03910)

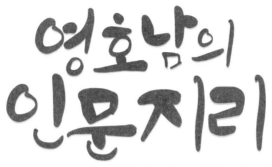

영호남의 인문지리

—동서 지역갈등의 사회사

김 정 호

지식산업사

영호남의 풍수와 역사

전라도 사람이 억울하고 한이 많다는 것은 여러 차례 글로 썼지만 이 장단에 춤춰 주는 이를 아직 만나지 못했다. 스스로 장구 탓이나 하는 선무당임을 아는 터라 누굴 탓할 마음은 없지만, 평생 해 온 일의 마무리 글을 남기고 세상을 떠도 떠야겠다는 생각을 하게 되었다.

글이란 본디 내 말을 남에게 알리고 싶어서 쓰는 표현 방편이라 조리가 있고 음률에 맞춰 읽는 이를 즐겁게 할 줄 알아야 한다. 이를 터득하지도 못하고 종이와 잉크만 축내고 있는 것 같아 쑥스럽기 그지없다.

시골 동네와 고을 터, 섬과 강을 찾아다니며 그 내력을 더듬고 민속과 전설을 수집해 신문에 연재하던 시절이 가고 벌써 여든 고개를 넘겼다. 돌이켜 보니 무던히도 많은 글을 썼다. 〈섬·섬사람〉(50회), 〈민속의 향기〉(50회), 〈전설의 현장〉(200회), 〈옛터〉(130회), 〈토박이〉(100회)를 비롯해 쉼 없이 10~20편짜리 연재를 계속했더니 어느 날부터 향토사가라는 별칭이 붙었다. 그 덕에 지방문화재위원과 문광부유물감정위원에 위촉되는 대

접도 받았다.

이렇듯 무수히 많은 글들을 쓰면서 지역에 대해 이해해 가다가 5·18을 겪었다. 이때 역사란 승자의 기록일 수밖에 없다는 생각이 가슴을 저며 왔다. 언론계 생활에서 기록과 실제 사이의 오류와 왜곡을 많이 체험했던 터에 5·18까지 겪으면서 진실은 얼마든지 왜곡될 수 있다는 가능성이 가슴을 때렸다.

1980년대에 접어들면서 향토문화연구소라는 간판을 내걸고 향토자료를 모으는 한편, 향토연구동호인들을 모아 시·군 연구회를 만들었다. 목포대학교 이해준 교수 등 몇몇 분과 《향토사 이론과 실제》(향토문화진흥원출판부)라는 단행본을 내고 이 책으로 순회강좌를 하기도 했다. 그 사이에 향토연구자들이 접하기 어려운 자료로 《호남역지》, 《전남의 옛지도》, 《전남의 마을 유래 자료집》, 《전남의 전설》, 《호남문화입문》, 《전남의 옛 鎭·營》 등 동호인들의 연구에 도움이 될 만한 여러 단행본과 자료집을 펴내는 데 참여했다. 《전남도지》나 《광주시사》는 말할 것도 없고, 다른 여러 고을의 군지 간행에도 참여했다. 국내 여러 잡지에 기고하며 모은 글 가운데 향토문화 진흥에 관련된 것들만을 추려 펴낸 것이 《서울제국과 지방식민지》(지식산업사, 1991)다.

1988년에는 손보기·김성훈 교수(전 농림부장관) 등과 함께 장보고연구의 필요성을 절감해 신문에 기획연재를 한 뒤 네 명이 공동집필해 책을 냈다(《장보고 해양경영사연구》, 이진, 1993). 이 일로 중국을 일곱 차례, 일본을 세 차례 다녀왔다.

1995년에는 왕인 박사 유적 고증위원에 위촉되어 일본을 네 차례 다녀왔다. 보고서 겸 연구결과를 1997년 《왕인전설과 영산강문화》(민창문화사)라는 이름의 단행본으로 냈다. 2008년 《왕인-그 자취와 업적》(왕인문화연구소 편, 영암군/㈜왕인박사현창협회)이란 단행본도 대표 집필해 한글판과 일본어판을 냈다. 이 공로로 2017년 11월 한 단체에서 왕인문화상을 받았다.

왕인에 대한 연구는 부수적으로 도선 국사도 연구하지 않으면 안 되었다. 1999년 민족사 학술총서 43호로 출간된《도선연구》공동 집필 때 〈도선에 대한 오해〉라는 글을 썼다. 이후에도 여러 잡지류에 〈훈요십조〉의 논리상 모순을 지적하고 후백제 흥망사를 집필할 때도 이를 반영했다.

1979년 관훈클럽 지원으로《진도견》(전남일보사), 2010년《후백제의 흥망》(향토문화진흥원)을 냈고, 2000년 방우영출판기금지원으로《한국의 귀화성씨》(지식산업사, 2003)를 출간했다. 동네 역사가 향토연구의 기본이라는 생각으로 마을지 시리즈 간행에 착수해 네 권을 냈으며, 섬 시리즈도 네 권을 냈다. 특히 한국 역사에서나 향토지들이 문화전파의 동맥인 '길'에 대한 관심이나 언급이 적은 것에 관심을 가지고, 지역의 한 월간지에 제주에서 한양에 이르는 옛길 이천 리에 대해 100회 연재한 뒤《걸어서 가던 한양옛길-제주~서울간 호남대로 현장답사》(향지사, 1999)란 제목의 단행본도 냈다.

여기에《전남의 옛터 산책》(전3권, 1996),《광주산책》(상·하, 광주문화재단, 2015) 따위를 합치면 그동안 펴낸 단행본이 50여 권, 공동 집필 40여 권, 투고원고가 200여 편이므로 필자가 얼마나 좌충우돌해 왔는지를 헤아릴 수 있겠다.

역사 관련 책들을 내면서 느낀 것이 동네 이야기나 고을 이야기가 나라 역사와 크게 다를 것 없는 '사람 사는 이야기'라는 점이었다.

1971년, 1987년 대통령 선거를 치르면서 지역대립의식이 절정에 달했다. 말할 것도 없이 지금까지도 지역대립의식은 계속되고 있는 터이지만 점차 이념 쪽으로 방향타를 트는 것 같다.

　　1987년 대통령 선거가 끝나고, 모든 언론매체나 관계 학자들은 이를 '신삼국 현상의 출현'이라고 하며 정치적 책임이라거나 경제적 불균형의 결과 따위의 여러 요인을 지적했다. 오랜 역사의 결과라는 견해도 있었다.

　　여러 가지 진단이 있었지만, 필자는 지리가 역사를 만들어 왔다는 데 주안점을 두었다. 영호남 곳곳과 일본, 중국까지 여러 차례 답사하면서, 사람은 환경의 산물이고 환경에 따른 지역성은 당연한 것으로 결론을 내렸기 때문이다.

　　필자는 이 책에서 경쟁 관계에 놓여 있는 경상도와 전라도를 비교하면서 먼 과거의 역사기록도 검토했다. 정의라고 기록해 온 역사기록이란 '검사의 기소장'처럼 판결 전 국가 공권력을 상징하는 검사의 논고만이 반영되어 있는 듯하다. 뒤늦게나마 검찰의 기소에 대한 변론마냥 향토사를 연구하면서, 전라도 사람들이 짐스럽게 생각하는 〈훈요십조〉의 진실과 후백제의 흥망을 파고들었다. 영남과 호남의 지리적 장단점과 이로 말미암은 갈등과 편견도 살폈다. 전라도에 대한 역사적 오해와 이로 말미암은 편견이 고착화되어 온 과정이 낱낱이 담겨 있다.

　　그러나 설사 지정학적인 단점이 있었다 치더라도 이를 극복한 집단의지와 역량을 보여 주지 못한 잘못이 없지 않다. 인간은 경쟁하고 갈등하며 살아오는 동안 진화한 유전자를 지닌 이성적 동물이다. 서로의 차이를 이해하고 소통할 수 있는 존재라는 뜻이다. 차이를 서로 이해하고 소통해야 한다. 이 같은 상호

간의 이해와 소통이 앞으로 언젠가 이뤄질 남·북 통일 후의 갈등 해소에도 도움을 줄 수 있지 않을까 생각한다.

오늘날 다소 우위에 있는 지역이라고 자만할 것도 없고, 다소 후진 지역에 속해 있다고 의기소침해 하거나 억울해 할 일도 아니다. 인간은 이성적인 동물이므로 이 같은 모순을 극복해 가며 진화·영속할 것을 믿는다. 동·서의 갈등, 남·북의 갈등 따위는 땅이 넓은 중국이나 미국에 견준다면 지역이라 할 수 없는 아주 작은 국지공간에서의 일일 뿐이다. 땅의 덩치가 우리 수십 배인 중국이나 미국, 러시아 등은 지역갈등도 우리의 수십 배에 달할 것 같은데도 용하게 이를 잘 극복해 가며 세계 일등 국가로서 힘을 자랑하고 있다. 이들 나라에 견주면 한 줌도 안 되는 땅덩어리에서 동이다 서다, 남이다 북이다를 따지고 싸우다니 어처구니없지 않은가. 이제 우리는 지역 사이의 갈등과 차별을 이해하고 상생의 더 넓은 공간을 향해 나아가야 한다.

이 책을 내는 데 자료를 확인하는 수고를 아끼지 않은 내자와 컴퓨터 입력을 맡은 조카 한숙어미가 가장 고생했다. 참고한 책 목록과 본문 색인 정리는 후배 김희태 군이 수고해 주었다. 자문과 과분한 격려를 보내 준 학술원 회원 박광순 박사와 전 국회의원 전석홍 선배, 공주대 이해준 박사, 김포천 전 광주문화방송 사장, 마산 출신 김형국 박사, 그리고 광주의 언론계 선후배들 모두 고맙다. 세 번이나 책을 내 주느라 손해를 감수한 지식산업사 김경희 사장과, 꼼꼼하게 교열 및 편집을 해 준 맹다솜 씨에게 거듭 감사한다.

2018년 7월

저자 김 정 호

차 례

제 1 장

환경과
인간의 진화

1.1.

인간의 풍토 적응

예루살렘에 있는 히브리대학교 교수 유발 하라리Yuval Noah Harari, 1976~는 그의 저서 《사피엔스》(조현욱 역, 김영사, 2015)에서 현존 인류의 조상은 20만 년 전 동아프리카에서 진화를 시작해 7만 년 전 전 지구로 퍼지기 시작했다고 쓰고 있다. 이 호모 사 피엔스가 호주 대륙으로 건너간 것은 4만 5천 년 전쯤이고 아 메리카 대륙으로 건너간 것은 1만 6천 년 전쯤으로 보았다. 1 만 2천 년 전에야 목축과 농업이 각 지역에서 독립적으로 시작 되고, 5천여 년 전 무렵 국가와 종교와 문자가 시작된 것으로 보았다.

유발 하라리는 7만 년 전의 인지혁명(도구 이용), 1만 2천 년 전의 농업혁명(정착생활), 5백 년 전의 과학혁명, 250년 전의 산 업혁명, 50년 전의 정보혁명을 거쳐 인간이 신이 되려는 단계 에 다가섰다고 규정했다.

《사피엔스》의 마지막 장은 〈신이 된 동물〉이다. 인간이 2050년이면 죽지 않는 존재가 될 것이라고 말하는 사람들이 있는 시대에 살다 보니, 스스로 신이 된 것처럼 착각하게 된다는 것이다. 이처럼 강력한 힘을 가졌음에도 인류는 과거 어느 때보다 무책임하다. 하라리는 그 결과 인간이 안락함과 즐거움에 젖어 무책임한 신이 되는 위험에 빠져들고 있다고 경고하고 있다.

농업혁명은 지구에게나 사피엔스에게나 큰 오산을 잉태했다. 잉여와 사유를 만들었고 '우리와 그대'의 이분법적 대립과 불행의 씨앗이 되었다. 지리에 따라 잉여에 차등이 생기고 이를 둘러싼 착취와 침략이 시작되었다.

동국대학교 권동희 교수(지리학)는 그의 《지리이야기》(한울, 1998)에 한반도가 1억 5천만 년 뒤에는 태평양에 가라앉는다는 글을 실었다. 5억 년 전 지구는 남부 대륙과 북부 대륙으로 나뉘어 있었으나 지각변동이 계속되면서 오대양 육대주의 형태를 이뤘다는 견해다. 한반도도 둘로 나뉘어 북쪽은 북중국 땅에 붙어 있었고 임진강 이남은 호주 대륙에 붙어 물속에 잠겨 있던 땅이었다. 그 땅이 쥐라기 때 지금처럼 북쪽으로 올라와 한반도의 남반부가 되었다.

한반도는 매년 2~3센티미터씩 계속 동쪽으로 이동하고 있다. 한반도와 만주 및 일본 열도가 한 덩이의 아무르 판을 이뤄 동해의 오호츠크 판 밑으로 미끄러져 들어가고 있기 때문에 먼 뒷날 한반도는 태평양 물속으로 사라진다는 예측이다. 이런 변화를 생각하면 좁은 땅덩이 속의 차이를 두고 현대를 얘기하는 것은 찰나와 억겁의 차를 실감하지 못하는 인간의 어리석음 때문이다.

인간은 지구 위 지표에 발을 딛고 생활하는 수많은 생명체의 한 부류일 뿐이다. 어느 부류를 가리지 아니하고 풍토에 따라 그 적응의 특성을 나타낸다. 그리하여 어느 곳에서나 풍토에 관심을 가진다. 이를 서양에서는 지리학 또는 환경결정론이라 하고, 동양에서는 풍수라 한다.

풍수는 변하고 사람도 변한다. 풍수는 조상숭배 사상과 결합해 효의 한 수단으로 음택풍수라는 곁길을 걸었으나, 집터나 동네, 도읍을 정하는 양택풍수는 서양과학도 인정하는 생활과학이다. 풍수라 하는 것은 땅이 본질이지만 바람과 비가 나타내는 기질에 따라 그 땅의 성질이나 이용이 달라지기 때문에 계절과 기후를 중하게 여긴다.

인류학자들은 한곳에서 여러 대에 걸쳐 사는 사람들의 체질과 피부빛깔, 식성과 성품까지 유형화한다. 보기를 들자면, 계속 햇볕이 쨍쨍 쬐는 적도 지방에서 살던 사람들은 멜라닌 소체가 발달하여 피부색이 짙다. 그러나 알프스산을 넘어 그 북쪽에서 4천 년을 살면 혼인에 의하지 않아도 피부색이 옅어진다고 한다. 짙은 색의 피부는 기후를 이겨내기 위해 많은 수분을 필요로 해 매끈매끈하다. 피부가 수분을 머금고 있지 않으면 햇볕에 타 피부병에 걸리기 때문이다. 지중해 문화는 겨울비를 이용해 보리와 밀을 재배하면서 살아온 생활사의 산물이다.

고대 문명을 꽃피운 큰 강 주변은 그 주변 내륙 기후가 건조해지면서 물이 많은 강 주변으로 모여 살아간 도시화의 산물이다. 대지의 풍요 속에 살던 고대 인류는 기후가 변하여 살기 어려워지자 편하게 살 수 있는 기후지대로 이동했다. 결국 풍수가 생활을 지배하게 되었다는 말이다. 목축으로 살아가던 수렵민족들은 강변에서 안정적인 생활을 누리는 농경지대를 침략해 농경민의 저축물을 빼앗았다. 그러나 결국 그들도 안정적인 농경생활에 적응하다가 수렵성을 잃게 되었다.

이 같은 대자연의 순리와 풍수에 따라 유목민 스키타이의 후예였던 신라 사람들은 강변에 정착해 농사짓던 가야와 백제를 침략해 살다가 이들의 모습을 닮아 가면서 한 민족이 되었던 것이다.

풍토와 사람의 품성 사례

일본 국립역사민속박물관 소속 소후에 다카오祖父江孝男, 1926~ 2012가 쓴 《현민성縣民性—문화인류학적 고찰》(中央公論新社, 1971) 이란 책이 있다. 같은 일본 사람이라 하더라도 성격이나 행동의 특성이 출신지에 따라 다르다는 지역별 특성, 곧 현민성(현은 한국 행정구역의 시·도)에 대한 것이다. 국민 사이에 일반화되어 있는 특정 지역에 대한 이미지는 잘못된 고정관념이나 편견인 경우가 많지만, 지역에 따른 차이는 있는 것 같다고 했다. 사람은 태어나고 자란 곳의 풍토에 영향을 받기 때문이다. 다만 개인차가 있음을 전제해야 한다고 했다.

그는 메이지 6년(1873년) 이후 2차 대전 말기(1945년)까지 실시된 일본 징병제도 때 현縣 단위로 편성한 부대에 출신지에 따른 특성이 있었던 것으로 전해 온다고 했다. 이를테면 오사카大阪와 교토京都 출신 부대는 참패가 잦은 부대이면서 생존자가 많아 미움을 샀다. 이에 견주어 규슈九州 출신 부대는 용맹하되 잔인해 중국 남경학살의 주역이었고, 규슈 남부인 구마모토熊本와 가고시마鹿兒島 출신 부대는 수비에 능했다. 이 같은 기질 탓인지 오늘날 일본 자위대의 30퍼센트는 규슈 출신이다. 다카오 교수는 일본의 동북 지방 사람들은 병원에서 가족이 퇴원할 때면 가족이 병원까지 찾아가지만, 서남 지방 사람들은 집에 앉아 환자가 나타나기를 기다린다며 저마다 다른 지방의 특성을 예로 들었다. 이는 풍토나 역사뿐 아니라 경제생활의 차이가 만든 결과라고 보았다. 같은 시코쿠四國 사람이라 하더라도 뜬금없는 돈 1천 엔을 얻게 되면 에히메愛媛 사람들은 물건을 사 가지고 가고, 가가와香川 사람들은 예금을 하며, 도구시마德島 사람들은 몇 배 불어나는 적금을 들고, 고치高知 사람은 술을 마셔 버린다는 속담 같은 지역의 기질을 소개하고 있다.

내가 어린 시절 자란 고향을 생각해 보면, 같은 초등학교에 다니는 학생들 사이에도 동네마다 성격이 다르다고 여겼다. A동네 아이들은 거세고, B동네 아이들은 유순하고, 장터 동네 아이들은 약삭빠르고, 학교 길목 동네 아이들은 짓궂었던 것 같다. 이 같은 경험은 목포 유학 시절이나 군대 생활 때, 성장한 뒤 사회생활을 한 광주에서도 겪었다. 서울·경기 지역 출신 군인들은 약삭빠르고 이기적인 편이었다. 강원도·충청도 출신들은 대부분 온순했고, 경상도 출신들은 억세다고 느꼈다. 전라도 출신 가운데에는 말보다 폭력을 앞세우는 급한 성질을 가진 이가 있었다. 지금 생각해 보면 환경 탓이었다는 생각이 든다. 그 환경이란 지리적인 자연환경과 더불어 그곳에 살아온 사람들의 인문적 기질이 보태진 환경이다.

1.2.

서양의 환경결정론

　서양의 환경결정론Environmental determinism은 동양의 풍수와 빗댈 수 있는 이론이라고 생각한다. 미국의 환경결정론자 셈플 Ellen Churchill Semple, 1863~1932은 "인간은 지표의 한 산물"이라고 했다. 이는 동양에서 말하는 "지령이 인걸을 낳는다〔人傑地靈〕"는 말의 뜻과 본질을 같이한다.

　서양의 풍수라 할 환경결정론은 그리스의 히포크라테스 Hippocrates, ca. 460 B.C.~ca. 370 B.C.의 글에 처음 나타난다. 그는 동양 풍수사의 인걸지령人傑地靈이라는 말처럼 "인간은 자연풍토에 따라 변한다"고 설파했다.

　유럽의 식민지 확장 시절 때는 인종우월주의와 결합한 문명 우월주의가 우세하였고 문화결정론·문화생태론 등 인간중심주의가 대두되기도 하였으나, 여전히 히포크라테스의 사상처럼 환경 보존의 중요성이 강조되는 수정주의적 환경결정론이 지배적이다.

　환경결정론에 부정적인 학자군은 이스터섬의 쇠망 역사를

보기로 들기도 한다. 잉카와 같은 환경 어디서나 잉카문명이 형성되는 것도 아니고, 오늘날 그 흔적만 남아 있음을 보기로 들기도 한다. 그러나 두 경우의 흥망성쇠도 환경 변화의 영향이라 할 수 있다. 동양풍수로 말하자면 기氣가 모인 혈맥의 관계이고 지기地氣도 순환한다는 논리이다.

19세기 《영국문명사History of Civilisation in England》를 쓴 버클 Henry Thomas Buckle, 1821~1862은 유럽과 아시아의 지리환경이 두 지역의 역사를 만들었다는 논리를 폈다. 미국의 셈플과 헌팅턴 Ellsworth Huntington, 1876~1947 등도 지리적 결정론을 폈다. 이들은 기후와 기온이 인간 활동에 끼치는 영향을 중시했다.

영국인 데이비드 아널드David Arnold, 1946~는 《인간과 환경의 문명사》(한길사, 1996)란 책에서 "인간은 자연풍토에 따라 변한다"는 히포크라테스의 지리적·생물학적 결정론에 의문을 나타내고 있다. 아널드는 유럽을 중심으로 일반화된 환경의 문화결정론을 검토한 뒤, 이스터섬을 보기로 들어 문화가 환경에 변화를 주는 경우보다 오히려 문화가 환경을 파괴해 문화를 후퇴시킨 경우라고 말했다. 이 섬의 사례로 환경이 인간에 영향을 미쳤다고 할 수 있을 것인가 의문을 나타냈다. 인간이 정착생활을 시작으로 자연을 파괴하기 시작하여 드디어 자연에 정복되고 마는 사례라는 것이다. 그는 인간에게 자연과 문화는 분리할 수 없는[不可分] 관계라고 결론지었다.

인간이 이룩한 기념비적인 문명도 기상재해에는 무력한 것이 사실이지만, 인간은 이 같은 재앙을 겪을지라도 끊임없이 적응력을 발휘하며 살아가는 생물이기도 하다. 이러한 생존력 때문에 인간은 자연을 극복할 수 있는 존재라는 인식이 한때 기세를 올렸다.

　결국 이런 오만과 인종우월주의가 인류의 종말을 부르는 재앙이 될 수 있다는 위기의식을 갖는 이론들이 등장했다. 환경결정론이 문화결정론, 인류생태론을 거쳐 다시 환경우위론으로 되돌아가고 있다. 이를 대변하는 이론이 토인비Arnold J. Toynbee, 1889~1975의 《역사의 연구A Study of History》(1934)이다.

　이와 더불어 아주 고전적인 히포크라테스의 결정론에 대한 견해도 재해석을 받고 있다. 토인비는 다음과 같이 말했다.

　　인류의 발전은 인간 대 개인이 환경의 영향에서 벗어나고 자신의 의지에 따라 환경을 점차 바꾸어 가는 과정이라고 생각한다. 다소 갑작스럽게 인간의 의지가 그러한 관계의 통제요인으로 등장해 환경의 기계적인 법칙을 대신하는 지경에 이르렀다. 축복받은 땅들은 문명이 아니라 나태를 낳는다. 어느 한 민족의 체격과 기질은 그들이 살고 있는 땅의 토질에 따른다.

　2015년 영국 출신 기자 팀 마셜Tim Marshall, 1958~이 쓴 《지리의 힘Prisoners of Geography》이란 책이 세계적인 주목을 받았다. 지리가 역사뿐 아니라 사람의 운명을 좌우한다는 논리를 편 책은 수없이 많지만, 마셜은 오늘날의 세계정세도 여전히 '지리전쟁의 계속'이라고 설명한다. 이 책은 미국과 유럽, 러시아, 아프리카, 라틴아메리카 등 대양별, 대주大洲별로 그 지리와 역사의 불가뷔성을 밝히고 있다. 한국은 밀할 것도 없고, 이웃인 일본·중국도 있으며, 인도와 파키스탄의 분쟁, 중동과 아프리카의 불행 등이 지리적 숙명처럼 언급되고 있다. 세계사를 결정하는 요소가 지리라는 주장은 결국 환경결정론의 재판이지만, 각국 현실을 지리환경과 연결해 설명하고 있어서 흥미롭다.

특히 그는 한반도가 현상을 관리해야 할 특수한 위치에 있으므로, 이웃 강대국들의 경유지로 이용되지 않으려면 북한이 계속 존속할 수밖에 없고, 한반도에서 남북한의 인위적 경계는 천연장벽이 아니라 작은 하천과 같은 통합공간의 지리일 뿐이라고 했다.

아프리카와 중동은 유럽인들이 서로 나눠 갖는 과정에서 제 멋대로 그려 넣은 국경선 때문에 고통 받고 있는 지역이다. 마찬가지로 분쟁지역인 중동은 영국과 프랑스 사이에 맺어진 사이크스-피코 협정Sykes-Picot agreement에 따른 분할이 오늘날 분쟁요인이 되었다.

서양의 전통적인 환경론자, 즉 동양술어로 말하면 서양의 풍수론자들은 아시아와 유럽의 차이를 이렇게 말했다.

> 아시아에서는 모든 것이 더 크고 우수하게 자란다. 토양이 부드러우며 주민들 성격 또한 부드럽고 유순하고 유럽보다 덜 격하다. 이는 기후의 한결같은 조합 때문이다. 아시아는 새벽을 맞이하며 해가 뜨는 한가운데 있다. 그러므로 주기적으로 덥거나 추운 지역이 없다. 혹서와 혹한이 없고 온화한 기후가 우세하며 경작이 용이하고 풍요로운 수확을 거둘 수 있는 곳이다(아널드, 1996, 44쪽).

이 말은 유럽환경론자의 첫 주자라 할 히포크라테스의 말이다. 그는 사실 아시아를 멀리 여행해 보지 않았던 것 같다. 다만 그가 말한 기후와 인간에 대한 이론은 오랜 기간 유럽의 사상을 주도하였으므로 기억할 필요가 있다.

> 기후는 다양하여 성격상의 차이를 만든다. 대체로 어느 한 민
> 족의 체격과 기질은 그들이 살고 있는 땅의 기질을 따른다. 비옥
> 하고 기후의 변화를 겪지 않는 땅에 사는 사람들은 힘든 일을 하
> 지 않을 뿐 아니라 정신노동마저 할 마음이 없어 게으르고 겁 많
> 은 사람을 만들어 낸다. 이와 달리 땅이 황폐하고 물이 귀하고
> 매서운 겨울바람을 맞고 여름이면 강렬한 햇볕에 그을리며 사는
> 사람들의 성격은 강건하고 검소하며 지성이 예리하고 기술이 능
> 숙해지고 용감하고 병법에 능통해진다(아널드, 1996, 45쪽).

그는 이 원리를 적용하여 아시아인의 정신적 무기력과 공포
를 설명했다. 아시아 사람들은 유럽 사람들에 견주면 더 보편적
이고 유순하다. 유럽인들은 늘 변화를 겪고 황폐한 땅에서 살기
때문에 정신이 침체되지 않고 자극을 받는다. 이 차이가 아시아
사람들이 겪는 군주의 통치에 순응하는데 반해 그리스 같은 유
럽에서는 스스로 통치하는 민주정체를 개발하고 용감하게 싸우
는 결과를 불러온다는 것이다.

이 같은 히포크라테스의 생각은 18세기 몽테스키외Charles-
louis de Secondat Montesquieu, 1689~1755까지 이어져 그 사상이 《법의
정신De l'esprit des loix》(1748)에 반영되었으며 프랑스 혁명의 이론
적 토대가 되었다. 이러한 환경결정론은 드디어 유럽인종의 우
수성으로 잘못 발전해 식민지배의 정당성에 이용되기 시작했다.

1857년에서 1861년 사이에 출판된 버클의 《영국문명사》 세
권이 출판되었다. 그는 이 책에서 새삼스럽게 유럽과 아시아를

비교하고 "자연의 특성보다 인간의 기술과 힘이 문명을 발전시킨다"며 유럽우월주의를 부추겼다. 이 같은 서양 지성의 논리는 다윈Charles Robert Darwin, 1809~1882의 《종의 기원On the Origin of Species》(1859)에서 적자생존법칙이 강조되면서 더욱 유럽우월주의를 부채질했다.

아시아는 광활한 하천유역과 삼각주에 분포된 풍부한 비옥토를 바탕으로 성장했다. 아시아처럼 유리한 지리가 아니었음에도 오늘날 유럽이 우월한 것은 자연환경을 극복하기 위해 노력한 정신과 기술 발전에 따른 결과이다. 자연이 윤택한 나라들은 부국이었다. 그렇지만 오늘날은 활동적인 나라가 부국이다. 유럽 사람들은 자연의 결핍을 어떻게 보강해야 할지 스스로 배웠고, 아시아 사람들은 그렇지 못했다.

이처럼 서양 환경결정론은 인종우월론, 문화결정론 등으로 비뚤어지면서 인간의 자연정복능력을 높이 평가하고 문명결정론으로 빗나갔다.

토인비는 《역사의 연구》에서 "인류의 발전은 인간 개개인이 환경의 영향에서 벗어나 자신의 의지에 따라 환경을 점차 바꾸어 가는 과정"이라고 결론지었다.

환경의 안락함이 크면 클수록 환경이 인간에 가하는 문명의 자극은 그만큼 약화된다. 거꾸로 환경이 험난해짐에 따라 문명의 자극은 더욱 커진다. 그러므로 환경이 문명 발전의 한 요인이기는 하지만 문명화할수록 인간 의지가 환경을 지배할 수 있다.

인간에 유리한 환경이 결코 문명을 발전시키는 것이 아니라는 것이다.

오늘날은 이러한 인간중심론도 수정되고 있다. 인간과 환경은 상호 의존적인 관계로 균형을 유지해야 한다. 둘 가운데 하나의 비중이 커질 때 불균형에 따른 재앙이 몰려온다. 환경결정론이 유럽인들의 세계지배이론에 오도되던 시대가 지나가고 있다. 환경 파괴로 말미암은 재앙은 어느 지역에 한정되지 않는 지구 전체의 문제로 확대되었다.

1.3.

동양의 풍수와 풍토

바람[風]은 하늘의 기운을 받아 움직여 이를 천기[天氣] 또는 기후라 부르고, 물[水]은 땅의 기운[地氣]을 받아 땅 위에 흐르나니 이 두 기운을 일러 풍수[風水]라 한다. 그러므로 풍수는 두 기운의 움직임에 따라 이롭고 해로움이 나타나며, 그 흐름에 맥이 있고 혈이 있다.

특히 땅에는 지자기[地磁氣]가 있어서 끊임없이 그 기가 움직여 화산이 터지기도 하고 지진이 일어나기도 한다. 풍수는 이 같은 변화를 예측해 인간이 이롭게 이용하려는 과학적 태도이다. 동양 풍수사상에는 인간은 결국 하늘과 땅의 기운이 만나 형체를 이뤄 태어난 생명체이며, 하늘의 기운인 숨이 끊기면 땅의 형체만 남아 땅으로 되돌아가되 묻힌 땅의 지자기가 자손의 생명체에 공명현상을 일으킨다는 주장도 있다.

물이 굳으면 얼음이 되듯 산은 물의 한 형체일 뿐이다. 지구의 중심에 녹아 물이 되어 있는 용암(쇳물)이 지상으로 솟아올라 하늘의 기운을 받으면 산이 되고, 일부는 물이 되며, 그 물은 산을 흘러 내려 바다로 모인다. 그러므로 본디 산과 물은 용암이 하늘의 기운을 받아 변한 형체이다. 그 형체가 하늘의 기운을 잘 받아 주는 곳이 풍수상의 명당이다.

동양의 풍수는 유교와 접목하면서 인간 생활윤리의 기본인 효도사상에 근본처럼 파고들어, 생활환경과 인간관계에 관심을 두기보다 부모의 시신을 모시는 장지풍수가 근간을 이뤘다. 18세기에 접어들면서는 청나라 조정동趙廷棟, 1736~1795의 《양택삼요陽宅三要》에서 볼 수 있듯이 건축풍수이론도 진화하면서 오늘날 동서양의 건축설계에 영향을 주었다. 이에 앞서 도읍풍수나 취락풍수, 생활환경의 비보풍수가 없지 않았다.

조선시대 풍수학 시험과목 가운데 하나였던 《명산론明山論》에 보면 지인상관론地人相關論에 관한 대목이 나온다. 이 책에서는 "산이 비옥하면 사람이 살이 찌고, 산이 척박하면 사람이 굶주리고, 산이 맑으면 사람이 깨끗하고, 산이 부서지면 사람들에게 불행이 생기고, 산이 멈추어 기가 모이면 사람들이 모인다. 산이 직진하여 기가 모이지 않으면 사람들이 떠난다. 산이 크면 사람들이 용감하고, 산이 작으면 사람도 작고, 산이 밝으면 사람들이 지혜롭고, 산이 어두우면 사람들이 미련하고, 산이 부드러우면 효자가 나고, 산이 등을 돌리면 사기꾼이 나온다"고 하였다.

사람이 태어나 생활하는 터전은 마치 어머니 애기보愛氣褓(자궁)와 같아서 태어나기 전의 아기가 모태에서 생활하는 것이나 다름없다. 그러므로 태 속의 아이가 어머니의 건강과 운명에 좌우되듯이 성인은 생활터전의 기운과 환경의 영향을 받는다. 이 같은 이론이 동양 풍수의 기본이다.

멀리 삼황오제 때 이미 《황제택경》이 있었다는 주장도 있지만 실제 이론은 중국 동진 사람 곽박(郭璞, 276~324)이 쓴 《금낭경錦囊經》, 《산해경山海經》 등을 토대로 한다고 알려져 있다.

한반도에는 이미 신라 말기에 중국의 풍수지리설이 들어온 뒤 고려 중기 이후에 큰 유행을 이루고 조선왕조의 역성혁명에 이용되기도 했다.

지상에 기후라는 천기天氣가 있듯이 땅에도 토질에 따라 지열, 지기가 있어서 이 사이에 사는 인간은 천기와 지기의 영향을 받는다는 논리이다. 이 같은 초기 사상은 음·양 이론을 낳고 다시 오행이론으로 발전하여 상생·상극을 관념화하고 동양 사람들의 의식 체계를 이뤘다.

다만 이런 풍수관이 유교적 바탕이라 할 효孝에 원용되면서 동기감응론과 함께 장묘풍습에 밀착해 여러 폐습을 낳았다. 조선시대에는 양택풍수이론이 기승을 부리면서 변란 때면 화난이 적은 피난지를 열거한 십승지론, 복거론 등의 풍수 관련 책들이 쓰였고 《정감록》 등의 비기秘記류가 나돌아 민심을 현혹했다.

그렇다고 지인상관론을 부정하는 것은 아니다. 지기와 천기를 받는다는 이론체계는 말할 수 없다 하더라도, 지역에 따른 대체적인 인성은 인정해야 할 때가 많다. 이를테면 같은 면面에 살더라도 장터동네, 사거리동네, 산동네, 큰 동네, 작은 동네, 갯마을 등에 따라 사람들의 개성이 뚜렷한 곳이 많다. 인간도 생태계의 하나인 이상 자연환경의 영향을 받는 존재일 수밖에 없다.

서울대 대학원 원장을 지낸 이숭녕 교수는 《조선왕조실록》에 나타나는 비결류는 60종, 민간 사이에 전해온 비결류는 110종에 달한다고 집계한 바 있다(《한국의 전통적 자연관》, 서울대학교출판부, 1985). 특히 조선왕조 시대 민간에서 풍수지리서가 위력을 발휘했으므로 세종1418~1450년 재위 때 서운관에서 거두어 나라에 헌납하도록 지시한 기록이 있다. 한양정도漢陽定都를 두고도 논쟁이 많았지만 태종과 왕비의 왕릉 때문에도 시비를 가렸다. 승문원의 택지 때문에도 논의가 많았다. 당시 60권의 책이 수집되었지만 지리학 시험책은 중국의 《청오경靑烏經》, 호순의 《명산론》,《금낭경》,《문정촉맥》,《동림조》 등이 전해 온다.

이 교수의 연구에 따르면 도선비기류만 10종에 달한다. 토정계류 7종, 정감록계 3종, 기타 비결류 합계 108종에 이른다. 세종도 풍수지리에 관심이 많았다. 고려 때의 지리전문기관인 서운관書雲觀을 관상감觀象監으로 이름을 바꾸고, 판사 두 명을 전문관리로 임명해 정3품 대우를 했다.

세종 때 왕의 아버지 묏자리 헌릉의 개미허리맥과 경복궁터를 두고 논의가 많았다. 경복궁의 무수설無水說을 보완하기 위해 네 개의 못 공사를 했다. 그렇지만 세종대왕은 죽도록 경복궁을 기피했다.

고려는 말할 것도 없고 조선왕조까지도 풍수지리에 민감했음을 알 수 있다.

서울이 명당이다

우석대학교 김두규 교수가 중국 베이징北京과 서울의 풍수를 비교한 글을 한 일간신문에 발표한 바 있다. 그는 중국 베이징은 일찍이 주자朱子가 명당으로 점찍었다면서, "베이징은 운중의 맥을 이어받아 앞에는 황하가 둘러싸고 태산泰山이 청룡이 되며, 화산華山이 백호가 되고 숭산嵩山이 안산이 된다"고 했다.

수백 킬로미터 거리의 큰 산들을 풍수의 맥에 동원했기 때문에 베이징에서는 이 형세를 살필 수가 없다. 베이징의 청나라 때 궁성 자금성紫禁城은 자미성紫微星이 하늘의 운행을 주재하는 천자를 상징하는 별자리라는 의식에서 비롯한 이름으로, 지상의 천자가 머무는 성이라는 뜻이다. 김 교수는 자금성 뒷산인 경산景山은 사실 명나라 때 원나라의 기운을 누르기 위해 만든 인조산人造山이고, 청나라는 명나라 기운을 더 누른다면서 경산 위에 다섯 채의 정자를 세웠으므로 자미성의 기운을 누르고 있다고 보았다.

이에 견주어 한국의 서울은 한눈에 살필 수 있는 길지풍수의 땅이다. 삼각산이 종산宗山이고 한강이 객수客水이며 관악산이 조산祖山이다. 문종 2년(1452년) 당시 조정의 풍수사 문맹검은 문종 임금에게 "우리 도읍처가 명리학에서 말하는 천자 자리인 자미원입니다"라고 아뢰었다.

김 교수는 일본의 도쿄東京는 땅기운[地氣]이 불안해 지진의 위험에 떨고, 중국 베이징은 장풍득수藏風得水의 묘리를 얻지 못한 땅이라 스모그라는 풍해로 몸살을 앓는다면서, 서울이 풍수상 길지임을 보여 주는 관광 프로그램이 없는 것이 아쉽다고 주장하고 있다.

영남은 이제 인간의 의지가 자연환경을 극복해 가는 문명발전 중이라 점차 지리적 공동운명체 의식에서 벗어나고 있다. 수송기기와 교통이 발전하여 경상도 북부가 서울 중심 생활권으로 변하면서 대구·경북, 부산·경남은 서로 이해를 달리해 지역성을 나타내 가고 있다. TK와 PK정치 현상이 바로 이를 대변한다. 지근거리에 살고 있는 원시 생태적 공동체에서 가덕도비행장과 대구비행장, 김해국제비행장으로 싸우더니 선거 풍토마저 변해 가고 있다. 지진마저 두 지역을 갈라놓을 기세다.

대구·경북의 유권자 수는 전남·북과 광주를 포함한 호남 전체 유권자 수와 맞먹는다. 대구·경북이 잘 결합해 PK의 응원을 얻고 인접한 강원·서울·충청도의 표를 보태 김대중·김영삼·김종필 삼김三金을 제친 노태우 대통령이 그 본보기였다. 그 판도는 박근혜 정권에서 재현되었다. 부산의 문재인이 호남을 석권하고도 진 것은 박근혜의 TK와 맞섰기 때문이다.

풍수도 지연 따라 아전인수식으로 해석하는 경향이 있다. 시대에 따라 그 견해와 해석도 다양하다. 그러나 이해가 보편화되면 화해는 저절로 이뤄질 것이라 믿는다. 좁은 공간의 지리와 풍수는 더 큰 공간에 흡수된다. 세상은 계속 발전하고 공간 또한 확대된다. 영·호남 정도는 통합이 가능한 공간이다. 미국은 한반도의 44배나 되고, 중국은 43배가 넘는 공간이지만 동거상생을 위해 노력하며 세계를 장악해 가고 있다. 미국이나 중국의 공간 관념으로 한반도를 바라본다면 일개 지방정부 수준의 아주 좁은 공간이다. 실제로 그 좁은 공간에서 동·서가 갈등하고 남·북이 갈등한다면 중국이나 일본의 먹이나 노리개 공간이 될 뿐이다.

비록 좁은 공간일망정 서로 이해하고 차별을 없애 협동한다면 한반도는 일본을 향한 칼이 될 수 있고 중국 대륙을 향한 쇠망치가 될 수도 있다. 서양에서마저 풍수는 살아있음을 앞에서 살펴보았다. '지리의 힘'이 세계정세를 만든다는 견해는 유념할 만하다.

제 2 장

영호남의
인문지리

2.1.

영호남의 지리 비교

경상도는 경상북·남도와 부산·대구·울산 등 다섯 광역자치단체의 총면적이 2016년 기준으로 3만 2,278.9제곱킬로미터이다. 전라도는 전북, 전남, 광주 등 세 개 광역자치단체 총면적이 2만 877.2제곱킬로미터로, 경상도가 전라도보다 54.5퍼센트가량 더 넓다.

오늘날 두 지역의 인구 차는 경상도가 1천 318만 3,126명(2017년 기준)이고 전라도는 521만 4,801명으로, 경상도가 전라도 인구보다 796만 8,325명이 더 많아 배가 넘는다. 이를 땅이 넓은 것으로 말미암은 당연한 결과라고 말할 수는 없다.

본디 경상도는 땅의 67.78퍼센트인 21,874.84제곱킬로미터가 산이고, 농토는 전체의 27.43퍼센트인 8,852.5제곱킬로미터이다. 이에 견주어 전라도의 산림면적은 전체 면적의 55.1퍼센트인 11,508.9제곱킬로미터라 경상도보다 들판이 넓게 느껴진다.

경상도는 전체 면적이 전라도보다 절반가량 더 넓어서 농토 면적도 전라도의 농토 5,449제곱킬로미터보다 넓은 8,859.5제곱

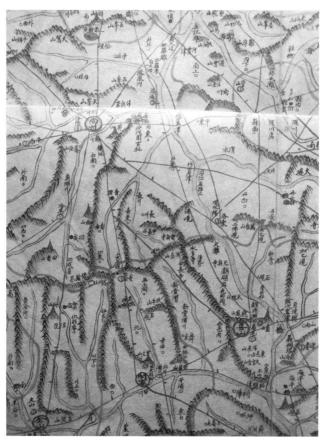

〈동여도東輿圖〉 상주부근도
보물 제1358-2호
서울대학교 규장각한국학연구원 소장 영인본

킬로미터이다. 전체 넓이로는 경북이 경남의 거의 배이고, 경지
면적도 79.8퍼센트가량 넓다. 같은 경상도라 하더라도 산이 많
은 경북(임야 70퍼센트)과 들의 비율이 조금 높은 경남(임야 66.6퍼
센트)은 땅의 기름짐이 비교가 되지 않는다. 이 때문에 고려 성
종 14년(997년)에는 진주 이하를 하도下道 또는 산남도山南道라 하

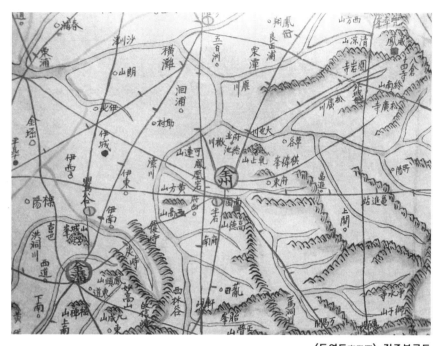

〈동여도東輿圖〉 전주부근도

보물 제1358 2호
서울대학교 규장각한국학연구원 소장 영인본

고, 오늘날의 경상북도는 상주를 중심으로 영남도嶺南道라 했다.

　상주의 옛 이름이 상락上洛이고, 낙동강이란 이름도 사실은
상주(상락)의 동쪽을 흐르는 강이라는 뜻이다. 경주 일대를 영
동도嶺東道라 하고, 흔히 진주 이남을 해읍海邑이라 부르며 그 이
북을 산읍山邑이라 부르기도 했다. 이는 산골동네와 갯동네를 확
연하게 구분한 말이다. 같은 경상도라 하더라도 산이 많은 경북
과 들이 넓은 경남은 본디 사람들의 성품이나 풍속이 다른 점
이 많다. 간고등어를 즐기게 된 안동 같은 산골과 물회를 즐기
는 영덕 사람의 풍속이나 성품이 같을 수는 없다. 경상도란 이

름은 충숙왕 원년(1314년)에 붙여졌다고 정리하고 있지만, 이보다 앞서 현종 때 10도를 5도로 줄이면서 만든 이름이라는 주장도 있으므로 주의할 일이다.

【 표 1 】 경상도와 전라도 땅의 비교

지역	전체 면적(km²)		농지		임야	
경상북도	19,030		5,369	28.2%	13,328	70%
경상남도	10,533		2,985	28.3%	17,019	66.6%
부산광역시	767.4		118.7		353.8	
대구광역시	883.5		162.0		487.0	
울산광역시	1,057		217.8		686.7	
경상도 합계	32,270.9		8,852.5	27.4%	21,874	67.78%
전라북도	8,067		2,202.3		4,417.5	
전라남도	12,309		3,050		6,100	
광주광역시	501.2		197.5		191.4	
전라도 합계	20,877.2		5,449.8	26%	11,508.9	55.1%
두 지역 차이	11,393.7	54.5%	3,402.7	62.4%	10,365	90%

영남대학교 김택규 교수의 글을 보면, 경북은 가물면 기우제를 지내고 경남 지방에서는 산봉우리에서 불을 피우는 차이가 있다고 한다. 진주는 옛날 무역선이 드나들던 항구였으므로 남방의 해양 풍습 유입이 빨랐을 것이고 농토가 많은 지대답게 농경의례가 발달할 수밖에 없었을 터이다.

김 교수는 울주 대곡리 반구대 암각화와 대전 괴정동에서 출토되었다는 농경문청동의기農耕紋靑銅儀器가 경상도와 백제권 사이의 선사시대 차이를 잘 나타내고 있다고 주장했다. 수렵·어로 중심 사회와 농경 정착 사회의 차이라는 것이다(《한국 민족의 기원과 형성》下, 소화, 1996).

그는 백제권역을 추석권, 서울 이북을 단오권, 경상도를 혼합권으로 나눴다. 여러 세시풍속을 예를 들어 전라도 지역과 경상도 지역의 보편적 특징을 설명하고 있다(김택규, 1996, 57, 79쪽).

전라도는 추석명절지대로 벼를 대부분 나락이라고 부른다. 판소리로 특징지을 수도 있고 시나위 조調 민요 지대이다. 삭힌(발효) 음식이 발달하고 짚과 관련된 민속이 많다. 무당도 세습무가 많고 살풀이춤과 농악이 발달해 있다.

거문도 뱃노래
전라남도무형문화재 제1호

하회 별신굿 탈놀이 가운데 양반선비놀이
국가무형문화재 제69호

경상도는 메나리 조 민요가 많으며 단오권의 가면극이 더러
섞여 있다. 가족주의 성격이 강하고, 집도 전라도의 일자형(一)
집에 견주어 귀틀집과 삼자형(三) 집 구조가 많다. 경상도는 신
부를 돈으로 사 가던 매매혼 풍습처럼 신랑이 대부분 혼수비용
을 부담한다. 전라도는 오히려 여자가 지참금을 가지고 시집가
듯 시댁의 폐백 부담이 크다.

낙지를 날로 통째 씹어 먹고 고등어나 갈치를 활어회로 먹
는 지역과, 간고등어나 간갈치를 먹는 산골동네의 풍습과 품성
이 같을 수 없는 것이 자연의 순리이다.

바다를 낀 곳 사람들은 노력만 하면 언제나 먹을 것이 지천
이라 저축을 모른다. 산골동네일수록 간고등어 간질해 먹듯 모

든 자원을 아끼고 살뜰하다.

　산골동네는 씨족끼리 모여 사는 집성촌集姓村이 많고 강변이나 갯가동네는 여러 성받이가 섞여 사는 산성촌散姓村이 많다. 그만큼 시골동네는 드나드는 이 없이 폐쇄적이고, 강변 동네는 누구나 자유롭게 드나들어 개방적일 수밖에 없다. 산골노래는 산길을 걷듯이 느릴 수밖에 없고 강변소리는 물 흐르듯이 빠르면서도 은밀하다. 산골에는 밭작물 재배가 많아 단오절이 큰 명절이 된다. 강변에서는 논농사를 많이 지어 추석이 큰 명절이다. 산골인 정선아리랑과 해변인 진도아리랑을 견줘 보면 금세 그 차이를 알 수 있다. 같은 판소리라 하더라도 전라도 산골동네가 많은 지리산 쪽 동편제 소리는 산을 쩌렁쩌렁 울리듯이 통성을 내지른다. 강변동네소리라 할 서편제 소리는 은근하고 간드러지며 떨림소리가 많다.

2.2.

두 지역의 인구 변화

경상도는 삼국을 통일한 신라왕조가 있던 곳이지만 백제 영역이었던 전라도보다 산이 많아 예부터 많은 사람이 살았던 곳은 아니다. 통일신라 때 반도 치정의 중심지역이 된 경상도 지방에는 관아가 123곳 있었고, 전라도에는 102곳이 있었다. 고려 때 경상도만 15곳이 늘어 138곳이 되었다가 조선시대 접어들어 경상도는 74곳으로 크게 줄었고, 전라도도 57관으로 같이 줄었다.

《고려사》〈병지(兵志)〉를 보면 경상도 장정은 1만 3,140명, 전라도는 1만 1,064명이었다. 조선왕조 개국 초인 태종 4년(1404년)의 통계를 보면 경상도 장정은 9만 8,915명, 전라도는 3만 9,151명으로 경상도가 거의 두 배 반이나 많다.

조선왕조 개국 초 전라도는 고려 말부터 왜구의 침노가 잦아 빈 동네와 고을이 많았다. 경상도는 고려 말엽 몽고의 침노와 약탈이 호남보다 적었으며 왜구의 침노도 거의 없었다.

조선왕조 초기까지 계속된 왜구의 침노로 전라도 유민들이 경상도로 피난 간 흔적이 많다. 이 같은 경향은 《세종실록지리지》의 토성란[土姓欄]을 참고하면 알 수 있다. 경상도는 이때 속성이나 유입성씨가 많아졌다. 1454년의 《세종실록지리지》를 보면 경상도 장정 수는 17만 3,759명, 전라도는 9만 4,248명으로 그 차가 조선 건국 초보다는 조금 좁혀졌다. 왜구 침노가 그치면서 전라도 장정조사가 이뤄졌기 때문으로 보인다. 2000년 성씨 통계를 보면 순천 본관의 박씨 8만 7천여 명 중 본토라 할 전남 광주에 7,894명이 사는 데 견주어 대구·경북에는 1만 5,176명이 몰려 산다. 광주 본관의 노씨도 광주와 전남에 8,928명이 살고 있는데 대구·경북에는 9,885명이 살고 있고, 상주 중심의 교화 노씨까지를 합하면 2만여 명에 달한다. 교하노씨도 선조의 본토는 광주였다고 하는 성씨다.

인조 26년(1648년)의 인구 통계를 보면, 임진왜란을 겪은 뒤 나라가 안정되면서 왜구 피해가 적었던 전라도 인구가 431,837명으로 경상도 인구 424,572명을 앞질렀다. 2백여 년의 세월이 흐른 1860년의 《대동지지》를 보면 경상도 인구가 33만 5,600호 144만 7,800명이다. 전라도는 24만 7,007호 91만 900명으로 경상도보다 53만 6,900명이나 적어졌다. 이와 달리 세금을 내는 단위인 호구 수는 33만 5,600호 대비 24만 7,007호로 인구에 견주어 비율이 높아졌다.

일본이 조선을 집어 삼켰던 1910년 통계를 보면 경상도 인구는 289만 5,633명, 전라도 인구는 194만 8,179명이다. 그 차는 94만 7,454명으로, 경상도가 전라도보다 48.6퍼센트가량 많았다. 광복 직전인 1944년에는 경상도 487만 9,397명, 전라도 412만 5,401명으로 그 간격이 많이 좁혀졌다. 일제 때 경상도 인구 유출이 많았기 때문이다.

이와 달리 광복 후에는 경상도로 귀국하는 해외동포들이 많았다. 일본에 가까웠던 경상도 사람들이 돌아오는 숫자가 많을 수밖에 없었다.

1946년 통계(《조선연감》 1948년판)를 보면 경상도 인구는 636만 4,582명으로 두 해 사이에 148만 5,185명이 늘어났다. 전라도는 83만 5,769명이 늘어 496만 1,270명이 되었으나 경상도와 격차는 26.2퍼센트로 늘어났다. 이때 전라도 목포와 광주의 인구는 10만, 전주는 8만 3천 명이었다. 이에 견주어 부산은 40만, 대구는 30만 인구를 헤아리는 대도시의 면모를 갖췄다. 진주와 마산도 10만 명에 육박하고 있었다.

한국전쟁은 이 같은 인구 격차를 가속화시켰다. 부산으로 피란한 임시정부와 함께 피란민이 부산, 거제 등 경남으로 몰렸기 때문이다. 6·25전쟁이 끝난 1955년 경상도 인구는 712만 6,465명, 전라도 인구는 525만 898명이었다.

거점성장개발전략이라 할 제1차 5개년 경제개발정책이 끝난 1985년의 두 지역 인구는 경상도 1,207만 2,256명, 전라도는 595만 506명으로 두 배 차로 벌어졌다.

이 시기 전라도는 인구가 줄기 시작했으나 경상도는 계속 인구가 증가했다.

2012년 기준 호남 인구는 508만 2,188명이고 경상도 인구는 1,292만 4,601명으로 784만 2,413명이나 많다. 두 지역은 이미 인구의 수로 대비할 대상이 아니다.

광복과 더불어 민족대이동이 시작되었다. 6·25전쟁 직전까지 북한에서 남한으로 넘어온 사람은 64만 8,704명이었다. 만주에서 남한의 옛 고향을 찾아온 사람도 30만 6,755명이었다. 중국에서 귀국한 사람들은 1만 3,476명이었다.

【 표 2 】 영남과 호남 인구 비교표

시기	영남	호남	차이		비고
고려	13,140	11,064	2,076	(1.18)	※장정 수(《고려사》)
조선 초	98,915	39,151	58,764	(2.52)	태종 4년(1404년)
1648년	424,572	431,837	△7,263	(−1.68)	인조 26년
1860년	1,447,800	910,900	536,900	(1.59)	《대동지지》
1910년	2,895,633	1,948,179	947,454	(1.48)	민적통계
1944년	4,879,397	4,125,401	753,896	(1.18)	조선연감(1948년판)
1946년	6,364,582	4,961,270	1,403,312	(1.28)	조선연감(1948년판)
1955년	7,126,465	5,250,898	1,875,567	(1.36)	통계청
1985년	12,072,256	5,950,506	6,121,750	(2.03)	통계청
2012년	12,924,601	5,082,188	7,842,413	(2.54)	통계청
2017년	13,183,126	5,214,801	7,968,325	(2.52)	한국한전부 통계

6·25전쟁 전후 남한으로 피란 온 북한 사람은 1955년 인구
조사 당시 모두 44만 9,929명이었다. 국방부 전사편찬실 자료는
61만 8,721명으로 좀 다르다. 공식 집계에서 광복 후 6·25전쟁
직후까지 남한으로 이주한 수는 125만 명가량이지만 그보다 많
은 약 140만 명이었을 것으로 추정하기도 한다(김정호,《광주산책》
下, 광주문화재단, 2015, 203쪽). 중공군이 한국전에 끼어들면서 평안
도 사람들은 12월 2~4일 사이에 육로로 서울로 들어왔다. 그
수는 5만가량으로 추산된다. 6일에는 황해도와 일부 평남 사람
6만 명이 인천항, 군산항, 목포항 등 해로로 남한에 들어왔다.

동해안의 함경남도 원산 일대 사람들 7천여 명이 12월 5~9일 사이에 부산으로 들어왔다. 함경북도 사람들은 청진항을 통해 1만 2천여 명이 남하했다. 영화 〈국제시장〉(2014)의 주역이 된 사람들은 12월 15일부터 24일까지 9일 동안 흥남부두에서 미군함정과 민간 선박을 타고 내려온 9만 8천여 명이다. 이듬해 1월 제2차 서울 철수명령 때 이미 서울에 피란 와 있던 평안도 사람들은 대부분 부산 쪽으로 내려갔다. 부산에는 이미 함경도 사람들이 몰려 있었을 뿐 아니라 인민군 1차 공세 때 무사했기 때문이다. 전라도로 피란지가 정해졌던 황해도 주민들은 휴전 이후 대부분 인천과 경기도로 옮겨갔다.

1955년 인구조사 때 피란민 수가 파악되었다. 전남에 황해도 출신자 1만 310명이 남아 있었다. 부산에 함경도 사람들 7만 8,478명, 경남 거제도에 5,027명, 인천에 2만 5,697명이 살고 있었다. 대구에는 주로 평안도 피란민 1만2,938명이 살고 있었다. 38선 부근 전방지대에 1만 5천 명 내외, 양양군에 4만 8,722명이 살고 있었다. 북한 주민의 집단이동은 토착지역 인심의 성격에 영향을 주었다.

2.3.

지역 종교의 특징

한국의 개신교는 대부분 미국 선교사들이 전파했다. 1884년 7월 북장로교 선교사 알렌Horace Newton Allen, 1858~1932이 서울에 온 뒤를 이어 언더우드Horace Grant Underwood, 1859~1916 목사와 아펜젤러Henry Gerhard Appenzeller, 1858~1902 부부가 이듬해 4월 서울에 들어왔다. 남장로교 선교부 선교사들은 이들보다 7년 늦은 1892년 11월 7명이 한국에 처음 건너왔다.

미국 남장로회와 북장로회 선교부 소속 선교사들은 한국 내 선교에서 경쟁을 줄이기 위해 미국장로교선교공의회를 결성한 뒤 한반도를 나눠 선교하기로 합의했다. 이때 남장로교 선교부는 전남·북과 충남 부여 이남을 맡고, 북장로교는 경북과 평안도를 맡았다. 거의 같은 시기에 한국 선교에 나선 감리교는 경기·황해·강원·충북 등 기호지방, 함경도는 캐나다 선교부, 경상남도는 호주 선교부가 각각 맡았다. 남·북장로교 선교부는 평양에 신학대학을 세우고 목회자를 양성하면서 미국에서 분리되어 있던 선교활동이 화해를 이뤄 가고 있었다. 이처럼 한국 개신교는 선교회에 따라 조금씩 개성을 달리해 성장해 오던 터에, 6·25라는 민족대이동 변란을 만나 연고지 선교협정이 흐트러졌다. 특히 북한 피란민과 사역자들은 이미 북한에서 박해를 받은 경험 때문에 38선에서 멀면서 유사시에는 외국으로 피란가기 쉬운 제주나 부산 일대로 몰려 살았다.

한국전쟁이 소강상태에 접어들면서 영남에 몰려 있던 북한 피란민 사역자들은 예수교장로회를 중심으로 뭉쳤다. 서울 중심 기성 성직자들은 기독교장로회로 뭉쳤다.

호남이나 충청도는 6·25전쟁 때 불행히도 북한군의 점령지로 짧게는 한 달, 길게는 두 달 동안 공산 치하에 살았다. 이 기간 친사회주의자들이나 지역 덕망가들이 공산 치정 아래 지역 책임을 부여받았다. 이들 부역자들은 국군의 재탈환작전이 시작되면서 산으로 숨어들었다. 경북도 북한군이 점령하기는 했으나 그 기간이 서·남부 지역보다는 짧았고, 경남은 낙동강 사수작전으로 북한군에 의해 많은 희생자를 냈으나 공산 치하에 놓인 일이 없어서 부역할 일도 없었다. 이 6·25전쟁에서의 차이는 두고두고 이념과 갈등의 원인 가운데 하나가 되었다.

전남·북에서 북한군 부역자들은 자기 의지와 관계없이 빨치산이 되어 지리산으로 숨어들었고, 북한군 잔당의 남부군에 편입되기도 했다. 지리산에서 1955년 3월 3일 박갑출이 사살되기까지 사살된 공비들은 2만 8,778명이다. 4,930명은 생포되어 형을 받았고, 2만 3,740명은 귀순 뒤 조사를 받고 귀가했다.

그러나 사살된 자나 입산 뒤 행방불명된 자, 귀순한 자의 가족은 계속된 연좌제로 사회진출의 기회가 제한되었다. 군 장교가 될 수 있는 사관학교 입학이 불가능했고, 공무원이 될 수도 없었다.

연좌제로 진출 기회를 제한받은 지리산 입산 관련 주민 수는 50만 명이 넘는다. 이들의 가슴에는 한이 남을 수밖에 없다. 연좌제와 관계없는 직종은 한정적이었다. 이 점은 1970년대 이후 영남과 호남 주민의 성격을 구분 짓는 큰 요인 가운데 하나가 되었다.

시민단체 관계자들이 주로 참여한 기독교장로회는 1952년 이미 진보적인 교파로 독립했지만, 휴전협정이 이뤄진 뒤 예수교장로회도 다시 보수와 개혁파로 분리된다. 예수교장로회에서 호남 지역 사역자들의 일부가 신신학新神學을 내걸고 합동파로 독립을 선언한 것이다. 이념이 무엇인지도 모르면서 북한군 점령 당시 짧은 기간 지역 행정에 부역한 탓으로 용공분자容共分子가 된 사람들과 이웃해 사는 것을 피할 수 없었던 호남 지역사회의 선교는 공산 치하 경험이 없는 반공선교지역에서 철저히 원칙론을 바탕으로 하는 선교와 다를 수밖에 없었다. 이 같은 시대상황과 지역의 특수성이 반공선교냐 용공선교냐의 차이를 만들어 한국 교회를 세 갈래로 나눠 놓았다.

2005년 인구주택총조사 때 국내 종교 신도 수 조사도 이뤄졌다. 당시 부산시의 불교 신도율은 39.2퍼센트였는데 광주의 불교 신도율은 14.39퍼센트였다. 개신교 신도는 광주가 19.79퍼센트인데 부산은 14.3퍼센트였다. 이 분포로 보면 부산시민은 10명 가운데 4명이 불교 신자이고, 광주시민 3명 가운데 1명이 기독교 신자다. 부산은 여자 두 명 가운데 한 명이 불교 신자인 불교 우위 지역이고, 광주는 기독교가 우세하다. 이 같은 현상은 지역 주민의 성격과도 관련이 있다. 호국불교 전통의 부산 지역 사람들은 보수적이고, 광주 지역 사람들은 서양 종교인 기독교의 영향을 받아 개인주의적이며 진보적인 성향을 나타낸다.

2.4.

고대국가 변한과 신라

한반도의 역사는 고려 인종 23년(1145년)에 김부식金富軾, 1075~1151 등이 지은 《삼국사기》를 기본으로 삼아 왔다. 김부식은 1135년 평양에서 일어난 묘청의 난을 평정한 뒤 이 책을 쓴 탓인지 신라를 우리 역사의 정통으로 삼아 기술하면서 왕조의 반역에 대해 부정적인 시각을 보였다는 평판을 받는다. 더욱이 그는 경주김씨로 그의 할아버지가 경주호장을 지낸 집안 출신이라 공정성을 의심받기도 한다. 특히 현존 《삼국사기》는 조선 개국 직후 중종 7년(1512년) 경주에서 개간開刊된 것이라 신라 중심 역사책이 된 가능성이 높다는 비판도 받는다.

《삼국사기》와 더불어 한국사의 또 하나의 골간을 이루는 책은 《삼국유사》이다. 이 책 또한 신라 땅 경산 출신인 일연一然(金 見明), 1206~1289이 집필한 것으로, 《삼국사기》의 미비한 점을 보완했다고는 하나 신라와 불교를 중심으로 쓰인 흠이 지적되는 책이다. 《삼국사기》와 다른 설도 덧붙이고 단군왕검설화 등을 모아 민족자주성을 나타내려 한 점 등은 크게 평가받는다.

이 책들은 신라가 망한 지 2백 년 이상의 세월이 흐른 뒤 쓴 책들이라, 옛 기록을 참고했다는 뜻으로 고기古記라는 책 10여 권의 이름이 나오고 있지만 그 책의 내용은 거의 전해 오지 않는다. 다만 중국 측 기록으로 《삼국지》, 《후한서》, 《진서》, 《위서》 등 15종류의 책이 있다. 이 책의 내용들이 오늘날도 전해져 아쉬운 대로 그 기록을 확인할 수 있다.

중국 사서와 《삼국유사》 속의 마한

《삼국유사》는 중국 송나라 사람 범엽范曄, 398~445이 25년부터 220년까지의 역사를 정리한 《후한서後漢書》의 기록을 인용해 변한과 진한, 마한의 삼한을 설명하고 있다.

변한은 남에 있고, 마한은 서에 있고, 진한은 동에 있다.

진한은 본래 연나라 사람이 피난해 와서 연나라 탁수의 이름을 따라 그들이 사는 동네를 '사탁沙涿', '점탁漸涿'이라 이른다.

《삼국유사》는 북제의 위수魏收가 지은 중국 역사책 《위서魏書》(554~559)의 기록을 바탕으로 마한을 설명하고 있다. 사실 마한에 대한 기록은 오히려 《진서晉書》(265년부터 418년 사이 동진과 서진의 역사) 〈사이전四夷傳〉이 더 자세하다.

마한은 산과 바다 사이에 산다. 성곽이 없다. 조그만 나라가 56개다. 큰 나라는 1만 호 되는 곳도 있고, 수천 호밖에 되지 않는 작은 나라도 있다. 구슬을 가장 귀하게 여기고 귀신을 잘 믿는다. 5월과 10월에 신에 제사하며 모두가 모여 노래하고 춤춘다. 천신에 제사 지내는 소도蘇塗가 있고 서역의 절과 같다.

진한과 변한은 모두 12국씩이었지만 마한은 56국(《진서》〈사이전〉과 《삼국유사》는 54국이라 했다)이었다.

《삼국유사》는 위만에 쫓긴 조선왕 준準이 바다 건너 남쪽 한韓의 땅에 이르러 나라를 세우니 마한이라 했다고 썼다. 이 내용은 진나라 진수陳壽, 233~297가 쓴 《삼국지三國志》〈동이전〉을 출전으로 내세웠다. 여기에 진한·변한과 함께 한韓 항목이 있다.

한은 대방 남쪽에 있다. 동과 서는 바다로 끝이 났고 남쪽은 왜와 연접해 있다. 한에 세 종족, 마한, 진한, 변한이 있다. 진한은 옛 진국辰國이다. 마한은 그 서쪽에 있다. 진왕은 월지국月支國을 다스린다. 이 지방 백성들은 벼를 심어 곡식을 먹고 누에를 쳐서 비단을 짜 입는다. 《삼국지》〈동이전〉은 한韓의 역사를 위략魏略의 기록을 보기로 들었다. 한은 준왕의 아들 우친友親이 스스로 일컬은 성이다.

신라·백제·고구려 등 삼국 이전의 나라였다는 마한의 실체는 아직 명확히 밝혀지지 않고 있다. 다만 백제는 마한의 백제伯濟가 성장한 것이라는 데는 이의가 없다. 삼한三韓 78국의 위치도 학자마다 다르게 비정하여 정설이 없다. 원광대학교 마한·백제문화연구소와 충남대학교의 백제연구소 등의 연구가 30여 년 동안 진행되었다.

근래에는 나주를 중심으로 국립나주박물관이나 전남대학교 임영진 교수 등이 마한은 익산에서 영산강변으로 옮겨 5세기까지도 백제와 다른 문화를 유지했다는 고고학적 발굴 성과들을 제시하고 있다.

재야사학자 김성호金聖昊는 《씨성으로 본 한일민족의 기원》(푸른숲, 2000)에서 마한은 강화도를 중심으로 한 한강 하구에 있었고 공주를 거쳐 전북 익산의 금마에서 기원전 195년에 없어진 한韓을 이른다고 주장했다.

서남부인 전라도의 옛사람들에 대해 생각해 보자. 한국의 어떤 학자들은 벼[水稻] 재배마저 중국의 북쪽을 우회해 북한을 거쳐 남하한 것이라고 보았다. 이 같은 순진성은 오늘날 같은 기술과 선박 없이는 항해가 불가능하다는 생각에서 비롯한다. 그렇다면 어떻게 4만 5천 년 전에 인도네시아에 살던 원시 인종이 호주 대륙으로 건너갔겠는가.

모기보다 작은 멸구충은 중국의 강남에서 바람을 타고 한국으로 건너와 벼를 먹고 산다. 중국 저장성 보타도에서 부구를 띄우면 바람의 영향을 받지 않고도 목포 근해에 한 달 만에 도착한다. 이 바다 사이에 해류가 흐르기 때문이다. 노르웨이 인류학자 헤위에르달Thor Heyerdahl, 1914~2002은 1947년과 1970년 두 차례 남아메리카에서 뗏목을 타고 태평양 서쪽의 투아모투 제도Tuamotu Islands까지 항해해 고대문화의 해류 전파와 인류의 이동을 증명해 주었다.

심지어 몇몇 중국 사람들은 아메리카 원주민이 중국의 고대 국가 은殷나라가 망하면서 건너간 은지인殷地人들이었다면서 잉카 유적에서 고대 한자를 닮은 문자 1백여 개를 제시하고 있는 판이다. 바다란 육지 사람들이 생각하는 것처럼 무서운 공간이 아니다. 태평양의 쓰레기나 나무열매도 물속에 가라앉지 않으면 한반도까지 옮겨온다. 오늘날 사람들이 상상하는 것처럼 동력을 갖춘 배는 없었지만 옛사람들은 가라앉지 않는 나뭇조각을 타고 이동했던 것이다.

김택규 교수는 벼 재배와 함께 건너온 추석문화와 추석놀이의 대표인 강강술래가 도작권 세시풍속이라고 보고, 그 원류를 중국의 강남으로 보았다. 그는 줄다리기나 강강술래가 벼농사〔稻作〕문화권의 세시놀이고 그 뿌리를 중국의 하남지방 답가놀이로 유추했다.

유물로는 중국 하남 지방의 고인돌 지역에서 보이는 턱자귀〔有段石斧〕를 보기로 들고 있다. 좀 뒤늦은 유물의 전파로 보는 것이 중국의 옛 돈인 화천貨泉과 유리 관옥이다. 관옥이나 화천은 해남 군곡리 조개무덤에서 나왔으며 일본의 규슈 지방에서도 보이는 중국의 유물이다. 좀 더 늦은 시기의 중국 오수전五銖錢은 전남 여수시 거문도에서 980점이나 무더기로 나와 이미 선사시대 때부터 한반도 남해안 지역과 중국 강남 사이의 교섭이 이뤄졌음을 대변해 주고 있다.

재미난 것은 바닷가 고을을 본관으로 하는 성씨가 많은 점도 해양 교류의 한 증좌로 삼을 수 있다는 점이다.

고려 때까지도 항구 기능을 맡았던 나주의 본관이 55성, 남양의 본관이 38성, 진주 본관이 80성, 해주 본관이 62성, 김해 본관이 37성이다. 본관을 그 혈족의 시조가 살던 고을이라고 보면, 그들의 전입지가 타국이었을 개연성蓋然性이 높다. 특히 전남에 본관을 둔 장흥위씨, 장흥임씨, 신안주씨, 능성구씨, 압해 정씨 등은 모두 그들의 조국을 중국이라고 주장하고, 중국 가운데서도 강남의 절강성에 뿌리를 두고 있다. 중국에서 건너와 전라도에 정착했다는 성씨 가운데 큰 성씨는 광주노씨, 나주나씨, 금성나씨, 나주오씨, 진도김씨, 무송유씨, 무송윤씨, 함평모씨, 담양국씨, 경주섭씨 등이다. 경상도를 본관으로 하는 김씨, 이씨, 박씨, 허씨, 최씨 등 신라에서 사민정책으로 분산해 온 대성씨를 제외하면 바다를 건너온 중국의 귀화씨족이라는 성씨가 토반을 이루고 있다. 한국의 성씨가 신라를 중심으로 시작되었음은 말할 것도 없고, 고려 초기에 정착된 제도라 하더라도 신라 지역의 주류가 중국 내륙의 스키타이계 사람들인 것과 달리 전라도 지역의 주류가 남방 농경민족이었음을 부인할 수는 없다(김정호, 《호남문화입문》, 김향문화재단, 1990; 《한국의 귀화 성씨》, 지식산업사, 2003 참조).

남방계 전라도 │ 전라도 토박이는 역시 백제 사람들이 주력이었을 수밖에 없다. 백제 이전에 마한으로 불린 이곳은 그 토박이가 어디서 왔다는 기록이 없다. 다만 마한의 금마에 준왕準王이 위만에 쫓겨 들어와 살면서 스스로 한왕이라 했다는 기록만 있다. 그전에 이미 한韓이라 부르는 토박이들이 살았던 것을 전제로 한 기록이다. 이 시대의 유물로 영산강 유역의 옹관묘가 주목을 받고 있다. 그동안의 연구에서 삼국 이전 기층민에 대한 연구는 거의 찾아볼 수 없다.

삼국 이전의 유물인 고인돌은 전라도가 세계에서 가장 많이 분포되어 있는 곳으로 세계문화유산에도 등재되었다. 북한이나 경상도 해안지방에까지도 분포되어 있다. 이를 남방 도작문화의 유입으로 보는 주장이 많다. 고인돌은 무문토기 농경문화의 흔적이기 때문이다.

1992~1994년 한림대학교 한림과학원이 주관한 '한국 민족의 기원과 형성'에 대한 연구에서 김택규 교수는 한반도의 고대 기층문화가 벼농사(水稻作)문화이고 그 거점은 서남부 지역이라고 못 박았다. 그전에 북방계 수렵·어로문화와 잡곡문화가 유입되어 있었으나 벼농사문화가 점차 이를 흡수하는 기층이 되었다고 주장했다.

이어진 종합토론에서는 자체형성론보다 북쪽과 남쪽의 문화가 유입되어 서로 동화·발전해 단일화 과정을 거친 것으로 보았다. 아쉬운 점은 한반도의 지정학적 특수성이나 문화현상의 지역특성이 풍토와 밀접하게 관련되어 있음을 강조한 연구가 없었다는 것이다. 다만 김 교수는 산은 문화의 전파를 가로막고 강은 문화를 옮긴다는 역사지리학을 예로 들면서 장백·태백·소백을 잇는 산맥이 문화의 경계를 지었음을 현장답사로 확인했다고 말했다.

이처럼 한국 학자들은 내륙지향형이다. 필자는 강을 물로 바꿔 설명하고 싶다. 문화는 물을 따라 전파되어 왔다.

경상도는 낙동강을 중심으로 하는 큰 분지와 태화강을 중심으로 하는 작은 영일만 분지로 이뤄져 있다. 이에 견주어 전라노는 북으로는 금강, 선라북노에 만성상과 동신상, 선라남노에 영산강, 탐진강, 섬진강 등 여섯 개의 강이 흘러 그 강변마다 여러 개의 분지가 있고, 조선시대에는 54개 고을을 이루었다.

이 고을 수는 우연히도 마한 54개국 수와 같다.

오늘날은 호남이 전라도의 별칭처럼 쓰이지만 옛날에는 충청남도까지 포함하기도 했다. 호남이란 이름은 조선 효종 8년(1657년)에 호남청을 설치했다는 기록이 보인다. 이병도는 의림지義林池를 중심으로 호남과 호서를 나눴다고 보았다. 차령車嶺을 북쪽으로 우회하여 군산으로 빠져나가는 금강錦江을 호강이라 부르기도 하므로 금강 유역을 모두 포함하지만, 전남·북을 이루는 전라도의 별칭으로 쓰일 때는 강경강江景江을 경계로 구분해야 한다. 이는 뒤에서 더 자세히 설명하겠다.

일찍이 성호 이익李瀷, 1681~1763은 그의 책 《성호사설》에서 두 지역을 다음과 같이 평했다.

> 경상도 지역은 모두 수류가 낙동강으로 모여들기 때문에 풍기風氣도 따라 취합되어 있다. 이러한 이유로 하여 예부터 명현을 많이 배출했다. …호남은 수류가 흩어져 여인의 머리칼과 같이 산발해 풍기가 달아나고 좋은 인물도 내지 못한다.

성호의 이 견해는 곧바로 그의 제자들인 이중환李重煥, 1690~1756과 안정복安鼎福, 1712~1791으로 이어져 영호남을 말할 때 으레 두 지역의 지리와 인물평으로 쓰였고, 후대에 보편개념처럼 인식되고 말았다. 이 같은 강 중심 개념은 17세기 전후의 여러 지도에 잘 나타난다.

〈훈요십조〉에 나오는 차령 이남의 '배역지세背逆地勢'라는 관념도 금강錦江이 충청북도 태백산맥의 서쪽 기슭에서 시작해 충청도 분지를 이룬 다음 차령을 돌아 남으로 군산만에 이르면서

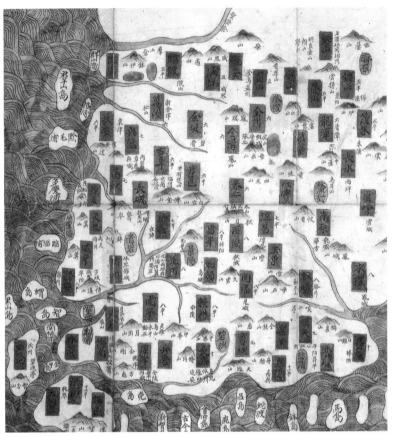

팔도지도첩八道地圖帖 **중 전라도**全羅道
지역이 여러 강줄기로 나뉜 모습을 볼 수 있다.
조선, 정조 14년(1790)
국립중앙도서관 소장본

전라도와 충청도의 경계를 이루는 강의 형세를 말한 지리이다.
그러나 한반도의 등줄기라 할 태백산맥(백두대간)에서 시작해 서
쪽 바다로 흐른 강이 어디 한두 개인가. 한강, 청천강, 대동강
은 말할 것도 없고 고려 때 수도인 개성에서 출발해 서해로 빠
져나간 배천과 예성강도 모두 배역지세의 강이라 할 수 있다.

이처럼 이치에도 맞지 않는 풍수설을 앞세운 특정 지역 차별에 천년 세월을 두고두고 차령 이남 사람들이 자격지심에 시달린 셈이다. 〈훈요십조〉의 배역세 지리관은 놀랄 만한 역사적 사기다.

중국 사서에 나오는 진한과 경상도

당나라 태종太宗(李世民), 627~649년 재위 때 이연수 등이 쓴《진서》〈사이전〉에 진한에 대한 기록이 나온다.

> 진한은 마한 동쪽에 있다. 원래 진秦나라에서 도망 온 사람들로, 진나라의 괴로운 부역을 피해 한韓으로 들어오자 한에서 동쪽 국경 지방을 베어 주어서 살게 했다. 성책을 세우고 산다. 말하는 것이 진秦, 249 BC~207 BC(진시황의 나라) 사람과 비슷한 데가 있어서 그들을 진한秦韓이라고도 한다. 이들은 처음에 여섯 나라를 이뤄 살다가 차츰 나뉘어 열두 나라가 되었다. …진한은 언제나 마한 사람으로 왕을 삼아서 대대로 계승해 가고 자기 나라 사람들은 왕 노릇을 하지 못한다. 이것은 분명 그들이 딴 곳에서 온 사람들이기 때문이다.

이연수의 《북사北史》(위나라·수나라의 역사)에도 〈신라전〉이 있는데 《진서》의 내용과 비슷하다.

> 신라는 그 조상이 본래 진한의 종족이다. 땅은 고려 동남쪽에 있으니 한나라 때 낙랑이 바로 이곳이다. 진한辰韓은 진한秦韓이라고도 한다. 진나라에서 도망 와 살기 때문이다. 그들의 말하는 짓과 물건 이름들은 모두 중국 사람과 비슷하다. 도둑을 구寇라 하

고 서로 부르는 것을 도(徒)라 한다. 그래서 마한과 전혀 다르다. …진한은 맨 처음 나라를 세운 뒤 차츰 나뉘어 열두 개 나라가 되었다. 신라도 역시 그 가운데 하나이다.

《삼국사기》 신라본기 시조 혁거세 거서간 조를 보면 신라의 말 가운데 진한 말을 적고 있다.

거서간(居西干)은 진한 말로 왕이란 뜻이다.

진한 사람들은 표주박(瓠)을 박(朴)이라 부르고 혁거세가 나온 알이 표주박같이 생겨 성을 '박'이라 했다.

《삼국사기》 본기 혁거세 38년 기록에 중국 사서의 내용이 그대로 나온다.

중국 사람들은 진나라 난리 때 괴로움을 피하여 망명한 사람들이 많았다. 그들은 마한 동쪽에 자리 잡고 진한 사람들과 섞여 살면서 이때에 극성하였으므로 마한에서 이를 꺼려 책망한 것이다(김부식/김종권 역, 《삼국사기》 上, 대양서적, 1972, 86쪽).

조선조 말 김정호가 쓴 《대동지지》 경주 항목을 보면, 역시 경주는 본디 진한 사람들이 살았던 서촌(西村)이라 하였다. 서촌을 거세촌(居世村)이라고 부르기도 하고 쓰기도 했다. 중국에서 간(干)은 동네를 이르는 말이므로 촌(村)과 같다. 몽고에서 간(干)은 칸으로 읽으며 '왕'이라는 뜻이다. 간에 대인(大人) 또는 관장(官長)의 뜻이 있음을 알 수 있다.

여섯 부의 촌장들이 모여 혁거세를 거서간居西干으로 삼았다. 이는 몽고의 칭기즈 칸과 대비된다. 개국 뒤에 서촌은 서야벌徐耶伐이라 했다. 중국의 《삼국지》에는 변진에 사로국斯盧國이 있다 했다. 《남사南史》에는 위나라 때는 신로新盧라 했다고 적었다. 살펴건대 신新은 사투리로 사斯라 하고 라羅는 나라라는 뜻이다. 라羅는 벌판을 뜻하기도 한다. 사로나 신로나 신라 모두 '새 나라'를 뜻한다. 큰 벌판을 벌伐이라고도 했으므로 '서야벌'은 곧 왕경을 뜻하고, 한양의 왕도를 서울徐蔚이라 부르는 것도 경주의 서벌에서 온 말이다. '경주'라는 이름은 고려 태조 왕건이 경순왕에게 서라벌을 식읍으로 줄 때 지어 준 이름이다. 탈해왕 때는 계림이라 했다. 지증왕 때 신라 또는 사로라 했으며 당나라가 계림도독부라 했다.

고려 성종 6년(987년) 동경東京이 되고 영동도嶺東道에 속했다. 신종 즉위(1197년) 뒤 동경에서 난이 일어나 6년이나 계속되었다. 신종 7년(1204년) 동경유수를 지경주사로 삼고, 동경에 속했던 여러 부·군·현을 향鄕 부곡部曲으로 강등시켰다.

조선 개국 직후 상주尙州에 안렴사영을 두었다가 선조 25년(1592년) 경상 좌도관찰사영을 경주에 두었다. 1년 만에 대구로 옮겼다.

경상도慶尙道는 《고려사》 지리지에 그 이름이 충숙왕 원년(1314년)에 처음 생겼다고 했지만 그 권역은 예종 원년(1105년)에 정해진 셈이다. 전라도는 현종 9년(1018년)에 정해진 이름이다. 현종은 이때 성종 때의 10도都를 5도로 바꾸었다. 경상도도 현종의 5도 개편 때 이름이 나오지만 전라도와 달리 여러 차례 바뀌었다. 충숙왕 때까지 경상도라는 이름은 《고려사》에 열 차례 이상 나오고 있다(김갑동, 〈고려 현종대의 지방제도 개혁〉, 《한국학보》 21-3, 일지사, 1995 참조). 영남도嶺南道(상주), 영동도嶺東道(경주·김해), 산남도山南道(진주·합천) 등 셋으로 나뉜 것은 성종 때이고, 예종 원년에 삼도를 합해 경상진주도慶尙晋州道를 만들었으므로 이 구역이 오늘날의 경상도이다. 앞서 현종 때 이미 경상도라 했다는 설을 소개한 바 있다. 경상진주도라는 행정구역 이름에서 진주가 빠진 것은 명종 16년(1186년)으로, 이때 경상주도慶尙州道라 했으나 충숙왕 원년(1314년)에야 '주' 자를 빼고 다시 경상도가 되었다. 전라도보다 296년 뒤의 일이다. 그래서 경상북도는 5년 전 7백년사를 냈다. 다만 현종이 전라도를 만들 때 성종 때 만든 10도를 5도로 줄였다는 기록에 따른다면 이때 경상도라는 이름이 생겼다는 문제가 있다.

박혁거세는 중국인? | 김부식은 《삼국사기》 신라본기 경순왕 조 끝부분에 신라의 박씨, 석씨가 알에서 태어났다고 하고 김씨는 하늘에서 금궤에 넣어 보냈다 하지만 이는 괴이하여 믿을 수 없는 일로, 세속이 서로 전하고 전하여 사실처럼 되고 말았다고 적었다.

　나는 예종 왕 때 송나라에 간 일이 있어(1111~1117년) 여선상女仙像을 모신 우신관祐神館을 구경했다. 이곳 관반학사 왕보가 말하기를, "옛날에 어떤 제실의 여자가 남편 없이 아이를 배어 사람들의 의심을 받자 배를 타고 진한에 이르러 아들을 낳았다.

이 아이가 해동의 시주가 되고 제녀는 지선地仙이 되어 선도산仙桃山(경상북도 경주시에 있다―필자 주)에 있었다는데 이곳 우신관의 여상이 그 지선의 상이다." 그의 아들이 왕이 되었다는 때가 어느 때인지 알지 못하겠다.

이 이야기는 일연의 《삼국유사》 감통感通편에도 '선도성모수희불사仙桃聖母隨喜佛事'라는 항목으로 다루고 있다.

진평왕 때 지혜라는 비구니가 안흥사에 살면서 불전을 수리하려 했으나 힘이 부족했다. 꿈에 어여쁜 여인이 나타나 말했다. "나는 선도산의 신모神母다. 네가 불전을 수리하려 하는 것을 이쁘게 보아 금 10근을 시주하려 한다. 내 자리 밑에서 금을 꺼내 주존 삼상을 장식하고 …… 오악신군을 모시고 봄, 가을 10일에 점찰법회를 열어라." 하고 말했다. 이 말을 듣고 지혜가 신사를 찾아가 선도상 자리 밑에서 황금 160냥을 파내 불사를 했다.

이 신모는 본디 중국 제실帝室의 딸로 이름을 사소娑蘇라 했다. 일찍이 신선의 술법을 배워 신라에 와서 살았다. 뒤에 서취산의 지선地仙이 되었다. 제54대 경명왕이 매사냥을 갔다가 매를 잃어버려 신모에게 "만일 매를 다시 찾는다면 신모에게 벼슬을 봉하겠다"고 기도했다. 기도를 마치자 매가 날아왔으므로 대왕이 신모에게 벼슬을 내렸다.

중국 제실의 여인인 사소娑蘇는 처음 진한에 오자 성자를 낳아 동국의 처음 임금이 되었다. 아마 혁거세와 알영의 두 성인을 낳았을 것이다.

이와 같이 운운하고는 《삼국사기》에서 김부식이 중국을 기행한 때의 얘기를 덧붙였다. 말할 것도 없이 이 선도산은 경주에 있는 서악이고, 한때 이곳에 그 유례비가 서 있었다. 이 선도산 신모는 뒷날 지리산의 산신으로 모셔지기도 했다.

낙랑과 신라 | 신라 3대 유리왕 13년(36년) 9월 낙랑이 북변을 침입하여 타산성을 함락시켰다. 이듬해 고구려가 낙랑을 쳐 멸망시켰다. 이때 낙랑 사람 5천 명이 신라에 왔으므로 여섯 부에 나눠 살게 했다. 15대 기림왕基臨王 3년(300년) 3월 춘천의 우두산에 이르러 태백산 망제를 지냈다. 이때 낙랑과 대방 두 나라가 귀순하여 신라에 복속시켰다(《삼국사기》 신라본기). 이런 연고로 신라의 여러 왕은 중국에서 낙랑공 신라왕(선덕왕, 성덕왕)이나 낙랑군왕(진덕왕)에 봉해졌다. 고려 때에는 경주의 별호를 낙랑이라 했다.

《삼국사기》 열전 가운데 김유신 항목을 보면, 신라 사람들은 자기들을 소호김천씨의 후예라 이르는 까닭으로 성을 김씨라 했다는 대목이 있다. 김유신의 비에도 "중국 황제 헌원의 후예이고 소호의 영윤"이라고 적고 "남가야의 시조 수로왕은 신라와 같은 성"이라고 덧붙였다.

1796년 경주의 한 농부가 밭을 갈다가 문무왕릉비 파편이 나왔다. 이 비에는 문무왕의 15대조는 성한왕星漢王이란 대목이 있다. 하늘에 제사 지내는 투후의 후예라는 대목도 있다.

《삼국사기》 신라본기 미추왕 항목을 보면 "미추왕의 선조는 알지이다. 계림에서 낳아 석탈해 왕이 길렀다. 알지는 세한勢漢을 낳고 세한은 아도를 낳고…"라고 되어 있다. 경주김씨들은 족보에서 미추왕을 김알지의 7세손, 문무왕을 17세손으로 정리하고 있다. 문무왕비에도 그의 15대조가 성한星漢이라 했으므로 《삼국사기》 기록과는 세世와 성星 자가 다를 뿐이다. 이 같은 기록으로 보면, 신라김씨와 가야김씨는 유입경로가 다르지만 결국 한 족계族系라고 볼 수 있다(김정호, 2003, 100쪽).

이처럼 신라계 주력 씨족들은 중국에서 귀화한 씨족이었음이 나타난다. 이 세력이 통일신라를 완성한 뒤 점령지인 고구려와 백제 백성을 다스리기 위해 큰 고을에 도독을 파견하고 명문 귀족들의 이주정책을 쓰면서 신라 6성의 성씨가 전국에 퍼졌다. 보기를 들자면 경주김씨는 신라가 망한 뒤에도 고려왕실에서 그의 외손이 계속 왕계를 이은 탓으로 광산, 강진, 영암, 강릉, 선산, 김해, 나주, 울산, 의성, 안동, 상주, 수원, 연안, 순천, 언양 등 20여 큰 고을의 향반이 되었다.

경주의 신라 세력이 중국에서 건너온 진나라 사람들이라는 것은 이미 삼한에 대한 중국 기록에서 살핀 바와 같다.

김성호는 비류백제가 진한과 마한을 흡수하고 임나의 주력이 되었다가 일본에 건너가 나라를 세웠다고 주장한 바 있다. 그는 박혁거세가 중국에서 건너와 경기도 고양지방에서 출발한 진왕辰王이었으며 백제에 쫓겨 청주, 보은, 상주를 거쳐 경주로 옮겨 갔다고도 했다. 또 진왕이 다스린 월지국月支國은 월성군(경주 월성 또는 황해도 금천군 공주 월성산)이며, 박혁거세의 씨성은 박씨가 아니라 김씨라고도 주장했다(김성호, 2000, 220, 222쪽).

고려 태조는 비빈이 많았고 그 자손 또한 번성하였다. 현종은 신라의 외손으로 보위에 올랐다. 그 뒤 고려 왕통을 이은 사람이 모두 현종의 자손이었으니 그 어찌 선조인 경순왕의 음덕에 대한 보답이 아니겠는가. 경순왕은 역전 사수死守하지 않고 고려에 귀순했다는 공로가 있었고 백성들에게 아주 큰 덕을 베풀었다. 이 내용이 김부식의 《삼국사기》에 있음은 이미 살핀 바 있다. 경주 출신 김부식의 생각을 알 만하다.

후백제 땅 전라도 사람들은 전혀 생각이 달랐다.

《삼국유사》는 고려 충렬왕 때 가지산문계 보각국존 일연이 쓴 책이다. 제목이 말하듯이, 이 책은 정사적 역사책이 아니다. 전해 오는 말들로 만든 전설 모음이라 할 수 있다.

이 책에는 삼국은 말할 것 없고 고조선, 삼한, 후삼국, 가락 등 고대국가와 삼국의 전설·신화 등이 실려 있어서 김부식의 《삼국사기》 이상으로 귀하게 여겨진다. 이 책에 신라의 모태가 된 진한辰韓에 관한 기록이 있다.

> 《후한서》에 진한의 노인이 말했다. "진秦에서 망명한 사람들이 한국에 오매 마한馬韓이 동쪽 경계의 땅을 베어 주어 진한辰韓이라고도 한다." 이들은 서로 불러 도徒라 하는 등 진나라 말과 비슷한 데가 있으므로 진한이라고도 한다. 열두 개의 작은 나라가 있다. 각각 만호萬戶가 되어 나라라 부른다.(전해종은 《동이전의 문헌적 연구》에서 부인하였다.)

마한 항목에서는 '위만이 조선을 치니 조선의 왕 준이 바다를 건너 한韓의 땅에 이르러 나라를 세우니 이 나라가 마한'이라고 했다.

> 최치원崔致遠은 다음과 같이 말했다. 마한은 고구려고 신한은

신라다. 금마산의 마한을 백제라 하는 것은 잘못이다. 고구려를 마한이라 하는 것은 고구려에 마읍산이 있기 때문이라 했다. … 진한은 본디 연燕나라 사람들이 피난해 왔다. 그래서 탁수涿水의 이름을 따서 그들이 사는 동네를 사탁沙涿, 점탁漸涿 따위로 부른다. 신라 사투리로 탁의 음을 도道라 하였으므로 사량沙梁마저 사도沙道라 발음하기도 한다.

35채의 부잣집(金入宅)이 있었다. 남택, 북택, 양택梁宅, 장사택長沙宅, 사량택沙梁宅 등이다. 봄에는 동야택, 여름에는 곡량택谷良宅, 가을에는 구지택仇知宅, 겨울에는 가이택加伊宅 등으로 옮겨 놀았다.

옛 진한 땅에는 여섯 마을(六村)이 있었다. 첫째 마을이 알천의 양산촌이다. 촌장은 알평으로 이 사람이 급량부 이씨의 조상이다. 둘째 마을이 돌산의 고허촌이다. 촌장은 소벌도리로 사량부 최씨의 조상이다. 셋째 마을은 무산의 대수촌이다. 촌장은 구례마로 모량부 손씨의 조상이 되었다. 넷째 마을은 자산의 진지촌이다. 촌장은 지백호이며 본피부 정씨의 조상이다. 다섯째 마을이 금산의 가리촌이다. 촌장은 지타이며 한지부 배씨의 조상이다. 여섯째 마을이 명활산 고야촌이다. 촌장은 호진이며 습비부 설씨의 조상이다.

여섯 부의 촌장들이 양산楊山 밑 나정蘿井의 알을 잘라 … 동자를 얻어 이름을 혁거세 왕이라 하였다.

일본인 이마니시 류今西龍, 1875~1932는 〈신라사 통설〉(이부오 역, 《이마니시 류의 신라사 연구》, 서경문화사, 2008)의 '신라 탄생지의 지세'에서 경상도를 설명하였다. 다음은 이를 요약 인용한 것이다.

조선 팔도 가운데 남쪽의 삼도, 즉 전라[호남], 충청[호서], 경상
[영남]은 삼남으로 불린다. 예로부터 조선의 부(富)의 원천으로 여겨
졌다. 북방의 장백산을 주산 삼아 반도의 중추를 이룬다. 동해·서
해의 분수령을 이루는 한반도의 주산맥은 동쪽으로 치우쳐 남쪽
으로 내려온다. 강원도, 함경도의 경계에서 동해안과 평행으로 남
하한다. 경상도의 경계에 이르러 운문산(태백산) 줄기는 곧바로
남쪽을 향해 가다가 부산에 이르러 바다로 들어간다. 다른 하나
의 맥은 서쪽으로 달리다가 다시 갈라진다. 그 가운데 한 맥인
지리산은 경상도·전라도의 경계를 이루어 남쪽으로 향하다가 바
다로 들어간다.

이처럼 경상도는 북쪽과 서쪽이 큰 산줄기로 경계를 이룬다. 다
시 동쪽에 치우친 운문산맥은 남북으로 펼쳐져 있다. 동서로는 30
리(약 117킬로미터), 남쪽으로 50~60리(195~234킬로미터)에 이른다.

평야는 겨우 대구, 용궁, 함안 방면과 경주 부근에 조금씩 자
리할 뿐이다. 다른 지역에는 낙동강과 그 지류 연안에 경작할 만
한 땅이 있을 뿐이다.

운문산맥 동쪽의 물은 작은 시내를 이루어 급경사로 동해 쪽
으로 흐른다. 그 가운데 겨우 작은 하천의 형태를 갖춘 것으로
울산의 태화강, 영일의 형산강, 영덕의 강구포뿐이다. 형산강의
평야가 경주이다. 경상도에서 다른 곳으로 나가려면 모두 고갯길
을 넘어야 한다. 눈에 띄는 길로 북쪽에 죽령, 조령이 있다. 서쪽
으로 추풍령이 있다.

낙동강 지류는 백제의 수도가 있던 금강 상류로 통한다. 산맥
으로 둘러싸인 경상도의 서쪽은 낙동강 유역으로 옛 가야 제국의
땅이나 신라가 일어난 경주는 낙동강 유역과 떨어진 별개의 구
역으로 원시국가가 생장하기에 최적의 지세이다.

신라는 실로 지금의 부성 부근을 중심으로 합류하는 형산강의

지류들이 만들어 낸 불가사리와 비슷한 모양의 평야에서 일어났다.

영일만은 함경도 원산만을 제외하면 동해안에서 거의 유일한 만이다. 북방에서 한반도 동해안을 따라 항상 남하를 시도했던 함경도·두만강 방면의 민족은 대체로 이 영일만 부근까지 왕래했다. 남쪽에서 이 만의 남변인 동외곶으로 항해하는 것은 좀 어려운 일이었던 것 같다. 울산만은 한국의 동해안에 있지만 해로로 보면 부산과 마찬가지로 남방에 속한다 할 수 있다. 남쪽에서 한반도에 왕래한 일본인은 주로 이 만 근처까지 왕래했다. 그러므로 울산·영일만을 가까이 둔 경주지역은 남·북 두 민족의 접촉점이라고 할 수 있다.

경주는 북쪽 선도산 사잇길로 내륙지방인 영천永川, 대구로 통한다. 옛 아진포였던 울산에서 가지산(1,240미터)이나 신불산(1,208미터) 자락을 넘어야 서남쪽 밀양이나 양산으로 통했다. 이 때문에 경주는 방어의 요새지이다.

살펴건대 이처럼 외진 곳에 자리 잡은 대륙계 진한은 본디 여섯 마을로 시작해 점차 그 인구가 늘어 열두 나라로 성장했던 것 같다. 산 너머 낙동강변에는 변한 12국이 있었으나 진한 가운데 사노국이 동쪽에 숨어 실력을 기르며 변한의 12국을 점차 병합하고 마지막으로 532년 금관가야를 병합했다.

뒤에 마한의 백제 항목에서 말하겠지만, 가난해서 살기 어려운 사람들은 부잣집 것을 탐낸다. 비좁은 땅에 몰려 살던 신라 사람들의 진취성은 이기적인 생체유전자 본능으로 결국 역사를 승리로 발전시켰다.

조선시대 경상도 남인 | 경북대학교 이병휴 교수는 학민사에서 1991년도에 낸 《지역감정연구》에 지역갈등을 역사적으로 고찰한 글을 썼다(〈지역 갈등의 역사〉). 그는 삼국정립 과정에 잦은 충돌은 있었으나 국민 사이에는 특별한 지역감정으로 전환되지는 않았을 것으로 보았다.

통일신라시대에 백제부흥운동이 일어나 신라는 여러 통합정책을 썼지만 백제 의식을 완전히 잠재우지 못했다. 결국 말년에 후삼국의 격돌을 겪은 뒤 고구려의 재건을 내건 왕건의 승리로 고려가 탄생했다고 하였다. 고려 초기에는 지역 토호 세력 사이에 경쟁이 있었으나 성종 때에 이르러 안정을 찾아 지역 간 균형을 이뤘다. 이때 경상도 출신 관인의 진출이 두드러졌다. 이병휴는 이에 대한 근거로 영남대학교 이수건 교수가 《한국중세사회사연구》(일조각, 1984)에서 밝힌 〈고려후기 지배세력과 토성〉의 통계를 보기로 들었다.

전라도에서는 고종 23년(1236년) 담양 금성에서 이연년李延年, ?~1237이 백적장군이라는 이름으로 몽고의 꼭두각시가 된 고려 왕실에 대항한 일이 있었다. 경상도에서는 이보다 앞서 신종 2년(1199년)과 5년(1202년)에 연속 경주를 중심으로 고려 무신정치에 대항하는 반란이 일어나, 동경유수를 '지경주사知慶州事'라 하여 그 고을 격을 낮추고 경주에 속해 있던 여러 고을을 안동과 상주로 나눠 버렸다.

고구려의 옛 땅인 서북지역에서도 반란이 일어났음은 말할 것도 없다. 명종 4년(1174년)에 반란이 일어났고, 고종 4년(1217년) 최광수가 고구려 부흥을 기치로 반란을 일으켰다가 격살된 일이 있었다. 옛 삼국의 뿌리가 완전히 뽑히지 않았던 셈이다.

조선시대에 접어들어서 중앙집권형 구조와 훈구공신 중심의 정치가 시작되었다. 지방토호들의 반발이 없지 않았으나 강력한 왕권중심 체제와 인재등용 제도로 지역주의보다는 훈구 세력과 신진 사림 세력의 경쟁 끝에 사색당쟁이 시작되었다. 이 당쟁이 시작된 뒤 당색은 지연·학연·혈연에 따른 지역성을 나타내기도 했다.

붕당의 초기 이름인 동인東人과 서인西人도 지역의 이름에서 출발한다. 서인의 영수 심의겸沈義謙, 1535~1587은 척신으로, 훈구 세력과 초기 사림 및 기호 중심인물과 당인을 이끌었다. 동인의 영수 김효원金孝元, 1532~1590은 선산김씨로, 김숙자金叔滋, 1389~1456와 김종직金宗直, 1431~1492의 족계인 지방 출신 신진 사류이며 영남학파에 속했다. 이에 따라 기호 지방에 가까운 충청도와 전북, 그리고 두 누나가 왕의 후궁이었으며 척신인 신의겸과는 과거 동기생인 정철鄭澈, 1536~1593과 인연을 가진 전남 사람들이 서인을 이루었다가 뒷날 노론과 소론으로 갈린다.

이병휴는 그의 글에서, 경상도 우도는 이황李滉, 1502~1571의 문인들로 남인이 되고, 좌도에 살았던 조식曺植, 1501~1572의 문도들은 주로 북인이 되었다고 정리했다. 그는 전라도가 정여립鄭汝立, ?~1589 사건으로 기축옥사 이후 반역향이 되었듯이, 영조 4년(1728년) 무신란戊申亂으로 경상도도 반역향이 되어서 조선조 말 영남이 호남보다 인재 등용에서 열세를 면치 못했다고 주장했다. 무신란이란 청주에 살던 이인좌李麟佐, ?~1728가 일으킨 반란을 이른다. 이 반란에는 소론당 광산김씨 김일경金一鏡이나 남인계 정희량鄭希亮, ?~1728 등이 참여했다. 전라도에서도 나주나씨 나숭대羅崇大, 태인현감 박필현 등이 동조해 많은 피해를 입었다. 정여립의 기축옥사 때는 경상좌도 조식의 문인이었던 최영경崔永慶, 1529~1590 등이 희생되었고, 정인홍鄭仁弘, 1535~1623도 피해를 입었다. 다만 정인홍은 뒤에 북인의 영수가 되어 광해군을 옹립해 대권을 잡긴 했으나, 그가 인조반정으로 참형을 당한 뒤 경상우도 남인 계열과 마찬가지로 푸대접을 받았다. 이 교수는 전라도 쪽 학자들이 조선 중기 정여립 옥사사건 이후에 진출의 길이 끊겼다는 주장에 반론을 제기하듯, 오히려 경상도가 조선후기에 전라도보다 더 푸대접을 받았다는 주장을 펴고 있다.

특히 그는 성호 이익이 영남의 남인들이 안정적 기반을 유지하고 사는 것을 들어 사대부가 택거할 만한 낙토라고 칭찬한 것은 정권에 관계없이 사회적 지위를 누리고 사는 영남을 흠모했기 때문이라고 은근히 칭찬하고 있다. 더불어 이익과 같은 계열인 안정복, 정약용 등의 글을 인용해 영남을 자랑했다.

그는 김영모의 《조선지배층연구》(일조각, 1977)에서 1800년부터 1910년까지 출신 지역별 진출 통계를 소개하고 있다. 구한말 경상도 진출자가 2.6퍼센트인 데 견주어 전라도가 0.1퍼센트 많은 2.7퍼센트라고 제시했다. 다만 문과 급제자는 경상도가 8.4퍼센트, 전라도가 3.7퍼센트, 무과 급제자는 경상도가 3.8퍼센트, 전라도가 2.7퍼센트, 당상관은 경상도가 3.7퍼센트, 전라도가 1.8퍼센트로 경상도가 인재로는 단연 우위에 있었다고 제시하고 있다(이병휴, 1991, 114쪽). 그는 특히 조선시대 인재 발탁이나 등용은 서울 중심이었으므로 경상도와 전라도를 비교하는 것은 별로 의미가 없다고 결론지으면서, 시대에 따라 지역적 차별이 없지 않았으나 이는 지배층 사이의 이해였을 뿐 기층민 사이의 불협화나 지역갈등으로 볼 수는 없다며 역사 사실의 확대 과장이나 왜곡을 경계하였다.

그러나 경남 통영 출신으로 연세대학교 국학연구원장을 지낸 김도형 교수는 《민족과 지역》(지식산업사, 2017)에서 경상도의 남인은 학봉학맥과 서애학맥으로 나뉘었다고 했다. 숙종 20년 (1694년) 기사환국 뒤에도 서애 류성룡의 후손 류이좌는 호조참판을 지냈으며, 영조 4년(1728년)의 무신란 이후에도 류성룡의 8대손 류후조柳厚祚, 1798~1876는 우의정을 지냈다. 이 집안에서만 당상관 여섯 명을 배출했으므로 결코 영남 남인이 시들었다고만 할 수 없다는 것이다.

경상도 학맥이 퇴계의 후학들로 구성된 남인에 속했으나 허전許傳, 1797~1886이나 류후조 등 재경在京 근기 가문과 함께 결속력 강한 향촌 재지 세력은 계속 유지되었다고 했다(김도형, 2017, 48쪽).

또 대원군은 안동김씨 중심 노론 세력을 견제하기 위해 영남 남인들을 등용하면서 무신년 이인좌난의 혐의를 벗고자 노력하는 남인들을 이용했다.

이병휴의 주장은 역사적 지역감정문제를 다루면서 경상도 남인 세력이 1728년 이인좌의 난 이후 1백여 년 동안 탄압받았으면서도 어떻게 사회적 지위를 누릴 수 있었는지에 대해 설명이 충분치 못한 듯하다. 이는 위 김도형 교수의 글로 일부 설명할 수 있다. 비록 당색이 달라 노론계가 권세를 누렸다 하더라도, 노론의 거두 김수항金壽恒, 1629~1689 이후 그 주력 가문은 서울로 옮겨 산 안동김씨들이었다. 그들의 권세가 대한제국 시절까지 지속되면서 재지가문들도 음으로 양으로 그 음덕을 입을 수밖에 없었다. 이 점이 전라도와 크게 다르다.

신라 문화의 고려 계승 | 경상도란 오늘날 경상북도에 속해 있는 경주와 상주의 머리글 자를 따서 만든 지명이다. 이로 미뤄 보아서는 경상도에서 경북의 비중이 큼을 나타내고 있으나, 20세기 들어 해외 교류가 쉬운 경상남도의 바닷가에 사람이 몰리면서 오늘날은 경상남도 사람들의 목소리가 높아지고 있다.

경상도라는 행정구역 이름이 생긴 것은 현종 때이고, 고려 충숙왕 때인 1314년 고착되었다. 그전에는 경덕왕 16년(757년)에 정한 상주·양주·강주의 세 주로 나뉘어 영남도·영동도·산남도로 불렸고, 경상진주도로 합쳐졌을 때도 있었으나 다시 경상주도·진협주도로 나뉘어 불렸다. 충숙왕 때 경상도로 합해진 뒤, 조선왕조 때 일부를 충청도로 떼어 주고 그 이름과 구역이 그대로 유지되었음은 이미 밝힌 바 있다.

경상도가 영남을 별칭처럼 쓴 것은 17세기 이후이지만, 본디 영남嶺南이란 이름은 고려 성종 때인 995년 10도제 때 경상도를 셋으로 나눠 상주 등 북부지역을 이른 이름이었다.

다만 조선조 건국 초기인 태종 13년(1413년)에 그동안 경상도에 속해 있던 보은·옥천·영동·황단(옥천속), 청산(영동속) 등을 충청북도로 떼어 주었으므로, 그전에는 추풍령 너머 대전 경계까지도 경상도 땅이었던 셈이다.

조선시대 중기 낙동강을 경계로 동쪽은 좌도, 서쪽은 우도로 불리기도 했지만 전국을 13도로 나누던 1896년 경북과 경남으로 나뉘었다.

역사로 따지자면 경상북도는 진한 땅이었고 경상남도는 변한 땅이었다고 말할 수 있다. 동쪽 해변 태화강 유역에 자리 잡은 사로국이 진흥왕 24년(532년)부터 비로소 강역을 넓히기 시작하면서 경상우도에 속하는 변한 땅 가야를 수중에 넣었다. 사로국은 신라로 이름을 바꾸고 당나라를 끌어들여 660년 백제를 쓰러트렸고, 668년에는 고구려마저 쓰러트렸다. 다행스럽게도 신라는 한반도 전체를 흡수하려던 당나라의 야욕을 물리쳤지만 고구려 땅의 대부분을 당나라에 넘겨준 채 반도국가의 새 지평을 열었다.

당나라가 망하면서 한반도에도 경상도 주력의 신라를 무너뜨리고 고구려를 재건하겠다는 야심찬 고려가 탄생했으나, 중국의 북송 세력을 이겨내지 못하고 신라 국역에 머무르고 말았다.

신라 북쪽 사람들은 고려가 건국할 때 벌써 썩어 넘어져 가던 신라를 미련 없이 버리고 고려 건국을 도왔다. 남쪽에 버려진 경순왕이 스스로 항복하지 않을 수 없었다.

1984년 뿌리깊은나무가 출판한 《한국의 발견》 경상북도편에 보면 "경상북도 지방은 경남이나 호남 지방과는 달리 일찍이 왕건과 밀착하여 고려왕조로부터 여러 가지 혜택을 받을 수 있게 되었다"는 대목이 나온다(뿌리깊은나무편집부 편, 1984, 36쪽). 실제로 왕건은 대구 팔공산 싸움 때 간신히 도망쳐 살아남았다.

안동 사람들은 후백제군에 버티며 그들의 군사 8천 명을 겨울 추위로 동사시킨 전과를 올려 결국 후백제가 망하게 하는 데 큰 공훈을 세웠다. 상주·가은 사람들은 후백제 진훤(견훤을 진훤으로 칭하는 데 대한 설명은 이 책 제3장 〈진훤이라 불러다오〉 참조)을 진훤이 가은 출신이었음에도 후백제군에 가장 격렬히 저항했다. 사실 안동, 상주 지방 사람들은 경주 중심주의에 저항해 새로운 세력의 등장에 협력한 사람들이다.

왕건의 집권을 도운 경북 지역의 신라 토착 세력과 경순왕과 함께 개성에 올라간 신라 쪽 사람들에는 경주 출신 배현경, 의성출신 홍유, 경주 본관 최언위, 최량, 최승로, 최항, 최제언, 최유부, 경주김씨 김관, 김부유, 김부식, 김부동 등이 있다. 이들은 옛 고구려 지역 출신인 개경 근기 지방의 호족과 경쟁하는 형국이 되었다. 그러나 새 왕조의 문물제도 정비에는 왕실경영 경험이 있는 신라 사람들의 발언이 먹힐 수밖에 없어서 결국 신라 문화의 전통을 고려에 계승시킨 꼴이었다.

경주김씨 김부식은 《삼국사기》에서 공개적으로 이를 신라의 공덕이라고 자랑하고 있다.

> 경순왕이 고려 왕건에게 귀순한 것은 비록 마지못하여 한 것 같으나 이는 또한 칭찬할 만한 일이다. …일찍이 소식蘇軾은 옛날에 전홍숙錢弘俶, 929~988이 오월吳越國 땅을 들어 송나라에 바친 것을 충신이라 일렀다. 지금 생각하면 신라의 공덕은 그보다 더 나은 점이 있다. 고려 태조에게는 비빈이 많고 그 자손이 또한 번성하였는데도 8대 현종은 신라의 외손으로 보위에 올랐거니와 그 후손을 계승한 사람이 모두 그 현종의 자손이었으니 어찌 (신라 경순왕) 은덕의 보답이 아니겠는가(《삼국사기》 12, 신라본기 경순왕 조).

경순왕의 공덕이라 함은 후백제처럼 왕건과 맞서 싸우지 않고 그에게 항복했음을 뜻한다. 고려 8대 현종의 아버지는 왕건의 부인으로 들어간 경순왕의 형 김억겸의 딸이며 경순왕의 조카인 신성왕후의 아들 왕욱王郁이다. 그의 이복형이 낳은 딸이 5대 경종景宗, 975~981년 재위에게 시집갔는데, 경종이 죽자 왕욱은 과부가 된 헌정왕후(곧 왕욱의 오촌 조카)를 간음해 현종을 낳았다. 곧 현종왕은 신라 왕실의 외손이란 뜻이다. 뒤이어 왕위에 오른 6대 성종成宗, 981~997년 재위은 왕욱이 사통한 헌정왕후가 상왕인 경종의 왕비이면서 자기 누이이기도 했으므로 누이를 간음한 왕욱을 경상도 사천으로 귀양 보내 죽였다. 이 불륜 사건은 성종 10년(991년)의 일로, 불륜의 씨앗 현종은 절에 보내 승려로 만들었다. 강조康兆가 신라계 관료들과 합세해 목종穆宗, 980~1009을 죽이고 중이 되어 있던 현종을 왕위에 올렸다. 이처럼 불륜과 불의로 점철된 역사를 모두 경순왕의 공덕이라고 찬양한 김부식의 역사관이 안쓰러울 뿐이다.

무신정권기에는 안동, 상주 지방의 관료들이 세력을 떨쳤다. 1361년 홍건적이 개경을 함락시킬 때는 경북 세력이 중심을 이루고 있던 시절이라 공민왕을 안동으로 피난시키기도 했다.

이후에도 신라 지방 사람들의 관료 진출은 조선왕조에도 이어졌다. 고려 말과 조선 초기에는 몽고와 왜구의 침노로 남·서쪽의 평야지대나 연해안 지방 사람들이 크게 고통 받았으나, 산악지대라 할 경상북도 지방은 피해가 적어 경제적으로 안정되어 있었다. 난세에도 인재 양성이 가능했던 지리적 수혜지대였다.

뒷날 근기 지방의 남인계 실학자들이 경상도를 조선 팔도에서 가장 살 만한 곳으로 부러워한 것은 이 같은 지리풍수가 낳은 혜택이었다.

이익은 "영남은 산세가 겹겹으로 둘러싸고 있어 고을 물이 합류하여 풍기가 모이고 흩어지지 않아 옛날 풍속이 아직도 남아 있고 명현이 배출되어 우리나라 인재의 곳간이 되었다. 특히 태백산 밑 안동, 예안 사이에는 도처에 국면을 이뤄 명당을 열

이중환의 《택리지》
조선 인재의 절반은 영남에 있다[朝鮮人材半在嶺南]가 수록된 부분.
국립중앙박물관 소장본

었다"고 했다. 이 견해는 그의 제자 이중환에 이어져 《택리지》
(팔역지)에 강조되었고, 물을 품은 산속의 골짜기[溪居地]가 명당
이라 했다. 그는 난리가 났을 때 병화를 피해 살 만한 여덟 곳
을 꼽았는데 그 가운데 네 곳이 안동에 있다. 평시나 난리 때
살 만한 곳 열한 곳 가운데 경상도에서 여섯 곳을 든 것이다.
시냇가의 살 만한 다섯 곳 가운데 경상도 예안과 도산과 안동
의 하회를 으뜸이라 했다. 국토지리원이 펴낸 《한국지리지-경
상편》에 보면 계곡 이름은 경상도가 많고 그 가운데에서도 안
동 지방이 대표적이다(국토지리원, 2005, 61쪽). 골·실 따위 계곡을
상징하는 땅 이름이 안동부 지명의 35퍼센트로, 전국 평균 19.1

퍼센트보다 훨씬 많다고 소개하고 있다. 산과 들의 교통이 좋아지기 전 조선 중기 사람들은 해촌海村보다 강촌江村이 살 만하고, 강촌보다 개천이 더 살 만하다고 했다. 이 속담처럼 경상북도는 낙동강의 지류인 개천이 핏발처럼 뻗어 산골짜기까지 닿으므로 선비들이 찾아들어 집성촌을 이루고 산 특징이 있다.

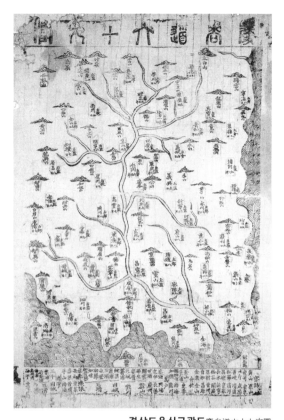

경상도육십구관도慶尙道六十九官圖
《신증동국여지승람》에 포함되어 있는 도별지도(동람도)를 따로 목판으로 크게 확대하여 간행한 도별지도. 강이라고는 낙동강 하나뿐으로 전라도와 대조적이다.
서울역사박물관 소장본

유교, 곧 주자성리학이 생활문화로 정착하며 경상도는 예안 도산의 이황, 산청의 조식이란 두 인물을 배출하고 국내 최초의 백운동서원을 일으키면서 유학의 본거지로 자처하게 되었다. 이에 앞서 조선 개국 때는 많은 사람이 공을 세우지 못했으나 정도전이 봉화 출신이었고 하륜이 진주 출신이었다. 신진사류들이 훈구대신의 가문과 맞서던 시기에는 정몽주의 학통을 이어받은 선산의 김종직을 배출, 그가 김굉필金宏弼, 1454~1504, 정여창鄭汝昌, 1450~1504, 김일손金馹孫, 1464~1498 등 1백여 명의 문도를 길러 내니 당시 그의 학맥에 들지 않는 선비가 거의 없었다. 이 때문에 "조선의 인재는 절반이 영남에 있으며, '영남 인재의 반은 선산이나 진주에 있다'"고 했다.

영남대학교 이수건 교수는 15세기 말 75개 거족성씨 가운데 40퍼센트인 26개 성씨가 경상도 출신이고, 조선시대 사마시 합격자 순위 30성씨 가운데 14성씨가 경상도 출신이었음을 밝히고 있다. 이 사실만으로 말한다면 영남을 인재의 곳집이라 할 만했다.

다산 정약용丁若鏞, 1762~1836은 전남 강진에서 18년 유배생활을 하면서 신세를 졌지만 같은 학맥의 선배 이중환의《택리지》를 이긍익이《팔역복거지八域卜居志》로 바꾸어 낼 때 그 발문을 쓰면서 경상도를 칭찬했다.

> 나라 안의 장원 가운데에서 아름답기는 영남이 제일이다. 이 까닭에 사대부로 수백 년 동안 때를 만나지 못했어도 그 존귀함과 부귀가 줄지 않았다. 그곳 집들은 각기 한 분의 훌륭한 조상을 모시고 한 장원을 점유해 일가를 이루고 살면서 흩어지지 않았으므로 집을 공고하게 유지하여 뿌리가 뽑히지 않았다.

오늘날까지도 사묘祠廟를 모신 명문종가名門宗家가 전라도보다 경상도에 많다. 이는 이곳 사람들이 유교적 전통의식이 강해 혈족들이 전통을 지켜 종가를 유지하기 때문이다.

조선이 식민지가 되면서 일본으로 가는 출입구가 된 경상도는 계속 지리적 이점을 누리는 지역이 된다. 일본에서 한반도의 중심인 서울에 가려면 부산과 대구를 경유해야 했기 때문에 근대화 과정에서 가장 빨리 서양 문물과 개화에 대한 정보를 얻었고, 돈벌이를 위해 일본인들과 사귈 기회도 많아졌다. 일본의 군소 생필품 기업들은 그들의 발길이 잦고 가까운 경상도에 자리 잡았다. 경상도는 생필품공장지대, 호남은 식량 및 섬유재 생산기지로 이용되었다. 광복 이듬해인 1946년 11월 통계를 보면, 국내 공장은 5,249개였으나 그 가운데 55퍼센트인 2,928개 공장이 경상도에 집중되어 있었다. 종업원 50인 이상의 규모를 갖춘 공장 454개 가운데 51퍼센트가 경상도에 몰려 있었다(문석남, 〈지역격차의 태동〉, 《지역감정연구》, 125쪽). 이 공장의 대부분이 일본인들이 경영하던 적산敵産기업이 되었으므로 그 지역민들을 중심으로 불하되었다.

6·25전쟁이 끝나고 안정기에 접어들었던 1960년 제조업체 수는 전국 1만 5,204개였다. 그 가운데 경상도 업체 수가 35.4퍼센트였고, 전라도 공장은 17.3퍼센트에 지나지 않았다.

일본의 한반도 식민정책에 따라 1918년 말까지 일본인들이 차지한 호남 지방 토지는 10만 791정보였다. 이에 견주어 경상도의 일본인 소유 토지는 3만 7,370정보에 지나지 않았다. 이 통계에서 보듯이 일제 때도 호남은 일제의 토지수탈대상지로 일본인 대장원들이 들어섰고, 경상도에는 생필품공장들이 들어서면서 근대적 산업화에 격차가 벌어지고 있었다.

6·25전쟁(남북전쟁)은 다시 한 번 경상도에 입지적 수혜를 베풀었다. 피란지 부산이 정치·경제의 중심이 되었을 뿐 아니라 값싼 피란 노동력이 공급되면서 공업화의 전진기지와 국토 개

발의 중심이 될 수밖에 없었다.

1960년대 이후 지역감정에 편승한 경상도 정권이 지속되면서 중화학공단이 그곳에 편중되었다. 경상도는 1995년 1인당 소득수준이 전국 평균보다 3퍼센트 높았다. 전라도는 평균보다 8퍼센트가 낮아 심한 지역 격차를 보였다.

1960년 이후 2000년까지 40년 동안 경상도는 인구 483만 명(22.8퍼센트)이 늘어났으나 호남은 오히려 3.3퍼센트인 70만 8천 명이 줄어들었다. 살 만한 곳을 찾아 고향을 떠났기 때문이다. 정치가 이 같은 지역 불균형을 조정하는 기능을 하지 못해 경상도에는 은연중에 자부심과 우월의식을 심어주었고, 전라도에는 피해의식과 저항의식을 남겼다.

2.5.

영호남의 문화 특성

전라도의 모정茅亭

어떤 지역의 인상은 학습에 따른 인식과 선입견이 좌우한다. 그러나 사전 인식 없이 어느 지역을 방문했을 때 받는 인상은 산과 들, 그 사이에 자리 잡은 마을 경관이 결정한다. 마을은 인간이 튼 둥지와 같은 거주 공간이며 여러 집이 모여 이루는 문화공간이기도 하다.

몇 채의 기와집이 있고 동네 뒤쪽에 누각이 있거나 사당(집) 이 있으면 반촌이다. 이와 달리 초가집이 대부분이고, 동네 어귀나 들녘에 띠집이 있는 동네는 양민들이 사는 농촌이거나 민촌에 속한다. 동각 또는 우산각, 농막, 정자, 띠집 따위 두세 칸짜리 사방이 트인 이 집들은 일제 강점기에 두레농사일 때 쉼터로 지어지기도 했으나, 대부분 수백 년 된 정자나무[山木]가 서 있는 들판과 동네 들목에 있다.

1966년 전남대학교에서 낸 《호남문화연구》 제4집에는 당시

전라도의 모정
광주 무등산국립공원 평촌마을
ⓒ광주문화재단

농촌사회학을 연구하고 있던 최재율崔在律 교수의 글 〈모정茅亭이 농촌사회경제에 미친 영향〉이 실려 있다. 연구에 같이 참여했던 박광순朴光淳 교수는 "모정은 호남 고유 문화형태의 하나"(94쪽)라고 소개하고 있다. 당시 전남·북에서 조사된 모정의 수는 2,075곳에 달했다. 이 조사는 전남·북 394개 읍면 가운데 206개 읍면에서 응답한 결과로, 절반 이상이 모정이라고 부르는 개방식 정자였다.

이 띠집들은 농사일을 하다가 쉴참(새참)자리로 쓰이기도 하고 동네회의 때 회관기능을 맡아서 동각이라 부르기도 하지만, 곳에 따라 시를 짓는 모임에도 쓰여 시정詩亭이라고도 한다. 오늘날은 대부분 시멘트 기둥과 기와집으로 개조되었지만, 50여 년 전까지도 76.3퍼센트가 짚이엉이었던 탓으로 띠집이라 부르는 것이 더 어울렸다. 조사 당시 완도, 진도 등 섬 지방과 구례 등 산간 지방에는 드물었으며, 특히 충청남도나 경상남도에서는 보기 드문 시설이었다.

일동삼승—洞之三勝
증암천 부근 한 고을 안에 자리한 세 명승지
소쇄원(명승 제40호), 환벽당(명승 제107호), 식영정(명승 제57호)
ⓒ광주문화재단

영주 소수서원 경렴정
사적 제55호
경상북도 영주시 순흥면 내죽리 151번지
ⒸⓇ문화재청 국가문화유산포털

이 모정에 대비되는 시설이 누정樓亭이다. 《신증동국여지승
람》에 고을의 누정 이름이 나온다. 전라도 170곳, 경상도 260곳
의 이름이 나온 것을 보면 전라도보다 경상도에 더 많은 누정
이 있었음을 알 수 있다. 당시 자료를 보면, 선비들이 시를 읊
고 놀기 위해 지은 명승지의 정각亭閣 이외에도 고을 입구의 문
루門樓나 객사 입구의 높은 다락집, 활 쏘던 사정射亭도 누정에
포함시키고 있다.

대부분의 누정은 창건기創建記, 중건기重建記 등이 현액으로 걸
려 있고 이곳을 드나들던 선비들의 제영題詠이 판각되어 있기도

하여 지역문화 탐구에 귀중한 기능을 한다. 이를테면 남원 고을의 광한루廣寒樓에는 많은 문사들의 글이 남아 있고, 연국루와 봉서루는 객관의 문루이지만 그곳에 머문 문사들의 글이 남아 있는 문화시설이다.

경상도의 계류풍류溪流風流 - 거창 수승대 거북바위
명승 제53호
경상남도 거창군 위천면 황산리 890번지 원학동 계곡

이 때문에 같은 누정이라 하더라도 호남에는 강변 따라 경승 좋은 곳이면 인근 선비들이 노닐던 누정이 발달해 있고, 경상도는 계천溪川이나 산마루에 많이 자리 잡고 있다.

영남의 도학

흔히 경상도를 도학의 고장이라 하고 호남을 문학의 고장이라고 한다. 이는 조선 중기 이후 지역문화의 특징을 말하는 데 쓰인다.

영주 소수서원紹修書院 **전경**
사적 제55호
경상북도 영주시 순흥면 내죽리 151번지
ⓒ문화재청 국가문화유산포털

　경상도를 도학의 고장이라 함은 정주학인 성리학이 발달한
지역이란 뜻이다. 퇴계 이황을 상징적인 인물로 내세울 만하다.
도학의 수련장이라 할 서원書院이 경상도에 발달한 것으로도 설
명할 수 있다. 향교에 모신 십팔현十八賢 가운데 호남 인물은 장
성의 하서 김인후金麟厚, 1510~1560뿐이고, 본관이나 혈연을 따져
광산김씨인 사계 김장생 부자와 반남박씨 박세채를 포함하더라
도 네 명뿐이다. 이에 견주어 경상도 출신이나 연고자는 설총·
최치원·정몽주·이언적·김굉필·정여창·이황 등 일곱 명이다.

　1860년대에 지어진 《대동지지》에 기록된 서원 수는 경상도

가 82곳, 전라도가 43곳으로 절대 수에서 전라도가 적었다. 사림들의 교육시설이라 할 누정의 수도 경상도 143곳에 견주어 전라도는 77곳에 지나지 않았다.

대원군의 서원철폐령(1871년) 때 살아남은 47곳 가운데 호남의 서원은 장성의 필암서원과 광주 포충사, 태인의 무성서원 세 곳이었다. 이에 견주어 경상도내 서원은 열네 곳에 이르러 당시 도학 세력이 경기도를 앞질렀던 곳이 경상도였다.

《대동지지》 기록을 보면 당시 전라도에 있던 서원은 43곳이었고 경상도는 82곳이었다. 서원철폐령 때 통계에는 전국의 서원 수가 306곳이었고 경상도가 104곳, 전라도가 78곳으로 집계되고 있으나 이에 대한 근거는 명확하지 않다.

사람들은 《논어》에 나오는 "지혜로운 사람은 물을 좋아하고 어진 사람은 산을 좋아한다[知者樂水仁者樂山]"는 구절을 내세워 사람의 성벽을 말한다. 산을 좋아하는 사람은 어진 사람이 많으며, 내나 강을 좋아하는 사람은 지혜롭지만 시비를 즐기고 서두르는 성벽이 있다고 말한다. 사람은 좋아하는 자연을 닮는다는 말과 통하기도 하지만, 성벽과 사는 곳이 관계가 있다는 말이기도 하다.

영남학파의 진원지답게 경상도 사람들은 전라도 사람들보다 비교적 현실 타협적이다. 명분을 중시하고 문중을 중심으로 하는 서원이 발달해, 비록 왕실 주변에 빌붙어 현달한 관원을 내지 못하더라도 재지사족在地士族의 단결력과 사림중심士林中心이라는 자존심을 잃지 않았다. 이들은 서원을 중심으로 재지 세력을 키워 비록 산골에 살더라도 지방 관리들의 권력 남용을 견제하는 데 부족함이 없었다.

1542년 경상도 풍기에서 시작된 서원은 정조대왕 때 650곳에 달했고 가장 많은 숙종 때는 724곳이었다. 그 가운데 35.5퍼센트인 57개 서원이 경상도에 집중되어 있었다.

19세기 전국 서원 724곳 가운데 35퍼센트인 257곳이 경상도에 있었다(정순목, 《한국서원교육제도연구》, 영남대학교 민족문화연구소, 1979). 전국 유생 22만 7천 명 가운데 14.7퍼센트인 3만 3,458명이 경상도에 몰려 있었다. 그 가운데 안동 고을에는 45개 서원과 4,379명의 유생이 활동하고 있었다(젠쇼 에이스케善生永助, 조선총독부 편, 《朝鮮の人口現象》(調查資料 第22輯), 朝鮮總督府, 1928). 이들은 서원의 문도를 조직화하여 명종 20년(1565년)에는 보우스님을 처벌하라는 영남유소(〈請斬普雨疏〉)를 조정에 들이대는 등 때때로 단결력을 과시했다. 정조 16년(1792년)에는 1만 57명(이는 1차 만인소의 인원이며, 이해 2차 만인소 참가자는 1만 368명이었다-필자 주)의 영남 유생들이 연명하여 사도세자의 억울함을 풀어 달라는 상소(萬人疏)를 올리기도 했다. 시국이 어수선해지던 철종, 고종 때에도 영남 유생들의 만인소가 큰 세력을 떨쳤다. 조선시대 유림들의 만인소는 일곱 차례였는데, 그중 다섯 차례가 영남 유생들이 중심이 되어 행한 것이다. 순조 23년(1823년) 서얼 등용을 요청하는 탄원이 있었고, 철종 6년(1855년) 장헌세자 추존 요청에는 1만 94명이 모였으며, 고종 8년(1871년)의 서원 철폐 반대 탄원과 18년(1881년) 김홍집 처벌 탄원 등도 있었다. 1884년 복제개혁 반대 만인소에 8,849명의 유생이 상소하였는데 이때는 호남 유생들도 참여했다.

이처럼 영남 사람들이 유교적 연대로 단결력을 과시하며 정치적 영향력을 행사한 것과는 달리, 호남 사람들은 번번이 탄압에 저항하는 비조직적이고 감정적인 민요를 일으키거나 서학·

동학 등 새로운 시대 조류에 휩싸였다. 진주민란이라고도 부르는 철종 조 1862년 임술민란 때는 민란이 일어난 전국 70여 군현 가운데 절반가량인 38군현이 전라도였다(오영교, 〈1862년 농민항쟁연구〉, 《손보기박사정년기념한국사학논총》, 1988).

이 같은 지리에서 오는 풍토가 큰 사건들을 겪으면서 외지 사람들에게 지역의 성격으로 고착되어 왔다.

도덕철학을 주장하는 경상도 도학의 전통은 오늘날까지도 이어져 경상북도는 문중의 큰집인 종택자료만을 모아 유네스코 세계유산 등재를 논의한 바 있다. 경북대학교 영남학연구의 중점사업이기도 하다.

호남의 문학과 예술

호남은 경상도보다 개방적이고 자유스런 풍토의 땅이다. 산들은 경상도처럼 잇대어 있지 않고 뜀뛰기를 하듯 띄엄띄엄 솟아 있다. 강마저 산을 닮듯 제멋대로 흘러 한통속이 아니다. 그 땅에 사는 사람들이 그 산천을 닮지 않을 수 없다. 삿갓시인 김병연(金炳淵, 1807~1863)도 전라도 동복 적벽 부근에서 생을 마감했다. 기호 지방이나 영남 지역보다 관료 진출이 어려웠던 전라도 선비들은 강변에 모여 서로 시 읊기를 즐겼다. 그래서 경상도 문학을 서원문학이라 하고, 호남 문학은 누정문학이라고도 한다.

중국 시문학을 흉내 내던 조선에서 당나라 때 새로 유행한 자유분방한 시작법을 먼저 도입한 것도 호남 선비들이었다. 성당(盛唐) 시대(唐 開元~天寶) 시인인 이백이나 두보의 시 형식을 따른 조선 중기의 삼대 시인 가운데 백광훈(白光勳, 1537~1582)은 장흥 사람이고 최경창崔慶昌, 1538~1583은 영암 사람이었다. 이들을 지도한 석천 임억령林億齡, 1496~1568은 평생 3천여 수의 시를 써 호남의 사종師宗으로 추앙받았다. 석천의 스승은 광주 출신 박상朴祥, 1474~1530으로, 광주 무등산 기슭에서 가사문학의 중심이 된 송순宋純, 1493~1583과 임억령을 가르친 스승이다.

이수광李晬光, 1563~1628이 쓴《지봉유설芝峰類說》을 보면 "시인은 호남에서 많이 나왔다"고 하며 박상, 임억령, 임형수, 김인후, 양응정, 박순, 최경창, 백광훈, 임제, 고경명 등의 이름을 들었다. 허균許筠, 1569~1618도《성옹지소록惺翁識小錄》에서 호남의 문장을 칭찬했다. 좀 더 후기에 살았던 김득신金得臣, 1604~1684도〈삼익당〉의 서문에서 "호남은 경학보다 문학을 숭상한다"고 했다.

장가長歌에 있어서도〈정읍사〉나〈선운산〉,〈무등산〉,〈지리산〉,〈방등산〉,〈장생포〉등 무명 장가가 많다. 태인 정극인丁克仁, 1401~1481의〈상춘곡賞春曲〉, 임억령의〈송대장군가宋大將軍歌〉,〈백련사동백가白蓮社冬柏歌〉등의 영향을 받으며 자란 담양 창평 지실의 정철은 모두가 인정하는 장가長歌의 일인자이고, 해남의 윤선도尹善道, 1587~1671는 단가의 일인자이다.

영남의 문학이 누정이나 서원 중심의 도학문학 또는 누정문학이었다면, 호남문학은 자유분방한 강호문학이었다. 영남문학에 산을 중심으로 하는 유산遊山문학이 많은 것과 달리, 평야지대인 호남문화는 유강遊江문학이 더 많다. 이것도 두 지역의 풍수에 따른 문화의 서로 다른 형태였다고 할 수 있다.

지금은 예총·민예총 등으로 예술인 단체가 나뉘어 이에 대한 통계자료가 없으나, 1989년 예술인총연합회(예총) 시절 문화발전연구소가 집계한 당시 시도별 예술인 통계가 있다. 당시 전국 예술인 수는 2만 7,995명이었다. 이중 45퍼센트가 서울·인천·경기 지방에 몰려 있었다. 당시 전북을 뺀 광주·전남 예술인 수가 3,564명이었는데, 경북·부산·경남의 예술인 수를 전부 합해도 3,045명에 지나지 않았다. 이처럼 예술인 수가 많아 당시 호남을 예향이라 부르며 개성적이고 창조적이며 감성이 풍부한 곳이라고 말했다. 나쁘게 말하면 개성이 강해 단결력이 약하다는 말과도 통한다. 이런 성향은 곧 '땅토리'에서 온다. 전라도의 예술성향을 유배와 관련짓는 이들도 있다.

2017년 들어 경북대학교 영남문화연구원과 전남대학교 호남학연구원은 영·호남의 상호 이해를 증진시키고 교류 협력을 강화하기 위해 워크숍과 학술세미나를 개최하기 시작했다.

전남대학교 호남학연구원은 1967년 3월 호남문화연구소로 출발했다. 2008년 호남문화연구소와 호남학연구단을 호남학연구원으로 통합 개편하였고, 학술진흥기금을 받는 권역 거점 육성·연구기관으로서 많은 실적을 거두었다. 특히 지역 특성 연구를 겸한 감성 연구에 중점을 두어 왔다.

경북대학교 영남문화연구원은 이보다 늦은 2000년에 설립되었으나, 71책의 단행본을 간행하고 126억 원을 지원받아 79건의 연구 과제를 수행한 바 있다(2015년 기준). 또 경상도 지역의 특색 가운데 하나인 '종가' 연구를 심화시키면서 유네스코 등재를 준비하고 있다.

두 연구원이 다 같이 권역의 정체성을 규명하기 위한 여러 과제를 수행하면서 정부의 학술진흥정책에 따른 지역 내 고전 번역 사업을 수행해 왔다. 필자는 그동안 두 연구원의 많은 실적에 비해 지역 내 문화 차이나 상호 비교연구를 통한 갈등 해소 및 이해 증진에 대한 연구가 부족한 점을 지적해 왔다. 뒤늦게나마 두 연구원도 이 점을 인식하고, 상호 협력 강화 방안을 모색하기 시작한 것은 반가운 일이다.

권역 내 사립대학들이나 국립인 전북대학교, 경남 부산대학교 등이 권역문제에 동참하고, 안동의 국학연구원이나 설립을 서두르고 있는 호남의 호남문화연구원 등이 힘을 합한다면 단순한 민간교류를 통한 두 지역의 이해 증진보다 효율적인 대안들이 개발될 것으로 기대한다.

경상도 종택 문화

경상도에 오래된 종가가 많고 다른 고장보다 사당과 서원이 많은 것은 상식이다. 이미 다산 정약용은 "경상도는 수백 년 동안 부가 쇠하지 않고 각 가문이 한 조상을 받들고 한 곳에 정착하여 흩어지지 않고 가통을 유지하는 집안이 열네 집이나 된다."고 말한 바 있다. 이에 견주어 "전라도는 고씨·윤씨 등 몇 가문을 제하고는 웅현한 가문이 없다"고 평하였다. 이는 앞서 살펴본 철폐를 면한 고종 때의 서원 존치수와 대비된다. 다산이 말한 명문 종가 수는 경상도 서원 열네 곳과 전라도 서원 세 곳의 숫자와 같다. 광복 후 농지개혁 때도 서원 농지는 위토답位土畓이라 하여 분배 대상에서 제외되었다.

경북대학교 영남문화연구원에 따르면 경상북도에만 240여 종가가 있고 그중 33집의 종가 중심인물의 연구를 진행하고 있다. 아울러 경북 지역 종가문화를 유네스코 세계문화유산으로 등재할 것을 시도하고 있음은 앞서 밝힌 바와 같다.

퇴계종택退溪宗宅
경상북도 기념물 제42호
경북 안동시 도산면 백운로 268(토계리)
ⓒ문화재청 국가문화유산포털

　종가가 잘 유지되는 것도 이 고장의 한 특징이다. 그 사례를
영남대학교 이창기 교수(사학)가 조사한 결과물이 2014년 《민족
문화논총》에 발표된 일이 있다(〈영해 도곡리 무안박씨의 문중조직과
종족활동〉, 《민족문화논총》 57집, 영남대학교 민족문화연구소).

　영덕군 축산면 도곡리에 무안박씨 박의장朴毅長, 1555~1615의
종가가 있다. 박의장은 임진왜란에 공을 세워 선무원종공신의
녹훈을 받고 병조판서에 추증된 인물이다. 박의장의 증조인 입
향조入鄕祖 박지몽朴之蒙, 1445~?의 불천위묘당은 이 집안의 종갓
집에 있다. 이 문중의 집 네 곳이 경상도 유형문화재 또는 민속
문화재로 지정되어 있다. 1644년 초창한 종가도 민속문화재이

영덕 무안박씨 무의공파 종택
국가민속문화재 제286호
경상북도 영덕군 도곡길 17-4 (축산면)
ⓒ문화재청 국가문화유산포털

지만 종가의 재산이 일제 때 독립운동자금에 동원되면서 자립
능력을 잃었다. 이 집안 후손들은 1994년 3월 무의공파 종회를
창립해 문중문화유산 관리, 조상 제사 등을 맡고 있다. 종손은
이 종회의 고문이며, 종회는 종가에서 행하는 모든 제사 경비,
손님 접대비를 부담하고 길흉사 때도 부조한다. 종가의 유지를
문중의 위신으로 여긴다. 종친회의 재원은 문중에서 거둬들이
는 임야의 임대료로 충당한다.

조선시대 두 지역의 관료 진출

서울여자대학교 이원명 교수는 〈조선시대 관료지배층 연구-
문과급제자 거주지를 중심으로〉(한국행정학회 동계학술대회 발표논문, 2005)

에서 조선시대 지역별 지배계층 성향을 분석했다. 본디 인재 등용은 과거시험을 거쳤으나 신분의 제약을 두었다. 각 도별 응시 정원도 정해져 있어서 지역차별이 생길 수밖에 없었다. 경상도는 30명(초시 정원 100명), 전라도, 충청도는 25명(초시 정원 90명)이었다. 이 시기에 응시할 자격을 갖추려면 당시 공립학교라 할 향교를 졸업해야 하는데, 그 향교의 생도 정원이 또한 달랐으므로 이것도 제약이 될 수밖에 없었다. 경상도 향교생 정원은 2,870명인데 전라도의 정원은 2,350명으로 520명이나 적었다.

이 교수는 조선시대 문과 급제자 1만 4,020명 가운데 거주지를 알 수 있는 1만 2,792명에 대한 지역별·성관별 통계를 냈다. 자료에 따르면 서울이 전체 급제자의 43퍼센트, 경상도가 13.68퍼센트, 충청도가 10.38퍼센트, 평안도가 9.41퍼센트, 경기도가 8.99퍼센트, 전라도가 8.45퍼센트 순위였다.

경상도는 1,750명이고 전라도는 1,081명으로 그 차가 669명이었다. 전라도 출신이 경상도의 61.07퍼센트 수준으로 저조했다. 물론 1864년의 경상도 인구 152만 1,279명과 전라도 인구 108만 2,592명을 단순 비교한다면, 전라도 인구가 경상도 인구의 71퍼센트였으므로 다소 부진했을 뿐이라고 말할 수도 있다.

조선 5백 년을 시기적으로 비교해 보면, 15세기 이전 경상도 급제자가 전국의 23.58퍼센트로 서울에 크게 뒤지지 않았을 때 전라도는 12.63퍼센트(120명)로 경기도의 7.47퍼센트(71명)보다 훨씬 많은 인재를 배출했다. 16세기 후반부에 서울의 합격자 수가 58.21퍼센트로 절반을 넘어선 것과 달리 경상도는 12.05퍼센트(113명)로 줄었으나 전라도는 10.98퍼센트(103명)를 유지하며 인재 진출의 전성기를 이뤘다. 이 무렵 정여립 모역사건이 일어나 호남 인재 진출이 꺾인 것은 여러 해석을 낳을 수 있다.

조선왕조 개국 후 16세기 후반까지 전라도에서는 남원이 51명(조선 전 기간 총 140명), 전주가 37명(총 104명), 나주가 36명(총 95명), 광주가 34명(총 89명)의 급제자를 냈다.

경상도는 안동 52명(총 234명), 선산 39명(총 89명), 진주 39명(총 78명), 성주 31명(총 102명), 상주 29명(총 177명), 밀양 27명(총 46명)의 순위를 보였다.

정조 13년(1789년) 서울의 인구가 18만 9,153명으로 전국 인구 740만 9,153명의 2.55퍼센트에 지나지 않았지만 조선왕조 시대 서울 출신 과거 급제자 수는 전체 급제자의 43퍼센트에 달했다. 이를 생각하면 전라도와 경상도의 비교는 크게 의미가 없다고 할 수도 있겠다. 서울 중심 사회였음은 과거 급제자의 편중에 잘 나타나고 있지만, 그 가운데서는 정치권력의 중심에 있던 주요 가문에 급제자가 몰려 있는 현상도 살필 수 있다. 서울 거주 급제자 가운데 1백 명 이상의 급제자를 배출한 문중은 전주이씨(508명), 안동김씨(188명), 남양홍씨(187명), 파평윤씨(181명), 연안이씨(167명), 여흥민씨(131명) 등 15개 성씨에 집중되어 서울 급제자의 72.23퍼센트를 차지했다(이원명, 2005, 10쪽). 특히 외척 세도정치 시대라 할 수 있는 19세기에는 15개 성씨의 급제자가 80퍼센트를 넘었다.

이처럼 조선시대에는 중세 이후 기호 지방 인재들에 의해 나라가 운영되었다. 경상도나 전라도는 치정 중심과 먼 곳이라는 지역적 제약이 컸을 뿐 아니라 당색과도 관련이 깊었다. 영조 38년(1762년) 사도세자가 죽임을 당하면서 노론이 정권을 거머쥐었다. 1776년 정조正祖, 1752~1800가 등극하면서 남양홍씨의 외척 세도정치가 시작되고, 순조 대에 이르러 안동김씨 외척 세도, 헌종 때에 조씨 세도, 철종 이후 김씨와 민씨 세도정치가 지속되는 동안의 삼남 인물들은 출세의 길을 잃었다. 이 기간 경상도는 남인계가 많아 전라도보다 더 푸대접을 받았다고 말하는 이들이 있지만, 안동김씨 세도정치가 시작되던 19세기 초반 경상도 대과 급제자는 219명으로 18세기 때 10퍼센트 대였던 급제율이 14.11퍼센트로 뛰어올랐다. 안동 하회류씨 집안에서 계속 고위관리를 배출했으며 대원군 편에서 힘썼음(김도형, 2017)은 앞에서도 살펴본 바 있다. 이와 달리 전라도는 8퍼센트 대였던 급제자 수가 19세기 초엽 5.86퍼센트(91명)으로 줄어들었다. 19세기 후반 경상도가 11.2퍼센트인 243명의 급제자를 낼 때 전라도는 역시 그 절반수준인 6.68퍼센트(145명)의 급제자를 내 구한말 개화기의 엘리트 배출 기회에서마저 소외되고 말았다.

제 3 장

호남 편견의
정착

3.1.

호남에 대한 역사적 편견

조선왕조 과거시험 때 풍수과목의 하나인 《명산론》을 보면 "산이 등을 돌리고 있으면 사기꾼이 나온다"고 적힌 대목이 나온다. 이 대목은 고려 태조 왕건이 후손들에게 전한 〈훈요십조〉의 한 대목에서 "차령 이남 공주강 밖은 산형지세가 모두 등을 두르고 달아나는 형국이라 인심 또한 같다"고 운운한 대목과 맞물려 조선시대 호남 인심을 표현하는 데 쓰이고 말았다. 더욱이 조선시대 전주 출신 정여립의 역모사건을 겪은 뒤 전라도 사람들은 반역의 땅 사람들로 낙인 찍혀 중앙 진출에 제약을 받았다. 영조 4년(1728년) 무신란 때 나주의 나숭대나 유봉휘柳鳳輝 등의 동인계 사람들이 소론파가 되어 노론에 의해 숙청된 것도 관련이 없지 않다.

1996년 신복룡은 한국정치학회가 엮은 《한국정치의 재성찰》(한울아카데미)에서 지역감정의 역사적 배경을 다루었다.

이병휴(1991)와 고흥화(1989)가 지역감정의 역사적 배경을 언급한 바 있음은 앞에서도 살펴보았다. 이 가운데 고흥화는 지역 감정이 생긴 시기를 고려 때 〈훈요십조〉 이후로 보았다. 조선시대 인사에 지역차별이 있었으며 《경국대전》에도 그 흔적이 있다. 조선왕조 상신相臣 366명 가운데 경상도는 120명, 전라도는 30명이라고 했다(1989, 56쪽).

이기백 교수는 《민족과 역사》(일조각, 1977)에서 지방 대립을 다루면서 삼국 이전 부족 사이의 통합에서 시작되었으며 후삼국 때 더욱 심화되었다고 했다.

강길만은 1985년 연구에서 전라도 지방의 소외를 백제 멸망 이후부터로 보았다.

송복은 백제 678년 가운데 5백 년가량은 한강 유역이 중심이었으므로 전라도가 이때부터 영남과 대립했다는 논리는 맞지 않다고 했다.

〈훈요십조〉의 왕실 기록

〈훈요십조〉에 대한 첫 번째 기록은 태조 20년(943년) 왕이 내전에서 대광大匡 박술희를 불러 훈요訓要를 내렸다는 기록으로, "이 훈요를 지어 후세에 전하노니 바라건대 밤낮으로 펼쳐 보아 길이 귀감으로 삼으라"했다는 내용이다.

두 번째 기록은 《고려사》 열전 최충崔冲, 986~1068·최유선崔惟善, ?~1076 조에 "덕수현을 옮기고 그 자리에 흥왕사를 세우는 것은 태조께서 〈훈요〉에서 말씀하신 것에 반하는 것"이라고 최유선이 간언한 대목이 있다.

세 번째 또한 공양왕 때 윤소종尹紹宗이 훈요의 기록을 들어

승려를 궁 안으로 부르는 것은 옳지 않다며 상소한 것이다.

네 번째 기록도 성균관 생원 박초朴礎가 훈요를 들먹이며 불교의 폐단을 말하고 배척할 것을 상소한 일이다. 그러므로 고려 때는 〈훈요십조〉에서 말하는 '차령 이남의 인재 등용'에 대해 언급한 일이 없음을 알 수 있다. 오히려 조선시대에 이것이 논의된 기록이 보인다. 《태조실록》 태조 3년(1394년) 2월 26일자 기록을 보면 대간과 형조에서 왕씨들의 유배를 주장한 글에 이런 대목이 있다.

전조(고려) 태조가 후손에게 훈계를 전하면서 백제 사람을 쓰지 말라고 했는데, 지난번에 후손들이 그 훈계를 지켰더라면 '전주 사람인' 전하께서 또한 어찌 오늘이 있었겠습니까?

이 기록은 보기에 따라 '차령 이남 사람의 반역을 왕건 태조가 경고했음에도 고려 왕들이 이를 경계하지 않았다'는 것으로 해석할 수 있다.

조선왕조에는 훈요가 논의된 기록이 세종 30년(1448년) 7월 22일에 한 번 더 나온다.

집현전 직제학 신석조辛碩祖 등이 상소하기를, … "고려 태조가 친히 (신라 때) 폐해를 보고 일찍이 훈요를 지어 '신라가 다투어서 절佛寺을 지어 망하는 데에 이른 것을 경계해야 한다'고 말하면서도 도리어 술승術僧의 도참설圖讖說을 몸소 답습하였습니다." …하면서 지금 궁궐에 짓고 있는 절을 완성하기 전에 헐어 버리라고 하였다.

이 이후에 훈요와 관계없이 전라도를 폄하한 기록이 유독 성종1469~1494년 재위 때 두 차례나 확인된다. 먼저 성종 6년(1475년) 5월 17일 임금이 경연자리에서 도적에 관한 법 시행을 논의하면서 신하들과 전라도의 풍습에 대해 이야기하였다. 그해 6대 왕을 섬겼던 신숙주가 죽었고, 성종의 나이는 18세로 아직 세조비 정희왕후貞熹王后, 1418~1483의 섭정 말기였다.

시강관(정4품) 이맹현李孟賢이 "전라도는 인심이 각박하고 악하여 도둑이 무리 지어 일어나고 아랫사람이 윗사람을 능멸하는 일이 흔히 있습니다. 풍속은 백 년 동안 교화하지 않으면 고칠 수 없으므로 임금으로서는 마땅히 염려해야 하니, 무릇 강상에 관계되는 죄를 범하는 일이 있으면 작은 일이라도 용서하지 말고 엄하게 징계하는 것이 적당합니다."라고 말하였다. 임금이 "전라도는 옛 백제의 땅인데, 백성들이 진훤이 남긴 풍습을 지금까지 고치지 못하였으므로 그 풍속이 이와 같은 것이다."라고 하였다. 좌부승지 이극기李克基가 말하기를, "진훤 이후로 전조前朝 5백 년을 지내고 조선이 된 지도 거의 1백 년이 되었으나, 남은 풍속이 아직 없어지지 않아 사람들이 사납고 고집스러우니頑憝, 명심하고 교화하지 않으면 고칠 수 없을 것입니다."하고 응답했다.

이맹현은 재령이씨로 어머니가 진주하씨였다. 그는 나주목사를 지낸 경력이 있다. 성종은 그의 말을 전적으로 받아들이며 '진훤의 반항하는 습속을 지금까지 고치지 못했다'고 후백제를 들먹였다. 이에 이극기도 '진훤 이후 고려를 거쳐 조선이 되었으나 사람들이 여전히 완악하다'고 응답했다. 엄격하게 따지자면 그들이 빌붙어 벼슬한 조선왕조가 배역의 땅 출신인 전주이씨의 완악으로 이루어졌다고 비웃은 일이 된다.

이극기의 집안은 본디 경남 칠원에 살던 사람들로, 고려를 반대하다가 왕건의 미움을 사서 경기도 광주로 옮겨 이곳을 호장에 올린 집안이다. 조선왕조 초 관계에 진출 세조에 협력한 공으로 명문 대열에 들었다.

당시 선비들 사이에는 전주이씨 이성계의 역성혁명이나 세조의 왕위 찬탈에 부정적인 정서가 잠재해 있었다. 더욱이 전라도 광주 출신 신숙주의 생육신에 대한 변절을 전라도 사람들의 인심에 빗대는 분위기가 팽배해 있었다.

이 때문이었던지 성종 19년(1488년) 또 한 번 전라도 민심을 백제에 잇대어 말한 대목이 나온다. 장령(사헌부 정4품) 김미金楣가 전라도의 야박한 풍속을 바로잡아야 한다며 다음과 같은 글을 올렸다.

김미金楣가 다시 소매 속에서 글을 꺼내어 올렸는데, 그 글에 이르기를, "전라 일도는 옛 백제의 터이니, 억세고 고집 세며 독살스러운[獷悍] 유풍이 다른 도에 견주어 더욱 심합니다. 도적이 집에 불을 지르거나 길 가는 사람을 저격하여 대낮에 양탈하므로 세상에서는 '호남에 강도는 있어도 절도는 없다'고 이릅니다. 또 왜의 옷을 입고 말을 하는 수적이 바닷가 마을에 출몰하면서 지나가는 배를 엿보다가 그 안의 사람을 다 바다에 던지고 섬으로 숨고 하여 마치 귀신이나 불여우[鬼魅]와 같으며 … 죄를 범하고 도망하여 숨는 자는 세력 있는 백성[豪民]과 교활한 관리[猾吏]가 서로 앞다투어 긴 울타리에 겹문을 만들고 굴혈[窟穴]을 지어 줍니다. 만일 본주本主가 근심[根尋]하는 자가 있으면 공금[公禁]에 참여하지 않고, 심한 경우에는 불량한 무리를 모아 본주에게 상처를 입혀 쫓아내니 이 또한 다른 도에 없는 일입니다."

그는 이런 폐단을 없애도록 수령의 임기를 3년으로 늘리거
나 유향소留鄕所를 두어 향풍을 바로잡아야 한다고 했다. 고려를
그리는 두문동칠십이현杜門洞七十二賢의 자손과 세조의 왕위 찬탈
때 희생된 사육신·생육신 가족들의 조선왕조에 대한 원망이 아
직 가시지 않은 시기였다. 심지어 이성계의 왕조 건설마저 〈훈
요십조〉를 잘 지키지 않은 고려 왕실의 잘못이었다고 통탄해
하는 분위기가 왕조 실록에까지 나와 있는 판이다.

3.2.

풍수와 지역 편견

전라북도와 전라남도, 광주광역시 등 전라도는 2018년을 정도 1천 년째라면서 여러 행사를 추진하고 있다. 실제로 전라도는 현종 9년(1018년)부터 조선왕조 말인 1896년까지 878년 동안 쓰인 행정구역 이름이다.

조선시대 중기 일반 백성들에게 가장 널리 알려진 풍수지리서는 이중환의 《택리지》이다. 일명 《팔역지》라고도 불리는 이 책은 사람이 살 만한 곳을 제시하면서 팔도를 논하고 있어서 뒷날 각도의 인심을 말하는데 기준처럼 쓰였다. 성호 이익의 재종손이며 제자이기도 한 이중환은 남인계에 속해 유배생활을 하는 등 불우한 생활을 하였다. 이 탓인지 피난 은둔지들을 사람이 살 만한 곳으로 추천하고 있다.

충남 연기군 남면 출신이고 외가가 전라도 고창의 함양오씨 집안이었으면서도 전라도는 답사하지 않고 옛사람들의 전언을 중심으로 기록한 듯 사실에 맞지 않은 기술들이 있다. 그의 외가 함양오씨들은 나주나씨들과 겹사돈을 맺을 만큼 돈독한 호남의 남인계 집안이었다. 이중환이 말한 경상도와 전라도의 지리를 요약하면 다음과 같다.

경상도 │ 지리가 가장 아름다운 경상도는 강원도 남쪽에 있다. 서쪽으로 충청도, 전라도의 경계와 맞닿는다. 북쪽에 태백산이 있다. 풍수사들 말로는 수성水里 형국이라 한다. 태백산 왼쪽에서 나온 하나의 큰 지맥은 동해로 바짝 붙어 내려오다가 동해바닷가에서 그쳤다. 오른쪽에서 나온 한 지맥은 소백, 작성, 주흘, 희양, 청화, 속리, 황악, 덕유, 지리 등 산이 된 다음 남해변에서 그쳤다. 두 지맥 사이 기름진 들판이 천리이다.

고려에서 조선에 이르기까지 천 년인데, 예부터 지금까지 수천 년 동안 이 도에서 장상, 공경, 문장과 덕행 있는 선비와 공을 세웠거나 절의를 세운 사람, 선도·불도·도교에 통한 사람들이 많이 나와 이 도를 '인재의 광'이라 한다. 인조 이후 한양에 여러 대 살고 있는 집사람들만 치우치게 등용하였다. 그리하여 지금까지 백 년 동안 영남 사람으로 정경이 된 자가 두 명, 이경이 네다섯 명뿐 정승 된 사람이 없다. 관직이 높다 하되 3품이고 아래로 고을 수령 정도였다.

좌도(낙동강 동쪽)는 땅이 메마르고 백성이 가난하여 비록 군색하게 살아도 문학하는 선비가 많다.

우도(낙동강 서쪽, 경상남도)는 땅이 기름지고 백성이 부유하나 호사하기를 좋아하고 게을러서 문학에 힘쓰지 않아 훌륭하게 된 사람이 적다.

전라도 │ 전라도는 동쪽은 경상도, 북쪽은 충청도와 경계가 맞닿았다. 본래 백제 지역이다. 신라 말엽에 후백제 진훤이 이 지역을 차지하고 고려 태조와 여러 번 싸워 고려 태조가 자주 위태한 경우를 당하였다. 진훤을 평정한 뒤 백제 사람을 미워하여 '차령 이남의 물은 모두 산세와 어울리지 않고 엇갈리게 흐르니 그 곳의 사람은 등용하지 말라'는 명을 남겼다.

전라도는 땅이 기름지고 서남쪽은 바다에 가까이 있어 생선, 소금, 벼, 비단, 솜, 모시, 닥, 대나무, 귤, 유자 따위가 생산된다. 풍속이 노래와 계집을 좋아하고 사치를 즐기며, 사람이 경박하고 간사하여 문학을 대단치 않게 여긴다. 그래서 과거에 올라 출세한 사람의 수가 경상도에 미치지 못한다. 그러나 인걸은 땅의 명기로 태어나므로 전라도에도 인걸 또한 적지 않다.

옛날에 송나라 사람 속수공이 '민 지방 사람은 교활하고 음흉하다'고 하였으나 주자 때 이르러 어진 사람이 많이 나왔다. 어진 사람이 그 지역에 살면서 부유한 업을 밑천 삼아 예의와 품행을 가르친다면 살지 못할 지역은 아니다. 산천이 기이하고 훌륭한 곳이 많다. 고려에서 조선에 이르도록 크게 드러난 적이 없었으니 한 번쯤은 모였던 정기가 나타날 것이다.

호남 지리의 재검토

현종은 왕위에 이르자마자 목종을 죽이고 왕위에 올랐다는 이유로 거란의 침략을 받았다. 당시 그는 18세의 허수아비 왕으로, 권신들의 호종을 받으며 전라도로 피란길에 올랐다. 나주에서 지내다가 개성으로 돌아가던 길에 전주로 올라가 이곳에서 7일 동안 지내며 박씨 부인을 얻었다. 공주 곰나루에서는 영주 안산 사람인 김은부金殷傅, ?~1017의 세 딸이 시중을 들었는데 뒷날 모두 왕후로 삼았다.

1018년에 이르러 거란과 관계가 정상화되면서 성종 때 전국을 10도로 나누어 다스렸던 지방제도를 5도로 줄였다. 이때 강남도와 해양도로 갈려 있던 후백제 땅은 전라도가 되고, 경상도는 3개 도를 합해 경상도가 되었다. 도 단위 행정구역은 당나라에서 도로망에 따라 10도로 나누어 행정했던 것을 고려 성종 때 흉내 낸 것이다. 전라도는 현종 때 만든 행정구역이지만 1029년에 신라계 최항 등을 시켜 만든 《고려사》에 〈훈요십조〉가 끼어들었으므로 이때 '전라도'라는 이름이 반역향의 이름으로 고착된 셈이다.

전라도란 고려 현종 9년(1018년) 행정구역 이름으로 오늘날의 전주와 나주를 합해 만든 지역 이름이다. 처음에는 주州 자를 붙여 전라주도라 하여 두 고을을 나타내다가 주 자를 빼고 전라도로 부르기 시작했다. 이에 견주어 경상도가 나뉘었던 세 도를 다시 합해 경상주도가 된 것은 충숙왕 원년(1314년)이므로 전라도보다 296년이 늦다.

김정호의 《대동지지》를 보면 전라도의 별호를 호남湖南이라 덧붙여 두고 있다. 경상도는 별호를 영남嶺南이라 했으며 충청도의 별호는 호서湖西라 했다.

충청도를 호서라 부른 것 때문에 사람에 따라 호서와 호남을 제천의 의림지義林池를 기준으로 구분했다고 말하기도 한다. 조선왕조 효종 3년(1652년) 충청도에 설치한 선혜청의 분청을 호서청이라 불렀다. 그러나 호서와 호남은 의림지보다 금강錦江을 두고 나누었다는 흔적이 있다. 충청도 관찰사를 이를 때 호백湖伯 또는 금백錦伯이라 부른 근거는 금강에 있다. 금강의 이름은 곰강[熊江]이 변한 이름이다.

금강은 충북과 충남의 거의 모든 고을에서 흐르는 계천 물을 모은 국내 삼대 강 가운데 하나이다. 기이하게도 이 강은 전북 장수의 분수령分水嶺을 시발로 진안, 무주를 거쳐 충남의 금산, 영동, 옥천, 대전을 지나 북으로 향하다가 공주에 이르려 차령산맥에 막히면서 계룡산을 감고 돌아 전북 익산과 논산의 경계인 강경江景을 이룬다. 이 강은 계룡산 기슭에서 흐르는 연산 냇물을 만나 넓은 호수 형국을 이룬다. 이 강경포구에는 군산에서 밀고 오르는 바닷물이 들락거려 마치 바다처럼 오해받기도 했지만 사실은 금강의 중류일 뿐이다.

금강은 이처럼 계룡산(845미터)을 에워싼 성곽의 물도랑垓字처럼 수성水城 형국을 하고 있어서 이 산의 서쪽에 백제의 말기 수도인 부여가 자리 잡았다. 강경으로 흐르는 연산천과 대전광역시 서남쪽으로 흐르는 두 계천이 계룡산으로 뻗은 천호산天護山이 없다면 신도안에서 금강 중류인 강경강과 맞닿았을 형국이다. 강경에서 동쪽의 천호산맥에 운하를 뚫어 대전에 잇기만 했다면 계룡산은 그대로 강물로 둘러싸인 천연요새의 섬이 되었을 것이다. 이 때문에 예부터 풍수사들은 계룡산을 방어에 유리한 도읍터로 들먹였다. 욕심을 낼 법한 도읍 풍수 터였던 셈이다.

연산천과 금강 중류인 백마강이 맞닿는 강경 일대는 군산포구의 바닷물이 드나들어 옛날에는 해창이었다. 강경포구는 충청도와 전라도 육지와 바닷가 가 맞닿아 교역이 빈번하고 선박과 화물의 위탁수송이 활발해 큰 도회를 이뤘던 곳이다.

고려 초기에 차령 이남의 백제 옛 터를 경계한 것은 바로 이 같은 계룡산 일대의 지리적 방위의 이점에 대한 염려를 표현했던 셈이다.

호남이란 호칭은 조선시대에 행정구역의 별칭으로 쓰기 이

천인의 《동문선》

나는 호남의 여러 마을들을 두루 다니고자 하니[我行欲遍湖南村]가 수록된 부분.
ⓒ한국고전번역원 한국고전종합데이터베이스

탁광무의 《경렴정집》

해동의 뛰어난 경치는 호남 차지이니[海東形勝擅湖南]가 수록된 부분.
ⓒ한국고전번역원 한국고전종합데이터베이스

전 이미 여러 사람의 시구에 쓰여 왔다.

고려 중기 강진 만덕산 백련사白蓮社 스님 천인天因, 1203~1248 은 속성이 박씨로 연산燕山(청주 문의) 출신이었다. 그는 완도 법 화사, 청산도, 장흥 천관산, 경북 상주 등에 족적을 남겼다. 많은 글이 전해 오는데, 《동문선東文選》 권6 〈칠언고시七言古詩〉에 실린 〈원상인이 척촉의 주장을 선사함에 사례하여謝圓上人惠躑躅柱杖〉에 "나는 호남의 여러 마을들을 두루 다니고자 하나니我行欲遍湖南 村…"란 대목이 있다. 이 글로 보면 이미 이 무렵에 호남으로 불렸던 것 같다. 고려 말엽에 살았던 광주 출신 탁광무卓光茂, 1330~1410의 문집《경렴정집景濂亭集》 권1에 〈경렴정 편액景濂亭扁額〉 이 실려 있다. 그는 예의판서를 지냈고 그의 아들 탁신卓愼, 1367~1426은 조선왕조 때 이조참판, 의정부 참찬 등을 지낸 인 물이다. 탁광무의 경렴정 편액 글에 "해동의 뛰어난 경치는 호남 차지이니海東形勝推湖南…"라는 구절이 있다. 충남 대덕군 회덕면의 〈회덕현 미륵원남루기懷德縣彌勒院南樓記〉는 목은 이색李穡, 1328~1396 이 쓴 글이다. 여기에도 역시 '호남'이란 지명이 나온다(김희태, "1240년, 나는 湖南의 마을들을 두루 다니고자 하나니", 향토학, 2011.9.15., 〈http://blog.daum.net/kht1215/18〉, (2018.4.27.)).

문제는 호남의 지명이 금강에서 비롯했다면 그 유역의 대부 분을 차지하는 충청도를 포함해야 하지만 실제로 그 경계는 계 룡산 남서쪽 어귀인 강경호 이남을 이른다. 호남 지역의 옛 역 사를 따지자면 전라도는 마한 땅이었다고 할 것이다.

본디 한漢 자는 '물길이 험한 땅'이라는 뜻이다. 중국의 양자 강을 이르는 말로, 그 땅에 뿌리를 둔 민족이 한족漢族이다. 이 와 달리 마한을 이를 때의 한韓 자는 한반도에 살고 있는 민족을 일컬으며, 이들이 사는 땅이 한지韓地다. 한韓은 해돋을 간羋 자와 울타리 위韋 자를 합한 글자로, 10월 10일에 하늘에 제사하는 족속을 뜻했다고 풀이하기도 한다.

강호사학자 김성호(한국농촌경제연구소)는 한인韓人들은 중국 섬서성 한성시에서 살았다고 했다. 본디 이 한인들은 삼위산(돈황)에서 살던 삼묘족으로, 황하 중류인 섬서성에서 살다가 연나라 위만에게 쫓겨 한반도 남쪽으로 와 살았다는 것이다(김성호, 2000, 62쪽). 그는 이 주장이 서울대학교 교수였던 김상기의 논문 〈한·예·맥 이동고韓濊貊移動考〉(《사해史海》 창간호, 朝鮮史研究會, 1948.12.) 에도 있다고 주장했다. 한반도로 쫓겨 온 한인의 선조는 한만韓滿이고 왕호가 단군이므로 단군조선의 후손이 한인韓人들이라고 했다.

한韓은 크다는 뜻이다. 마馬 또한 크다는 글자로도 쓰였다. 마한은 한의 으뜸(우두머리)이라는 뜻이다. 삼한 가운데 마한을 으뜸으로 삼은 것은 그 땅에 54국이 있었기 때문이다. 뒷날 마한을 모조리 삼킨 백제도 사실은 마한에 속한 백제伯濟였다. 마한 땅에 변한(12국), 진한(12국)보다 많은 나라가 있게 된 것은 이곳 지형 때문이다.

경상도에 있는 강은 낙동강, 형성강 정도이지만 호남이라 부르는 한반도 서남부에는 크고 작은 강이 아홉이나 된다. 한강(510킬로미터), 금강(398킬로미터), 섬진강(224킬로미터), 영산강(137킬로미터), 만경강(81킬로미터), 동진강(51킬로미터), 보성강(46.8킬로미터), 탐진강(27.9킬로미터), 황룡강(34.4킬로미터) 등이다. 한강을 제외한 여덟 강이 전남·북에 흩어져 있고, 강머리가 서해바다로만 통하는 것이 아니라 남해로 나 있기도 하고 섬진강은 동쪽으로 흐르기도 한다.

앞서도 이미 밝힌 바와 같이 이중환과 안정복의 스승이었던 성호 이익은 전라도의 이 같은 여러 강줄기의 흐름을 '물 흐름이 흐트러진 머리칼과 같이 산만해 풍기가 빠져 달아나 좋은 인재를 내지 못한다'고 평했다. 이와 달리 경상도는 '모든 주류가 낙동강 한줄기로 모여들어 풍기도 따라 취합하고 명현도 많이 난다'고 좋게 평했다. 이 같은 견해가 이중환이나 안정복 등 실학자들에 이어져 팔도를 평가할 때 전라도를 풍수가 나쁜 지역으로 보았다. 그 책이 널리 퍼지면서 대중에게 전라도에 대한 고정관념이 보편화되고 말았다.

전라도에 강이 많은 것은 강을 이루기 위한 계천이 많기 때문이다. 내는 인류 문명의 젖줄이었다. 농업사회에서 내는 생활의 기본조건이므로 마한이란 곳에 진한·변한의 24개국보다 배나 많은 54개 읍락국가가 생활터전을 잡았던 셈이다.

내와 계천이 많으면 그 물을 따라 마실(마을)이 생기고, 마실이 많아지면 물산物産이 많아 시내가 모이는 강변에 시장이 생기면서 이질적인 문화들이 모여 새로운 문화가 움튼다. 강마다 각각 다른 문화와 풍속이 생기고 강물이 바다에서 서로 만나 섞여 새로운 물이 되듯 전라도 문화는 다양하게 서로 섞이면서 끊임없이 새로운 문화를 창조해 가는 지리이다.

경상도 지리가 낙동강 한 물줄기에 매여 단일공동체를 이루는 숙명적 지리라면 전라도는 여러 줄기의 강을 따라 이룩된 문화가 서로 충돌하면서 창조·혁신해 나가는 지리적 숙명의 땅이다. 강줄기에 따라 서로 이해가 달라 다투기도 해 경상도처럼 "우리가 남이가"라는 한통속을 이루지 못하는 결정적 단점도 지리가 주는 운명이며 성격이다.

이처럼 풍수가 주는 숙명적 인성 때문에 백제가 마한을 모두 접수하는 데 오랜 시간이 필요했다. 가야 유민들이 후쿠오카로 옮겨가 자리를 잡았듯, 전라도 남쪽 해변 사람들은 일본의 사가佐賀와 구마모토熊本 지방으로 건너가 이곳 사람들과 섞여 살게 되었다.

백제의 수도 부여가 나당연합군에 함락되고 의자왕과 1만 3천여 명이 당나라 포로로 잡혀갔다. 백제 사람들은 왕이 없는데도 부흥군을 일으켜 싸웠다. 일본에 가 있던 왕자 부여풍扶餘豊이 돌아와 복신福信·도침道琛과 더불어 싸웠으나 나당연합군을 이기지 못하고 스스로 분열해 결국 3년 만에 망하고 말았다. 김용운 교수는《역사의 역습》(맥스미디어, 2018)에서 이때의 백강 전투가 한을 남겼다고 주장했다.

이 역사에서 볼 수 있듯이 백제 땅 사람들은 왕이 붙잡혀 당나라의 포로가 되었으나 땅을 지키기 위해 부흥군을 일으켜 힘이 다할 때까지 싸웠다. 이에 견주어 신라 땅 사람들은 왕이 자신과 왕실의 안위를 위해 스스로 나라를 왕건에 바치자 군소리 없이 왕을 따라 왕건에 복속해 뒷날을 기약했다. 그리하여 신라 사람들은 고려국의 관료계층을 장악하고, 드디어 신라가 망한 지 73년 만인 1008년 신라 왕실의 외손자인 현종을 왕위에 올린 뒤 실질적으로 고려 왕실을 지배했다.

전라도 사람들은 후백제 건국 뒤에도 한통속이 되지 못해 망했다. 광주에서 출발한 후백제는 완산주(전주)로 옮겨 삼국통일의 꿈을 키웠으나 해상 세력이라 할 나주 토호 오희吳僖(다련군)와 영암 토호 최상흔崔相昕(최지몽의 아버지) 등이 왕건과 손을 잡고 후백제의 배후를 쳤다. 뒤에는 중남부 해상 세력이었던 순천의 토호 박영규朴英規와 광양의 김길金吉이 배신해 고려 편을 들었고, 진훤(후백제)왕조는 왕자들마저 서로 왕위 싸움을 벌이다가 망하고 말았다.

3.3.

도선 국사와 〈훈요십조〉

도선 기록과 전설

전남 영암 군서면 구림마을에 가면 도선道詵, 827~898이 이곳에서 태어나 덕진포에서 당나라 선원들에게 끌려간 뒤 중국에서 일행一行선사에게 풍수를 배웠고, 귀국길에 왕건이 태어날 집터를 정해 주었다는 이야기가 널리 구전되어 온다.

이는 완도 출신으로 대흥사에 머물렀던 각안覺岸, 1820~1896스님의 《동사열전東師列傳》 제1권에 실린 〈도선국사전〉의 내용과 비슷하다. 같은 내용이 영암 구림 출신인 박지수朴智叟가 기록한 《도선국사실록》(1743)과 고려 말의 스님 굉연宏演이 썼다는 《고려국사도선전》에도 있다.

전라도와 영암에 퍼져 있는 도선 국사 전설은 1653년에 이경석李景奭, 1595~1671이 써서 도갑사 경내에 세운 도선국사·수미선사비道詵國師守眉禪師碑가 시초이다. 이경석의 비문과 거의 같은 시기에 도갑사에서 간행한 《영암지 도갑사사적》(1633)이란 책에

도갑사도선국사진영道岬寺道詵國師眞影
전라남도 유형문화재 제176호
전라남도 영암군 군서면 도갑사로 306

도 같은 내용이 적혀 있다.

그러나 도선은 중국에 다녀온 일이 없다. 또한 중국의 풍수지리 권위자 일행 선사는 도선이 태어나기 1백 년 전에 이미 세상을 떠났으므로, 영암 일대에 구전되고 있는 도선 전설은 전설일 뿐 사실과는 다름을 알 수 있다.

재미난 것은 도선보다 37년 연하로 같은 동네사람인 형미逈微, 864~917 스님은 891년 당나라에 유학 갔다가 905년 귀국했다는 사실이다. 그가 917년 강진 무위사에서 입적하자 왕건이 선각대사先覺大師라는 시호를 내리며 세운 탑이 오늘날 무위사에 남아 있다. 그의 시호인 '선각'은 도선의 시호이기도 하다.

도선은 형미가 태어나던 해 광양 백운산 옥룡사(玉龍寺)에 주석한 큰스님이다. 그러나 도선이 고려 왕실로부터 선각국사(先覺國師)라는 시호를 받은 것은 장흥 출신 임원후의 딸 공예왕후의 남편인 인종(仁宗, 1122~1146년 재위) 때이다.

그러므로 도선이 형미와 같은 도선이란 시호를 받은 것은 형미보다 211년 뒤의 일이다. 그러나 형미와 같은 고을 출신이자 시호가 같은 연고 때문이었던지 도선은 중국에 다녀오지도 않고 중국을 다녀온 사람으로 잘못 알려지게 되었다. 더 재미난 것은, 도선의 어머니가 빨래하던 시내에 떠내려 오는 오이를 먹고 잉태하여 낳은 아이를 숲속 바위에 버리자 비둘기들이 몰려와 깃으로 감쌌다는 전설이 사실처럼 전해져 구림에서는 그 바위를 국사암이라 부른다는 것이다. 구림(鳩林)은 비둘기 숲이라는 뜻이다.

비슷한 내용의 전설이 이웃 화순군에도 있다. 송광사 2대 법주인 진각국사(眞覺國師) 혜심(慧諶, 1178~1234)은 화순읍에서 태어난 최영을(崔永乙)이다. 그가 태어난 뒤 버려지자 학들이 살렸다는 학숲(鶴林)이 있다. 최영을도 우물에 떠 있는 오이를 먹고 낳은 아이였다.

도선의 전설에는 이처럼 선각대사의 행적과 진각국사의 전설이 겹쳐 있음을 알 수 있다. 심지어 영암 구림 사람 박지수가 쓴 《도갑사 실록》은 옥룡사 경내에 도선국사비와 나란히 서 있던 동진대사비(洞眞大師碑)를 도선국사의 것으로 착각해 도선의 어머니 성을 박(朴)씨라고 잘못 적고 있다.

동진대사 경보(慶甫, 868~947)는 도선과 같은 영암 출신 김씨로 도선의 41년 후배이다. 중국 유학을 다녀와 후백제 진훤의 스

승이 되었다. 전주에 남복선원을 열어 고려 초기 화엄종 북악파
(부석사계)의 중심을 이룬 스님이다.

도선의 어머니 성은 본디 강씨라고 옥룡사 비문에 쓰여 있
으나, 최崔씨라고 나오는 것은 《세종실록지리지》와 《신증동국여
지승람》이다. 이 같은 잘못은 영암 출신 최씨로 도갑사 스님을
지낸 수미대사守眉大師 때 이뤄진 것 같다.

역사기록의 도선

도선의 이름이 나오는 최초의 기록은 《고려사》로, 태조 26년
(943년) 왕건이 자손에게 내렸다는 〈훈요십조〉 제2조이다. 《고
려사》는 8대 현종 2년(1011년) 거란이 쳐들어와 임금이 나주까
지 피란한 사이 모두 불타 버렸다. 이에 현종은 나주로 피난 왔
다가 돌아간 지 2년 만인 1013년 최항崔沆, 972~1061을 감수국사
에 임명하여 현종 이전의 고려사를 편찬케 했다.

앞서 말한 바와 같이 현종은 신라 경순왕의 후손으로 경주
왕실의 외손자이고, 최항은 경주최씨 최언위崔彦撝, 868~944의 손
자로 현종을 왕위에 옹립한 공신이다. 현종은 개경으로 되돌아
가는 길에 전주에서 박씨 여인을 얻었고, 공주에서 절도사 김은
부金殷傅, ?~1017의 세 딸을 부인으로 맞았다. 이때 현종이 호남
사람들에게 크게 신세를 지면서 전라도 출신 가문들이 중앙에
진출하기 시작했다. 이에 당황한 최항 등 경주계 중신들이 이들
을 경계하고자 도선의 이름이 나오는 〈훈요십조〉에 태조가 도선
의 고향인 호남을 포함한 지역이 배역지세로서 이곳 출신을 쓰
지 말라는 유훈을 남겼다고 주장한 것이 아닌가 의심할 만하다.

〈훈요십조〉의 내용이 《고려사》에 수록되던 때인 1018년에 차령 이남만을 떼어 전라도라고 불렀다. 이 또한 미심쩍은 부분이다. 이 유훈은 태조의 막장幕將이었던 박술희에게 전해졌다고 했다. 그러나 박술희는 충남 당진 사람으로 전남 나주 출신 장화왕후 오씨 소생 혜종을 왕위에 오르게 한 공신이었고, 경기도 광주 출신 외척인 왕규에 의해 강화로 유배되었다가 죽은 친백제계 인물이다.

〈훈요십조〉의 위작설

1930년대 광양 옥룡사 선각국사비문과 음기陰記를 발굴하며 도선 연구에 많은 업적을 남긴 일본인 학자 이마니시 류今西龍, 1875~1932는 1944년에 간행된 《고려사 연구》에 〈훈요십조〉를 후대의 위작으로 본다는 글을 실었다. 광복 후 이병도 박사가 《고려시대의 연구》(을유문화사, 1948)에서 위조가 아니라고 반박한 이후 아직도 이에 대한 시비는 엇갈리고 있다.

이마니시가 비록 나쁜 의도를 가지고 썼다고 비난받는 일본 학자라 하더라도, 왕건이 호남 출신들에게 크게 신세를 졌고 왕위마저 호남 나주의 외손인 혜종으로 이어졌으며 현종 이전에 기용된 호남 출신이 많았던 점 등을 들어 위작일 가능성을 지적한 것은 일리가 있다고 생각한다(김정호, 《시사월간 WIN》 1996년 7월호, 중앙일보사). 만일 왕건이 도선의 도참설을 근거로 〈훈요십조〉를 만들었다면 왕건 당대에 도선의 권위를 높이는 조치가 병행되었어야 할 일이다.

도선에 대한 기록 가운데 가장 신뢰할 만한 것은 장흥임씨의 사위인 인종 6년(1128년)에야 선각국사로 추봉하고 최응청崔應淸으로 하여금 그 사연을 적도록 했다는 것이다(《동문선》 권27). 이 내용을 중심으로 인종의 아들 의종毅宗, 1146~1170년 재위 4년(1150년)에 최유청崔惟淸이 옥룡사에 새로 세운 선각국사비문을 썼다. 1158년 드디어 옥룡사 경내에 그 비가 세워졌다. 그러므로 도선은 세상을 떠난 지 230년 만에, 고려 17대 왕에 이르러서야 고려 왕실에서 국사 칭호를 받은 신라 스님이다. 고려 건국을 예언하고 절 세울 자리를 미리 정해 주었다는 도선의 비는 무위사는 물론 영암에도, 곡성 태안사泰安寺에도 세워진 일이 없다. 뒤늦게 세워진 옥룡사 비마저 도선을 고려 왕실의 정당성에 이용했다.

옥룡사 선각국사비명玉龍寺先覺國師碑銘

김관의의 《편년통록》은 예종 11년(1116년) 홍관이 지은 《속편년통재》의 고려 왕계를 20여 년이 지난 의종 때 편년체로 개작한 것으로 전해 온다. 이 책이 도선의 입당설과 왕건의 개성 집터를 잡아 주었다는 설을 최초로 썼다고 알려져 있다. 물론 앞서 밝혔듯이 김관의의 기록은 남아 있는 것이 없고, 민지閔漬, 1248~1326가 지은 《본조편년강목》에 인용되어 있다고 하나 그마저도 다른 사람들의 인용문에 내용이 전해올 뿐이다.

김관의는 8품관인 검교군기감의 벼슬을 지낸 이로, 병부상서 김영부가 김관의에게서 받아 둔 책을 1백 년 뒤 민지가 인용한 것이라고 한다. 문제는 문하시중으로 고려 종묘의 위패 서차를 정한 고려 말엽의 대학자 익재 이제현李齊賢, 1287~1367이 《성원록聖源錄》(왕건의 상대 계보, 현전하지 않음)의 기록을 맞다고 하고 김관의가 지은 《편년통록》의 오류를 짚으며 도선의 왕건 생가 택지설을 부정했다는 데 있다. 현종 때 만든 《태종실록》의 기록과 다른 것은 말할

이제현 초상
경상북도 문화재자료 제90호

것도 없다.

고려는 사관 또는 춘추관을 두어 역사적 사실을 기록했던 것으로 전해 온다. 그러나 여러 차례 병화를 입어 믿을 만한 역사기록이 없었으므로, 조선왕조는 들어서자마자 그동안 여기저기 남아 있던 기록들을 모아 오늘날 전하는 《고려사》의 줄거리를 만들었다.

① 태조 4년(1395년) : 정도전, 김종서 등이 중심이 되어 편년체 37권의 《고려사》를 최초로 정리했다(《조선왕조실록》 같은 실록이 없다).
② 태종 때 일부 고려사를 개수시켰다.
③ 세종 1년(1419년) : 변계량 등을 시켜 《고려사》를 세 차례 개수시켰다.
④ 세종 24년(1442년) : 신개 등에게 《고려사》를 또 손보게 했다.
⑤ 문종 1년(1451년) : 김종서 등에게 《고려사》를 완성토록 했다. 총 139권 전기체로 1454년 간행했다.
⑥ 문종 2년(1452년) : 편년체의 《고려사절요》가 편찬되었다.

이처럼 《고려사》는 조선 개국 후 신료들이 조선 건국의 당위성을 강조하고자 고려의 부패와 쇄락을 민간에 전승되던 풍수지리설에 기댄 측면이 많다.

현존 《고려사》는 고려 개국 초기에 별로 언급되지 않던 도선이 전라도 장흥임씨 사위 인종 때에 이르러 갑작스럽게 추앙되고, 미관말직인 김관의의 《편년통록》을 동원해 왕건의 가계를 비웃고 있다. 열전 방기方技편에는 종6품관인 김위제金謂磾를 실으면서 숙종1095~1105년 재위 때 그가 《도선기道詵記》를 들먹이며 수도를 개경에서 남경(한양)으로 천도할 것을 상소했다고 소개하고 있다.

이것은 조선왕조의 한양 개국을 정당화하기 위한 역사기술이다. 고려 스님 굉연의 《고려국사도선전》도 조선 개국 뒤에 쓰인 것처럼 세상에 유포시켰다. 신라 스님인 도선을 고려 스님으로 적고 있어서 믿을 자료가 못 된다. 도선국사 얘기가 영암 고을 얘기로 각색된 것도 《세종실록지리지》와 《신증동국여지승람》에서부터이다(김정호, 〈도선실록과 도선의 오해〉, 김지견 외, 《도선연구》, 민족사, 1999).

동국대학교 정성본鄭性本 교수는 도선의 학맥을 태안사에 있는 적인선사 혜철惠哲, 785~861의 부도비(적인선사조륜청정탑비)나 광자대사 윤다允多, 864~948의 비문, 동진대사 경보의 비문에 나타나지 않는 인물이라고 밝히고 있다. 선승인 도선이 어느 날 어떤 집단의 필요에 따라 갑자기 풍수쟁이 스님이 되고 왕건의 〈훈요십조〉에 이용되었음을 알 수 있다.

도선이란 인물을 연구하다 보면 고려 초기에 대접받은 바 없던 인물이 어째서 〈훈요십조〉의 근간을 이룬 사찰 건설 입지의 점지자가 되었을까 의문이 든다. 그리고 오늘날 한국 풍수학자들이 말하는 비보裨補풍수학의 비조로 떠받드는 도선국사가 어째서 자기 고향사람들이 '배역의 땅'사람으로 취급을 받도록 내버려 두고, 고향 땅이 쓸 만한 땅이 되는 비보방비책은 가르쳐 주지 않았단 말인가.

동국대학교 서윤길 교수는 고려가 건국이념을 밀교적 신호국 신앙에 두었고 도선은 고려 초기 밀교대덕의 포교사였던 것 같다고 주장하고 있다(〈도선국사의 생애와 사상〉, 김지견 외, 《도선연구》, 민족사, 1999). 그러므로 〈훈요십조〉는 도선의 비보풍수 사상에 배치되는 이론상의 가짜이다.

〈훈요십조〉의 진상

필자는 〈도선실록과 도선의 오해〉를 집필하면서 오늘날 《동사열전》에서나 설화처럼 전해 오는 도선의 얘기는 광양 옥룡사에 전하는 도선비의 내용과 사뭇 다르다는 내용을 다루었다. 다만 《고려사》나 조선왕조가 다 같이 도선을 정략적으로 이용한 것을 분석하고, 특히 〈훈요십조〉는 자체가 모순을 담고 있는 위작이라고 결론지었다.

앞에서도 나왔듯이 일본 학자 이마니시 류가 《고려사 연구》에서 〈훈요십조〉의 위작설을 주장했고, 1948년 이병도가 《고려시대의 연구》라는 단행본으로 이를 반박했다. 이 때문인지 이 문제에 대해 오늘날 후학들은 시비 가리기를 꺼린다.

필자는 이마니시의 주장처럼 〈훈요십조〉가 경주계 인사에 의해 조작되었을 가능성에 동의한다. 〈훈요십조〉는 제2조에서 "도선이 말하기를 '(내가) 점정한 자리가 아니면 망령되게 절을 더 짓지 말라'고 일렀다(道詵云吾所占定外妄有創造則損薄地德祚業不永)"고 했다. 학자들은 이 조문이 '모든 땅에는 쇠왕(衰旺)이 있으나 절을 세우면 쓸 만한 땅이 된다'는 비보사상에 근거를 둔다고 보았다. 그렇다면 〈훈요십조〉 제8조에서 "차령 이남 공주강 밖은 산형과 지세가 다 같이 배역이라 인심도 그러하다"고 지적하고 이곳 인재를 등용하지 말라고 했다는 것이 정당화될 수 없다. 이것은 제2조 사찰 창건에 따른 지세 비보에 어긋나는 말이다.

백 보 양보하여 비록 호남의 지세가 반역의 형태를 이루고 있다 하더라도, 그 기운을 막는 비보도참裨補圖讖 이론을 이용하지 않았음은 논리상 선후가 맞지 않는다. 〈훈요십조〉가 《고려사》에 기록되던 현종 때 3품 이상의 경주최씨는 5명, 경주김씨는 7명으로 관료의 주류였다(이수건, 1984, 221쪽).

두 번째 〈훈요십조〉의 위작 혐의는 조선시대 다섯 번이나 손질한 현존 《고려사》가 도선의 풍수설을 유독 강조한 점이다. 개성이 왕도로써 땅기운이 다하여 조선왕조의 한양 천도가 당연한 것처럼 기술한 점들이 강조되고 있다. 특히 고려왕조 세계世系의 오류를 지적하기 위해 김관의를 중하게 다루고 있다.

김관의는 의종 때 사람이므로, 왕건이 개국한 지 260년이 지난 뒤에 도선이 중국에 다녀오며 개경에 들러 왕건의 집터를 잡아 주었다고 한 것이다. 또 김관의보다 좀 앞선 숙종1095~1105년 재위 때 사람인 김위제(종6품 위위승동정衛尉丞同正)를 열전 방기편에 싣고 그가 당시 삼경천도설을 주장했다면서 은근히 한양천도설이 고려 때부터 있었던 것을 내비치고 있다. 그러나 같은 고려 때 사람 이제현이 김위제·김관의의 도선 얘기나 고려 왕의 세계를 부정하고 있음은 앞에서도 언급한 바 있다.

세 번째는 왕건이 도선의 도참설에 〈훈요십조〉의 유훈을 남길 만큼 도선을 신뢰했다면, 어째서 도선과 같은 영암 출신 후배인 형미에게는 죽자마자 곧 시호를 내리고 그 탑비를 강진 무위사에 세웠으면서 도선에게는 아무런 직함도 주지 않았던가. 왜 고려 왕실은 도선이 입적하고 230년이 지난 뒤에야 광양 옥룡사에 탑비를 세우고 고향 후배 형미의 시호와 같은 선각국사로 추존했는가. 도선의 스승이라는 적인선사 혜철은 861

년에 입적하였는데 872년 태안사에 비가 세워졌다. 도선의 제자라는 동진대사 경보의 비도 958년에 옥룡사에 세워졌는데, 어째서 그토록 공이 많은 도선의 비는 죽은 뒤 곧바로 태안사나 옥룡사에 세워지지 않고 230년이 지난 1128년에야 최초로 옥룡사에 세워졌는가.

이런 사실史實을 검토하지도 않고 도선의 사찰 점정을 말한 〈훈요십조〉를 진실한 역사기록으로 믿는 어리석은 후인이 되란 말인가. 전라도 출신 스님의 말을 빌려 전라도를 완악한 지역으로 내몰아도 꿀 먹은 벙어리가 되어야 하는가.

신라계의 고려 왕실 점령

현종이 거란의 침략을 피해 전라도 나주로 피신했던 때를 전후로 하여 중앙에 진출한 전라도 집안 가문은 10여 집(문종)에 달한다.

현종은 전주가 후백제의 근거지였다는 이유로 피난길에도 전주를 피해 삼례역參禮驛을 거쳐 장곡역長谷驛에서 자고 나주로 향했다. 그러나 개경으로 되돌아갈 때는 전주에서 10일을 머물면서 전주 호족 박온기의 딸을 하룻밤 품었고, 후에 궁인으로 삼았다가 후비로 승격시켰다. 이때 현종을 호종한 사람은 겨우 50여 명에 지나지 않았다. 삼례역에서 왕건 태조의 대를 이은 2대 혜종의 외가인 나주로 가자고 부추긴 이는 무안박씨 박섬朴暹이었다.

1011년 1월 말 7일 동안 나주에 머무른 현종은 다음달 23일에야 개경의 왕궁에 되돌아갔다. 18세 소년 왕이었던 현종은 공주 곰나루에 이르러 여러 날을 머물렀다. 이곳에서 안산김씨 시조 김은부의 세 딸을 상납 받았는데 뒷날 모두 왕비가 되었다. 이 통에 김은부의 처족인 인천이씨 이자연李子淵, 1003~1061 집안은 그 손자 이자겸李資謙, ?~1126에 이르는 삼대가 척신 실세가 되었다.

현종이 거란군에 쫓겨 개성을 출발할 때 왕을 호종한 금군 은 5천 명에 달했으나, 전라도에 이를 때는 모두 도망쳐 겨우 50여 명의 전라도 출신들만 남았다. 이때 전라도 사람들의 공이 컸던지 남원의 진함조, 황문통, 양진 집안, 장흥의 임의 집안, 남 평의 문공원 집안, 옥구의 임유간林維幹 집안, 압해도의 주덕명朱德 明 집안, 영광의 전공지田拱之 집안, 흥덕의 장연우 집안 등이 모 두 이때에 중앙 진출의 기회를 잡아 명문 반열에 올랐다. 현종은 강남도와 해양도를 합해 전라도를 만들고 5도제로 바꾸면서 전 라도 토성들을 경상도 지역 향리로 이주시키기도 했다.

고려 왕실은 무장 중심의 연합정부로 출발했으나 광종 949~975년 재위 때에 이르러 정국이 안정되었다. 958년 과거시험 을 통해 인재를 발탁하기 시작해 성종981~997년 재위 때에는 무 사 아닌 문신 층이 형성되었다. 광복 후 이승만 정권이 관료 경 험이 있던 일제 부역자들을 실무에 기용했듯이, 고려 국가경영 도 신라 국가경영의 실무자들을 기용할 수밖에 없었을 터이다.

대표적인 관료가 최승로崔承老, 927~989라 할 수 있다. 그는 태 조부터 성종 때까지 종사한 경주 출신 전문 관료였다. 958년부 터 과거제가 실시되면서 전라도 영광의 김심언, 전주 유방헌 등 이 중앙에 진출했다. 경상도 경주 최량崔亮, ?~975, 최항 등이 과 거로 등용되기는 했으나 최항은 왕건 때 태자사부를 맡았던 경 주출신 최언위의 손자이다. 그는 이 배경으로 쉽게 권력에 접 근, 강조康兆와 더불어 쿠데타로 목종을 죽이고 경주김씨의 외손인 현종을 왕위에 올린 이다. 그의 집에 있던 〈훈요십조〉를 현종에게 바쳤다는 이가 바로 최승로의 손자 최제안崔齊顔, ?~1046이다. 이때 정황을 경주김씨 김부식은 《삼국사기》에서 "현종은 신라의 외손으로 보위에 올랐거니와 그 후 왕통을 계승한 사람이 모두 그의 자손이었으니 어찌 경순왕이 싸우지 않고 왕건 태조에 귀부한 음덕의 보답이 아니겠는가"라고 자랑하고 있다.

현종 당시 3품 이상 경주최씨는 5명, 경주김씨는 7명이었음은 앞에서 밝힌 바와 같다(이수건, 1984). 이에 관한 논문으로는 황선영의 〈경순왕의 귀부와 고려초기 신라계세력의 기반〉(《한국중세사연구》 14집, 한국중세사학회, 2003)이 있다.

이런 정황으로 보아 〈훈요십조〉는 경주최씨 집안의 유품이므로 사실관계가 의심스러울 수밖에 없다. 더구나 고려왕실 기록이 거란의 병화로 없어졌다는 구실로 덕종 1년(1032년) 《고려사》를 새로 편찬케 했다. 이들이 나이 어린 현종 왕을 〈훈요십조〉 같은 유훈을 빌미로 겁박하지 않았다면 그를 호종하는 데 공훈을 세운 전라도 사람들의 세상이 되고 말았을 것이다. 현종 이후 〈훈요십조〉의 유훈처럼 전라도 인재 기용이 제한된 흔적은 없다. 지역차별을 실록에 써 넣은 경주최씨들은 이후 몰락하고 말았다. 그뿐 아니라 《고려사》보다 오히려 풍수상 한양 천도가 순리라고 주장한 조선시대에 전라도를 평하며 〈훈요십조〉 2항의 《고려사》 기록을 강조하는 점도 흥미롭다. 전주이씨 이태조의 역성혁명에 반감을 가진 정서와도 관계가 있다.

고려 때 중앙정부에 대한 지역적 저항은 1135년 서경을 중심으로 한 묘청의 난이 대표적이었다. 1174년 서경유수 조위총의 반란이 두 번째였다. 1217년 효종 대에 서경 사람 최광수崔光

秀가 고구려 부흥병마사를 자칭하고 최씨 무신정권에 대항한 것
이 서북 지방 사람들의 세 번째 반항이었다.

경상도도 경주이씨 이의민李義旼, ?~1196이 1173년 경주 출신
김보당金甫當의 난을 평정한 뒤 권세를 부리다가 최충헌에 숙청
당했다.

전라도에서는 1232년 나주에 속해 있던 담양(원율) 금성에서
이연년이 반란을 일으켰으나 경주계 김경손 등 정부군에 토평
당했다. 이때 이연년이 스스로 백적도원수라 했다는 기록으로
보아 백제 부흥을 부르짖었다는 견해가 있으나 왕건의 연고지
인 나주 사람들이 동조하지 않아 실패했다.

〈훈요십조〉 가운데 8조인 차령 이남 인재 등용 제한 규정이
조선 개국 뒤에 손댄《고려사》의 기록에 있을 뿐, 실제로 고려가
망할 때까지 유훈이 논의되거나 지켜진 기록은 없다. 오히려 이
러한 시각은 조선 개국이 순리인 것처럼 설명하는 데 풍수지리
설을 동원한 전주이씨 왕조 조선시대에 더 강화된 측면이 있다.

이성계가 역성혁명으로 새 왕조를 세우자 두문동에 숨은 고
려 말 선비가 72현에 이른다. 개국 53년 만인 1455년 이성계의
증손자 세조가 조카를 죽이고 왕권을 빼앗자 전주이씨 왕조에
대한 부정적인 정서가 더욱 사무칠 수밖에 없었다. 세조의 왕위
찬탈에 동조해 사육신과 생육신 집안 후손들로부터 배신의 상
징으로 몰린 신숙주는 고령 본관 성씨였으나, 그의 증조부 때부
터 광주에서 살았고 나주 금안동에서 태어난 전라도 땅 사람이
라고 하여 전라도에 대한 선입견을 둘러씌웠다. 이 같은 역사
전개가 조선왕조 들어 전라도 지역에 대한 부정적 편견을 심화
시켰을 가능성이 많다.

3.4.

후백제 기록의 재검토

진훤이라 불러다오

옛 할머니들은 자신의 김씨 성을 말할 때 '진가'라 했다. 지금도 시골 노인들은 '길'을 '질'이라 말하기도 한다.

필자가 상주·문경 일대의 후백제 흔적을 답사하던 1985년대에도 그곳에서는 견훤이라 부르지 않고 '진훤', '진훤성' 따위로 불렀다. 경상북도교육위원회에서 간행한 《경북지명총람》(1984)이나 한글학회가 펴낸 《한국지명총람》에도 '진훤성'들이 보인다.

문경 출신 역사학자 이도학은 아예 《진훤이라 불러다오》(푸른역사, 1998)란 제목의 단행본을 냈다. 1976년 민족문화추진회가 번역한 고전국역총서 127~136권 《동사강목》(전10권)도 진훤으로 번역했다. 1962년 대만에서 간행된 《한문대사전》 11권 561쪽을 보면 '甄氏音眞'이라고 해석하면서 그 근거를 도자기를 빚은 도자기장의 성이 진甄이었다고 덧붙이고 있다.

서울대학교 교수를 지낸 김상기金庠基, 1901~1977 박사는 '견이

성이고 훤이 이름이라면 진훤왕의 사위 지훤池萱의 이름이 같은 훤일 수 없다'면서, 진훤왕은 견이 아닌 진으로 발음해야 한다는 근거로 여러 옛 책을 내세웠다.

1986년 경북대학교 문경현文暻鉉 교수도 후백제 태조는 견훤이 아닌 진훤으로 발음해야 한다는 글을 썼다(《부산문화》 11호).

본디 '甄'자는 사람의 성씨나 도자기 장인을 이를 때는 '진'으로 발음하지만, 지렁이라는 미물이나 그릇을 칭할 때는 '견'이라 한다. 근원이 이렇건만 오늘날 후백제 태조의 후손을 자처하는 현존 한국 甄씨들이 스스로 '견씨'라고 발음하고 있으므로 할 말이 없다.

진훤을 광주에 뿌리를 내린 경주김씨계의 일족으로 보아야 927년 경주에 쳐들어가 굳이 신무왕의 7세손인 김부를 찾아 내 왕위에 올려놓고 철수한 사연을 이해할 수 있을 것 같다. 당시 광주에 뿌리를 내린 경주김씨계의 인물이어서 본디 성이 김씨였으나 역사를 기술하며 '진'으로 바뀌었을 수도 있다. 그렇지 않다면 어째서 그는 경주에 쳐들어가 박씨 왕을 내치고 광주와 인연이 깊은 김우징의 혈맥을 찾아 왕위에 올리고 철수했을까. 의문을 해결할 말이 없다.

말할 것도 없이 역사란 기록을 우선한다. 그러나 아무리 기록이라 할지라도 합리성을 갖춰야 한다. 변론 없는 역사는 판결 없는 검사의 논고와 같다. 앞으로도 의문을 제기하겠지만, 기록과 진실은 다를 수 있다. 《삼국사기》에 쓰인 후백제 이야기는 의문투성이다.

가은의 진훤 전설터

《삼국사기》 열전 진훤편에서, 그는 상주 가은 사람이고 본디 성은 이씨였으나 뒤에 진이라 했다고 했다. 그의 아버지는 농사꾼으로 아자개阿慈介라 했으며 뒤에 장군이 되었다고 덧붙이고 있다. 《삼국유사》는 ① 《삼국사기》의 이씨설, ② 광주 북촌의 사생아설, ③ 신라 왕실 이제가설을 싣고 있다.

가은은 후삼국을 통일하고 고려를 세운 왕건이 은혜를 입은 곳이라 하여 가은加恩이란 이름을 지어 준 고을이다. 현종 때 상주에 소속되고 공양왕 때 문경에 합해진 뒤 오늘날에도 가은읍으로 문경군에 속한다. 이곳에 진훤이 태어난 전설들이 있다.

① 옛날에는 가은 고을이었던 문경군 농암면에 천마산성天馬山城이 있다. 《한국지명총람》 Ⅲ 경북편(한글학회 편, 1981)에 천마산 농바위 전설이 실려 있다. '후백제 태조 진훤은 천마산의 농바위 사이에서 태어났다'는 내용이다. 이 바위 이름을 따 이곳 이름이 농암면이 되었다. 궁기리의 궁터는 진훤왕 궁궐터로 전해 온다.

② 가은읍 갈전리의 금하굴
갈전리는 옛날에 '아차동', '아호동' 또는 아개리阿介里라 했다. 바로 진훤의 아버지 아자개가 살았던 동네로 전해온다. 《한국지명총람》에 이곳 전설이 실려 있다.

"아자개가 아차동에서 살고 있었다. 밤이면 미모의 청년이 그의 딸 방에 찾아와 '하늘에서 왔다'면서 동침하고 갔다. 딸이 아버지가 이른 대로 옷자리에 명주실을 맨 바늘을 꽂아둔 뒤, 이틀

날 날이 밝자 명주실을 따라가 보았더니 금하굴에 기둥만큼 큰 지렁이가 바늘에 꽂혀 죽어 있었다. 아자개의 딸이 잉태해 아기를 낳으니 이 아이가 견훤이다."

이 전설은 《삼국유사》에 쓰여 있는 광주 북촌 부잣집 딸이 낳은 사생아 얘기와 같다. 이 금하굴은 순천김씨 김두희金科熙 경북 의대 교수의 가은읍 아개리 시골집에 있다. 이 전설대로라면 진훤은 아자개의 아들이 아니라 외손자가 된다.

이 동네 뒤 정연호씨 밭을 이곳 사람들은 '진훤 집터'라고 한다. 집터 뒷밭에 삼형제 바위가 있다. 이 바위는 진훤이 젖먹이 시절 농사일을 하느라 그의 부모가 진훤을 뉘어두던 바위이고, 가끔 호랑이가 젖을 준 곳이라고 전해 온다.

금하굴
경상북도 문경시 가은읍 갈전리 금하굴

진훤산성
경상북도 기념물 제53호
경상북도 상주시 화북면 장암리 산42

③ 경상북도 기념물 제53호는 진훤산성이다. 이 성은 상주군 화북면 장암리 산42번지에 있다. 《한국지명총람》 5권 282쪽에 이 성에 얽힌 전설이 실려 있고 '견훤성' 또는 '진훤성'이라 부른다고 덧붙이고 있다.

④ 화서면 하송리와 화남면 동관리 사이 산속에 '견훤산성' 또는 '진훤산성'이라 부르는 성산산성이 있다.

상주 견훤사당
경상북도 민속문화재 제157호
경상북도 상주시 화서면 하송리 315-11번지

⑤ 화창(화남) 동관리에 '후백제대왕'을 모신 산신당이 있다. 이 산신당 곁에도 '진훤산성'이 있다.

광주 북촌 사생아 이야기

진훤이 지렁이의 자식이라는 전설은 앞서 가은읍 아차동 금 하굴 전설을 다루며 살펴보았다. 《삼국유사》는 '고기(古記)에 이르기를 광주의 북촌에 살던 한 부잣집 딸이 지렁이와 관계해 훤을 낳았다'고 적었다. 이름 있는 인물의 아버지가 미천하거나 그 뿌리를 알 수 없을 때는 지렁이와 교접해 낳았다고 둔갑하는 사례가 많음은 앞에서도 이야기한 바이다. 이미 중국 송宋나라960~1279 때 유경숙劉敬叔이 쓴 《이원異苑》이란 책에 '지렁이 교혼설화蚯蚓交婚說話'가 소개되어 있고, 한국뿐 아니라 일본에도 거의 비슷한 내용의 설화가 분포되어 있다. 김상기 박사는 일연 스님이 《삼국유사》에 진훤 탄생설화를 실으면서 중국 애기를 끌어왔다고 본 바 있다. 광주 이야기가 경상도 가은 땅으로 뜀 뛰기를 했다는 사실을 알 수 있다.

향토사학자로서도 지역토호성이 강해 고려 조정마저 지방 호족 연정이 불가피했던 당시에 기록대로 진훤이 상주 출신으로서 광주 근교에 배치된 정부군 주둔진지의 비장이었다고 믿기 어렵다. 25세 안팎의 외지 출신 청년 장교가 한 달 만에 5천 군사를 모을 수 있었다는 논리는 너무나 억지스럽기 때문이다.

광주에는 진훤이 주둔했다는 곳이나, 말을 기르고 조련했다는 방목평放牧坪 따위의 전설지가 있다. 진훤이 지렁이 새끼라는 설화는 지렁이를 토룡土龍이라 일컫는 것에 빗대어 진훤이 용상에 오를 것을 은유적으로 나타낸 설화이다. 오늘날 용龍 자가 들어간 땅 이름이 아홉 곳이나 집중되어 있는 광주광역시 건국동의 생룡生龍, 용전龍田 일대가 광주 북촌으로 진훤의 태생지일 가능성이 많다. 경북 가은 사람들이 진훤의 태생지라는 전설에 자부심을 갖고 이야기를 만든 것과는 달리, 광주 사람들은 피해의식을 가진 탓인지 《삼국유사》 기록이 있는데도 이를 숨기려 들었음을 엿볼 수 있어 흥미롭다.

1914년 행정구역 개편 때 담양군 대전면은 광주로 옮겨졌다. 이곳을 진훤이 3개월 동안 무진도독부 치소로 썼다는 구전이 전해 온다. 이 구전은 1910년 전후로 기록한 《조선지지자료》에 대치면 문대리에 무진읍터가 있다는 내용으로 실렸다. 1917년의 《광주사정지》에도 실렸고, 일제 때 〈매일신보〉의 '팔도판 조선역사략'이란 연재물에도 나온다. 재미난 것은 이 지역에 광산김씨 시조 이후 고려 때 많은 평장사를 냈다는 평장동 동네와 유적이 있다는 점이다(김정호, 2009).

광주 북촌 탄생설이 가은 탄생설보다 합리적인 이유는, 그가 타관 출신이라면 26세에 광주에서 기병할 때 한 달 만에 5천 군사가 모이는 일은 불가능했을 것이기 때문이다. 오늘날도 지역성이 있는 판인데, 1천여 년 전에 경상도 출신 사병으로 전라도 서해 주둔군으로 파견되었다는 사람이 진훤이다. 다른 사병들보다 모범이 되어 겨우 비장 자리에 올랐다는 청년 장교가 광주에서 백제 재건을 외치자 5천 군사가 모였다는 발상은 마치 5·18민주화운동이 외지에서 들어간 간첩이나 북한군의 선동에 광주 사람들이 놀아났다는 발상과 다를 게 없다.

뿐만 아니라 나주 등지 해상 세력이 왕건 편을 들었지만 광주 사람들은 후백제가 망할 때까지 변함없었다. 백 보를 양보하여 문경 가은읍이 진훤의 출생지였다고 볼 수는 있다. 그러나 가은 사람들은 고향 태생이라는 전설을 지닌 진훤보다 왕건에 호의적이었다. 927년 가은 근암성 싸움 때 후백제군이 패했다. 상주의 아자개阿字盖(진훤의 아버지 아자개阿慈介와 이름이 다르지만 2000년 KBS에서 방영한 드라마 〈태조 왕건〉에서는 같은 인물로 다룸)는 918년에 왕건 편에 가담했고, 문경의 고사갈이성高思葛伊城 성주 홍달도 왕건에 귀순했다.

후백제군은 929년 가은을 공격했으나 또다시 실패했다. 왕건은 후삼국을 통일한 뒤 은혜를 입은 고을이라 하여 신라 때 이름 가해현(加害縣)을 가은(加恩)으로 바꾸고, 그 소속도 함창(고령군)에서 상주로 바꿔 주었다. 실제로 가은이 진훤의 고향이었다면 이처럼 이곳 사람들이 차갑게 후백제군을 외면할 수 있었을까. 상식에 맞지 않는다. 진훤이 과연 가은 사람이었는지 의심되지 않을 수 없다.

진훤의 실체나 〈훈요십조〉 등에 많은 의문점이 있음에도 이러한 의혹투성이의 역사기술 때문에 전라도 사람들의 기가 죽었고, 이에 대한 적극적인 변론보다 스스로 역사기록에 승복하거나 애써 이 대목을 외면하는 풍토가 자리하게 된 것은 통탄할 일이다.

광산김씨와 신라왕실

광주는 일찍이 신라가 삼국을 통일한 뒤 백제의 옛 땅 가운데 일부인 전라도 남부를 통치하기 위해 도독(처음에는 총관)을 파견해 1주 15군 43현을 다스리게 한 고을이다. 이 때문에 신라 중앙 귀족들의 이민이 계속 이뤄져 경주김씨의 한 파라 할 광산김씨 등이 토호가 되었던 것 같다.

광산김씨들이 역사인물로 나오는 시대는 고려 말기라 할 삼별초의 난 때이지만 이 집안의 시조는 신라 45대 신무왕839년 재위 김우징의 아들 흥광興光이라 한다. 김우징은 경주에서 김제륭과의 왕위 쟁탈전에서 패해 광주와 강진, 장흥, 완도 등지에 숨어 지내다가, 무진주(광주)도독을 지냈던 집안사람 김양金陽, 808~857과 광주 사람 염장, 그리고 청해진 장보고의 도움으로 경주에 쳐들어가 왕위에 올랐다. 이 때문인지 광주 개선동 무등산 기슭에는

담양 개선사지 석등
보물 제111호
전라남도 담양군 남면 학선리 593-2번지

51대 진성여왕887~897년 재위이 공주였을 때인 868년 그의 아버지인 경문왕과 어머니 문의왕후의 장수를 빌며 세운 담양 개선사지 석등(보물 제111호)이 오늘날까지 전해 온다.

광산김씨의 족보가 사실이라면 진성여왕은 광산김씨 시조 김흥광의 오촌 조카딸이다. 광주에는 진성여왕의 친족들이 많이 살고 있었던 셈이다. 이런 분위기의 고을에서 경상도 가은의 시골 출신 군인이 후백제를 세우겠다고 나섰다는 것은 상식에 어긋난다.

《삼국사기》는 진훤이 892년 나라 안이 어수선해짐에 딴마음을 먹고 광주에 자리를 잡자 진성여왕이 한남군 개국공 등 벼슬과 함께 식읍 2천 호를 주었다 했다. 이로 보면 광주의 진훤은 군대를 모으기는 했지만 이때까지는 신라 반란군으로 일컫지는 않았던 듯하다. 그가 전주로 옮긴 것은 900년으로, 궁예가 송악에서 스스로 왕이라 일컫자 진훤도 왕을 자칭했다. 912년 신라 왕실은 김씨계 왕계가 끊기고 박씨계 박경휘가 신덕왕이 되었다. 927년 진훤이 경주에 쳐들어가 박씨 경애왕을 자진케 하고, 광주 사람들의 지지를 받아 왕위에 올랐던 신무왕의 7세손 김부를 찾아내 왕위에 올리고 후퇴하니 그 왕이 바로 경순왕이다.

《삼국사기》는 진훤을 흉인으로 묘사한 터이므로 경주에 쳐들어가서 분탕질을 치고 나온 것처럼 적고 있으나, 신라 진골 가운데 왕을 삼아 경주를 맡기고 철수한 것을 칭찬한 말은 한마디도 없다. 진훤의 성이 진이라면 김씨를 '진가'라 발음하는 것이나 백제의 성에 '진眞'씨가 있었음도 눈여겨 살펴야 한다. 오늘날의 전주견甄씨 족보에는 아자개의 성은 부여扶餘씨이고 의자왕 태자 부여융의 8대손이라고 적고 있다.

이 같은 의문에도 세상 사람들은 진훤이 경북 문경 가은읍 사람이고 신라 왕가 혈족이었을 가능성이 있다고 믿고 있다. 이 같이 보편화된 상식이 사실이라면 왜 전라도 사람들을 배역의 땅 사람들이라고 색안경을 끼고 보는가.

전라도 사람들을 선동해 신라에 대항시킨 사람은 일반화되어 있는 경상도 출신 진훤이다. 조선시대 전라도에 '배역의 땅' 누명을 쓰게 한 정여립도 동래정씨였고, 고부 동학군을 일으키게 한 동학교주 최시형도 경주 사람이었다. 대한제국 시절 의병의 불을 지핀 최익현崔益鉉, 1833~1906도 경주최씨로, 포천에서 태어났으나 전라도 태인에 와서 의병을 일으켜 수천 명의 전라도 의병이 죽임을 당했다. 변절자로 비난받는 신숙주의 집안은 대대로 경상도 고령에서 살다가 그의 증조할아버지 때서야 광주로 옮겨와 살기 시작했다. 이 땅을 지키고 사는 전라도 사람들은 억울하고 서럽다. 남의 죄를 대신 뒤집어쓰고도 변명이나 진실 규명을 위해 서로 단결하지 못한 죄가 있을 뿐이다.

경순왕으로 불린 김부는 어떤 가계였을까. 김부의 6대조는 45대 신무왕神武王으로, 38대 원성왕元聖王, 785~798년 재위의 손자인 균정均貞, ?~836의 아들이다. 822년 웅천도독이었던 김헌창金憲昌, ?~822이 반란을 일으켰을 때 토평에 공을 세웠다. 신무왕의 아버지 김균정은 836년 조카인 42대 흥덕왕興德王, 836~836년 재위이 후사 없이 죽자 왕위를 노리다가 조카 제륭에게 살해되었다. 제륭을 지지하여 43대 희강왕으로 올렸던 김명金明이 2년 만에 반란을 일으키니 그가 44대 민애왕閔哀王, 838~839년 재위이다. 제륭과의 왕위 쟁탈전에서 숙청된 김균정의 아들 김우징이 광주로 도망 와 지내다가, 광주와 청해진 장보고의 후원으로 3년 만에 경주에 쳐들어가 왕위에 오르니 그가 신무왕이다.

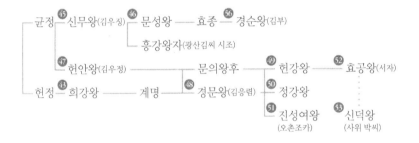

김우징과 함께 경주로 진격한 사람 가운데 웅천에서 반란을 일으켰던 김헌창의 조카 손자 김양이 있었다. 그는 이미 무진주 도독을 지내 광주와 인연이 있었다. 그는 신무왕의 아버지 김균정의 편을 들었으나, 균정이 숙청되자 균정의 아들 김우징과 함께 연고가 있던 광주에 몸을 피해 있었다. 뒤에 김우징이 정권을 잡자 장보고의 딸 대신 자기 딸을 신무왕의 아들 문성왕의 왕비로 들여보내 실권을 잡았다. 장보고는 김양이 보낸 자객 염장에게 살해되었다.

신무왕 김우징이 광주로 숨어들었던 시기의 전설이 전남의 곳곳에 널려 있다. 그가 광주에서 지낸 곳이 '왕자대'란 곳으로 지금의 광산구 벽진동 사자산이다. 오늘날 경주김씨들은 광산김씨 시조 김흥광金興光이 김우징의 셋째 왕자라고 정리하고 있다(김지영 편, 1972). 첫아들이 문성왕인 경응慶膺이고, 둘째가 각간을 지낸 도강김씨 시조 영광英光, 셋째가 광산김씨 시조 흥광興光이라는 것이다. 청해진 대사 장보고가 주둔한 곳은 강진이고 당시 이 고을 이름이 도강道康이다(지금의 완도는 그때 강진 땅이고, 강진은 도강과 탐진이 합해진 지명이다).《도강김씨 조사공파 족보》(1971)를 보면 그들 시조를 단순히 경순왕의 후손이라 했으나, 김지영은 둘째아들 영광英光이 도강김씨 시조라고 정리하고 있다. 사람들은 신무왕 김우징이 광주에 피신해 있던 기간이 836년부터 839년까지 3년이므로, 현지처를 두었다면 두 아들을 두었을 수도 있을 것으로 인정한다. 실제로 김우징이 피신해 지낸 전설은 강진보다 청해진 건너 장흥군 천관산 여러 곳에 있다.

경주 왕실의 김씨와 광주는 깊은 인연이 있었던 것이 틀림없다. 광주의 신라 때 이름은 무주로, 경주 왕실 귀족들이 치정관 겸 군사권을 가진 도독으로 파견되기 시작한 것은 원성왕 때인 785년이다. 반란을 일으킨 김헌창이나 그의 종손자 김양 등도 모두 무진주도독을 지낸 신라 왕실의 인물이다.

51대 진성여왕의 아버지는 48대 경문왕861~875년 재위이다. 경문왕의 부인은 47대 헌안왕의 딸이다. 46대 문성왕의 가계를 벗어나 헌안왕의 사위였던 경문왕이 왕위에 올랐다. 51대 진성여왕은 경문왕의 딸이었으므로, 김흥광이 사실로 문성왕의 동생이었다면 경문왕은 광산김씨 시조 김흥광의 사촌 매형이고 그 딸인 진성여왕은 오촌 조카딸(從姪女)임은 앞에서도 설명한 바 있다.

이 같은 혈맥 탓이었던지 담양군 개선동 무등산 기슭 개선사 석등에는 진성여왕이 경문왕 8년(868년) 공주 시절에 세웠다는 내용의 명문 136자가 남아 있다. 어째서 이처럼 경주 왕실에서 먼 무진주 땅 산기슭에 경문왕 부부의 만수무강을 기원하는 석등을 세우고, 등의 기름 값으로 이곳에 전답 14결을 마련해 주었을까 의문이 풀린다. 그만큼 무주는 신라 왕실과 연고와 믿음이 깊었다.

진성여왕의 외할아버지 47대 헌안왕憲安王, 857~861은 문성왕과 흥광의 배다른 숙부였다. 문성왕에게도 아들이 있었으나 어째서 왕위가 숙부에게 물려졌는가는 역사기록에 없다. 문성왕의 가계를 가로챈 헌안왕이 후사 없이 죽자 왕위에 오른 것은 신무왕의 사촌이자 신무왕의 아버지 균정을 죽이고 왕이 되었던 희강왕 집안이었기 때문이었다. 희강왕은 비록 신무왕의 할아버지를 물리치고 왕위에 올랐으나, 2년 만에 그를 추대했던 김명(민애왕)에게 죽임을 당했으므로 같은 피해의식을 가졌을 수는 있다. 이 왕의 손자이면서 헌안왕의 사위가 경문왕景文王, 861~875이다. 그러므로 광주 사람들의 지원으로 차지한 신무왕계의 왕위는 삼 대 만에 한때 정적이었던 가계에 넘겨진 셈이다. 경문왕의 어머니는 박지경의 딸이었다. 부인이 헌안왕의 딸이므로 아들이 없으면 사위가 왕위를 잇던 신라 왕실의 풍습에 크게 어긋나지는 않은 셈이다. 어렵게 이어 간 이 집안의 혈맥은 진성여왕 다음 52대 효공왕孝恭王, 897~912 대에 사위 집안인 박씨로 이어져 박씨들은 8대 아달라 이사금 이후 728년 만에 비로소 왕위를 되찾게 되었다.

이처럼 순수 성골 왕족은 씨가 마르고 진골 씨족끼리 왕위 계승을 둘러싸고 분쟁을 계속하자 각처에서 도적떼가 일어날 수밖에 없었다.

진훤의 경주 진격

후백제는 통일신라가 흔들리면서 일어난 후삼국 가운데 전라도 지방을 바탕으로 일어났던 나라이다. 이 나라는 신라 진성여왕 6년인 서기 892년 지금의 전북 전주인 완산주 땅에 도읍을 정하고 왕건과 맞섰다가 936년 멸망했다. 후백제가 호남에서 기병했고 왕건에 맞서 싸우다 패했다는 점은 그 땅에 살아온 사람들에게 두고두고 한이 되었다. 특히 조선왕조 들어 더 심했다. 후백제를 세운 이는 진훤이지만 광복 후 어떤 사정이었던지 이름마저 견훤으로 바뀌어 불리고 있다(김정호, 2009).

많은 역사책들이 진훤은 경북 상주 가은 태생으로, 젊어서 서남 해변을 방비하는 비장이었으나 신라 내정이 문란해지면서 곳곳에서 도적이 일어나자 지금의 광주(당시 무진주)에서 군사를 일으켰다고 적고 있다. 그는 900년 완산주로 옮겨 백제 의자왕의 원한을 갚는다는 구실을 내세워 '후백제'란 이름의 나라를 선언했다. 927년 경주에 쳐들어가 박씨계의 경애왕을 죽이고 김씨인 김부를 왕위에 앉힌 뒤 전주로 되돌아왔다. 돌아오던 길에 지금의 대구 공산에서 왕건의 군사를 만나 크게 이겼다. 왕건은 변복하고 탈출하는 데 성공했다. 그때 전라도 곡성 출신 신숭겸은 왕건으로 변장해 싸우다가 대구에서 죽었다. 이 점은 이미 두 지역 역사편에서 언급한 바와 같다.

935년 신라 경순왕은 싸워 보지도 않고 신라를 왕건에 바치고 대신 왕건의 딸을 제2부인으로 맞았다. 또 그의 형 김억겸의 딸을 왕건의 제6부인으로 들여보내 겹사돈 관계인 인척을 만들고 자신의 생명을 보존했다.

경순왕은 왕건에게 귀순하기 10년 전 후백제 군사들이 경주에 쳐들어 왔을 때 왕위에 올려 세운 인물로서 광주 사람들의 도움으로 왕위에 오른 김우징(신무왕)의 7세손인 김씨였다.

김씨들이 신라왕실의 왕위에 오른 것은 경주김의 시조 김알지의 7세손인 13대 미추왕味鄒王, 261~284년 재위이 최초이다. 14대 왕위는 미추의 처남 석씨에게 돌아갔는데, 그 뒤 다시 미추왕계 김씨로 왕위에 오른 이는 미추왕의 조카이며 사위이기도 한 17대 내물왕奈勿王, 356~402년 재위이다. 이후 김씨들이 35대나 왕을 독점하다가 53대에 이르러 박씨에게 왕위가 넘겨졌다.

그 왕이 53대 신덕왕神德王, 912~917년 재위이다. 박씨들은 신라를 세운 박혁거세 이후 삼대를 이었으나, 4대 때 유리왕의 사위인 석탈해昔脫解, 57~80년 재위에게 왕위를 물려주었다가 5대 때 되찾아 8대 아달라왕까지 계승했다. 그러다 9대 때부터 12대, 14~16대까지는 다시 석씨가 왕위를 맡았고, 그 이후에는 김씨들이 독점했던 나라다. 신덕왕은 8대 왕인 박씨 아달라阿達羅, 154~184년 재위의 22세손으로 정리되어 있다. 그러므로 씨족사 중심으로 따지면 박씨들은 개국 이후 초기 신라의 왕실을 차지해 오다가 8대 아달라왕 이후 728년 만에 왕위를 되찾은 셈이다. 이때는 이미 신라 국운이 다해가던 때라 신덕왕의 뒤를 이어 두 아들이 차례로 왕위에 올라 신덕, 경명(54대), 경애(55대)의 삼대에 이르렀을 때 후백제 진훤의 군사들이 침략한 것이다.

윤상욱은 그의 저서 《권력은 왜 역사를 지배하려 하는가》(시공사, 2018)에서 세계의 지배 권력에 따른 역사 왜곡 사례를 소개하고 있다. 이처럼 후세 기록들은 언제나 승자에 유리한 점만 골라 쓰고 패자를 헐뜯어 승자를 정당화시키는 버릇이 있다. 역사는 후백제군이 경주에 쳐들어가 분탕질친 것처럼 기록하고 있으나, 후백제군사들은 신라를 멸망시킨 것이 아니라 박씨 왕계를 김씨계로 바꿔놓고 철수했을 뿐이다.

진훤의 신라왕계설

《삼국유사》는 스님이 쓴 책답게 불교를 옹호하는 대목이 많지만, 민간전승의 이야기나 《삼국사기》에서 다루지 않은 옛날 기록들을 고기古記라는 출처를 대고 여러 대목에 소개하고 있다. 《삼국유사》는 앞서 밝힌바와 같이 진훤이 "상주 가은현에서 태어났으며… 이李씨였으나 뒤에 진甄으로 바꿨다[甄萱尙州加恩縣人也…本姓李後以甄為氏]"고 했다. 이와 더불어 《이제가기李磾家記》에 진흥왕의 후손설과 함께 광주 북촌에서 태어난 사생아설을 고기古記에 기대 소개하고 있다(《삼국유사》 권2 기이 후백제 견훤 조; 김정호, 2009, 44쪽).

《이제가기》의 내용은 진훤의 증조부가 선품善品으로 진덕여왕647~654년 재위 때 김춘추의 아버지 용춘龍春과의 권력투쟁에서 패해 가은으로 몸을 숨기고 성을 이씨라 했다는 것이다(김지영 편, 《김씨사》, 도서교육출판, 1972).

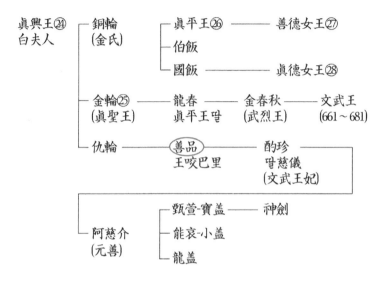

이는 뒷날 백제의 옛 땅에서 왕이 나왔다는 것을 부정하기 위해 만든 위서가 틀림없다. 이 기록이 사실이라면 용춘의 증손 자가 신문왕681~691년 재위이므로 선품의 증손자인 진훤도 같은 시대 사람이여야 한다. 그러나 실제로는 이보다 2백년 뒤에 활 동한 인물이라 경주김씨 계열일 수가 없다.

이 기록을 보면 신라 24대 진흥왕540~576년 재위의 셋째 아들 구륜仇輪의 아들이 선품善品이고, 선품의 아들 작진酌珍이 원선元善 을 낳았다. 원선이 바로 아자개阿慈介이고, 첫 부인인 남원南院 부 인이 진훤 등 5남 1녀를 낳았다.

경주김씨 족보를 보면 뒷날 무열왕이 된 김춘추金春秋는 진흥왕의 증손자로, 사촌 선품이 김춘추의 아버지 김용춘金龍春과 왕권 싸움을 벌이다가 김춘추·김유신 등에 밀려 가은 고을로 몸을 숨기고 이씨李氏를 자처하며 살았다. 그래서 그의 증손자 진훤의 성도 이씨이며, 결국은 진훤도 신라김씨의 후예라는 것이다. 그런데 가은에 몸을 숨겼다는 선품의 딸이 김춘추의 아들 문무왕의 부인이 되었다고 정리하고 있으므로 합리성이 없는 기록이다.

이 가계표에 따른다면 진훤의 아버지 아자개는 문무왕文武王, 661~681년 재위 때 사람이므로, 아자개의 아들 진훤이 2백 년이나 뒤에 태어나 후백제를 세웠다는 황당한 얘기가 된다.

문제는 현존 완산견씨完山甄氏들의 보첩 정리에도 있다. 스스로 그들 집안이 후백제 진훤의 후손이라면서도 《삼국유사》 이제가李磾家의 기록을 본떠 진흥왕계라고 쓰고 있다. 논산의 진훤 왕릉 앞에 능비를 세우면서도 능이 아닌 묘墓라 하다가 능이라 바꿨고, 스스로 '견씨'라고 부르고 있다.

다만 흥미를 끄는 대목은 '아자개의 성이 부여扶餘씨라고도 한다. 혹 이르기를 의자왕 태자 부여융의 직계 8대손이 후에 상주원수가 되었다고도 한다'는 내용이다. 그렇다면 진훤왕은 의자왕의 10세손이 된다. 그러나 부여융은 당나라에 붙잡혀 갔다가 죽었고 묘비가 중국 낙양박물관·하남박물관에 보관되어 있다. 어떻게 그의 후손이 국내에 남아 있었단 말인가.

실제로 진훤이 신라김씨의 후손이라면 차령 이남 사람들은 이들의 싸움에 휘말려 배역의 죄를 뒤집어 쓴 억울한 사람들이다. 진훤은 결국 김훤이며 김씨였다고 가정해야 경주에 쳐들어가서 같은 김씨인 김부를 왕위에 올려 놓은 수수께끼를 풀 수 있다.

이 같은 가계 설정이나 진훤을 전라도 깨땅 왕이라 비웃듯 견훤이라 부르는 것에는, 나쁘게 해석하자면 신라 왕족이라 하더라도 전라도는 왕을 낼 수 없는 지역이라는 비하심리도 있지 않나 싶다.

또 하나의 수수께끼는, 진훤이 상주에서 일어난 양길 등 북원의 신라 반역 세력을 회유하기 위해 스스로 가은 출신이었다고 칭했을 수도 있다는 상상이다. 결국 양길은 궁예에게 죽임을 당했고, 궁예 또한 신라김씨를 자청했으므로 양길의 잔당을 회유하려 했다는 추리이다. 어쨌거나 진훤군은 906년 왕건과 사벌진에서 싸웠고, 927년 그가 태어났다는 가은 곁 문경의 산양에서 왕건군에 크게 패했다. 929년에는 진훤이 가은에 쳐들어갔으나 또 패했다. 이 길로 안동을 치기 위해 병산성에 진을 쳤다가 혹한으로 8천 군사를 잃으면서 패망의 길로 접어들었다. 935년 진훤은 왕자들의 왕권 싸움으로 금산사에 유폐된 뒤 한 달 만에 도망쳐 왕건에 투항한 것처럼 《고려사》는 정리하고 있다.

그러나 고려 말엽에 정승을 지냈으며 실록을 편찬한 이제현은 진훤을 왕건군의 기습으로 붙잡힌 포로로 기술하고 있다. 조선왕조를 연 태조 이성계가 왕자들의 싸움이 역겨워 함흥에 은거했듯 후백제 진훤왕도 금산사에 들어가 있었다면, 그때 왕건의 장수 유금필이 나주에 쳐들어와 있었으므로 전북 김제에 있던 금산사는 실제로 유금필의 유격군 잠입이 가능했던 곳이다.

진훤의 아들 신검은 연무읍 마산리 싸움에서 지고, 진훤은 9월 8일 나이 일흔으로 황산의 절(개태사)에서 죽었다고 《삼국유사》는 적고 있다. 《삼국사기》는 능환 등 간신들의 잘못으로 실수한 것이라 하여 신검을 죽이지 않고 돌아가 살게 했다고 승자의 아량을 칭찬해 주고 있다.

　실제로 전주에 진훤왕의 후손이 살았다면 뒷날 조선왕조를 일으킨 이성계 가문을 주목하지 않을 수 없음은 뒤 전주이씨 편에서 설명할 것이다.

진훤이 경주계 김씨였을 가능성

　친광주계였던 신무왕 김우징의 아버지 균정을 숙청한 희강왕 김제륭 집안의 손자가 경문왕이다. 그가 왕위에 오른 뒤 6년 (866년), 8년(868년), 14년(874년) 세 차례나 반역사건이 일어났다. 이를 보면 비록 다 같이 김명(민애왕)의 피해자였을망정, 김우징(신무왕) 가계에서 정적이었던 김제륭(희강왕) 가계로 왕위가 넘겨진 데는 역시 피치 못할 정권쟁탈전이 있었던 듯하다.

　경문왕 때 왕위가 잘못 계승되었던 탓이 컸던지, 그의 아들딸이 왕위에 오른 뒤에도 정국은 혼란을 거듭했다.

　헌강왕 2년(883년)에는 김요의 모반사건이 있었다.

　진성왕 3년(889년)에는 지방 주·군에서 세금을 바치지 않았으며, 원종과 애노가 상주에서 반란을 일으켰다.

　진성왕 5년(891년)에는 원주의 양길이 반란을 일으켜 궁예로 하여금 강릉, 원주 등 10여 군을 공격케 했다.

　이듬해인 진성왕 6년(892년)에는 진훤이 광주에서 군대를 일으켰다. 《삼국사기》 신라본기를 보면 이때 이미 진훤이 완산(전주)에 이르러 후백제라 자칭했다고 적고 있다.

　《삼국사기》 열전 진훤편에서는 그가 892년 무진주(광주)를 취해 스스로 왕이 되었으나 감히 공공연하게 왕이라 일컫지는 않았다고 했다. 진성여왕이 광주에서 기병한 진훤에게 '신라서 면도통지휘병마제치지절도독新羅西面都統指揮兵馬制置持節都督 전무공등 주군사全武公等州軍事 행전주자사行全州刺史 겸 어사중승御史中丞 상주 국上柱國 한남군개국공漢南軍開國公'이라는 기다란 이름의 벼슬과 함께 식읍 2천 호를 주었다고 기록하고 있다.

만일 진훤이 후삼국을 통일한 승자가 되었다면, 이 기록은 각처에서 도적이 일어나 신라가 위기에 처하자 군사를 이끌고 공을 세우니, 이에 감동한 진성여왕이 벼슬을 주었다고 바뀌었 을 것이다.

효공왕 4년(900년)에 진훤이 완산주에 이르러 인심을 얻은 것을 기뻐하고 드디어 스스로 후백제 왕이라 일컬으며 관서를 정했는데, 이미 이때는 신라 부흥이 어려워져 불가피했기 때문 이라고 했다.

이처럼《삼국사기》열전에 나와 있는 진훤에 대한 기록은 신 라본기의 기록과 다르다. 신라 왕실이 그에게 벼슬을 내리고 식 읍을 주었다는 것은 그가 신라 왕실에 공을 세웠음을 나타내는 기록이지만 892년은 진훤이 광주에서 5천 군사를 모았던 해다.

3년 뒤인 895년 궁예는 철원을 근거로 후고구려를 세웠고 900년에는 왕으로 자칭했다. 열전의 기록대로라면 진훤은 같은 해에 완산주로 근거를 옮겨 후백제 왕을 자칭한 것이다.

안정복은《동사강목》에서 후백제 진훤이 신라에 배역했다면 고려 태조 왕건은 궁예를 베고 왕이 되었으니 같은 배역자들이 라고 썼다.

글이란 무심히 쓰는 것이 아니다. 글에는 쓴 사람의 의도가 숨겨져 있다. 특히 역사기록은 이긴 쪽을 중심으로 쓰이기 마련이다. 《삼국사기》는 묘청란을 겪은 김부식이 고려의 정통성을 주장하면서 모역사건이 일어나지 않기를 바라는 마음을 담았다. 더욱이 그는 중국을 모태로 한반도 고대사를 엮은 중국 기록들을 중심으로, 신라가 중국의 별종인 것처럼 기술한 사대사학의 시조였다. 그는 박혁거세마저 중국인으로 쓰고 있다.

《고려사》는 조선왕조의 역성혁명이 정당하였음을 전하면서 당시 민간에 유행한 풍수지리설에 맞는 왕조였음을 강조하는 듯하게 개찬되었다. 오늘날 우리들이 보고 있는 《고려사》는 조선왕조에서 다섯 차례나 고쳐 쓴 기록이다. 특히 조선왕조 개국 이후 〈훈요십조〉가 여러 차례 논의된 것을 보면, 이는 조선왕조의 역성혁명을 배역지세의 숙명에 따른 당연한 귀결로 내세울 의도가 있지는 않았을까.

향토사학자의 입장에서 살펴보면, 후백제에 관한 기록도 편견과 오류가 많았음을 살필 수 있다. 나중에 비록 '패족의 왕'이 되었을지라도, 진훤은 처음에는 신라 왕실이 부패하자 각지에서 일어나는 도적떼를 진정시키기 위해 기병했다고 볼 수도 있다. 공이 있어 진성여왕으로부터 벼슬과 식읍을 받았으나 점차 신라 국세가 기울자 하는 수 없이 지역정서에 맞게 후백제를 세웠다고 좋게 해석할 수는 없을까?

그는 어째서 927년 경주를 쳐들어가 왕계를 박씨에서 김씨로 돌려놓고 철수했을까. 짙은 의문이 생기기도 한다.

상주의 아자개

《고려사》는 왕건이 궁예를 죽이고 왕이 되어 고려를 세우던

918년 9월, 상주의 적수 아자개阿字蓋가 왕건에 귀부했다고 기록하고 있다. 이 상주의 아자개를 진훤의 아버지 아자개阿慈介와 같은 사람으로 여기는 이들이 많다. 2000년 텔레비전에서 방영된 역사극 〈태조 왕건〉에서도 같은 시각으로 처리했다. 《고려사》에는 같은 인물이라는 기록이 없다.

일찍이 김상기 박사는 문경의 진훤 아버지 아자개阿慈介와 상주 사불성의 아자개阿字蓋는 엄연히 글자부터가 다르고, 설사 한 자를 잘못 기록했다 하더라도 동명이인이라고 주장한 바 있다. 다만 김 교수는 진훤을 전남 순천 지방 출신으로 보는 터이므로 문제점이 없지 않다.

필자는 현장을 답사하여 그 합리성을 점검해 보았다. 역사에 나오는 아자개의 사불성沙弗城은 상주군 사불면 삼덕리 금흔산성으로 비정된다. 이곳은 진훤 탄생 전설지로부터 80리 밖에 있는 곳으로, 오늘날도 생활권 자체가 다르다. 역사적으로도 가은 땅은 고령가야에 속했던 곳이고, 상주 사벌성 일대는 진한 12국 가운데 하나인 사불국沙弗國 땅이었다. 사불국은 통일신라 때 상주도독부가 되었으나, 혜공왕 때 사벌주로 이름이 바뀐 뒤에 후삼국 각축 때도 여전히 사벌로 불렸다. 그 중심은 지금의 상주읍에서 15리가량 떨어진 동쪽에 있는 병풍산(365미터) 기슭이었다. 《신증동국여지승람》 권28 상주목尙州牧 고적古跡 조에도 사벌국 옛 성沙伐國古城을 "병풍산 아래에 있다 …신라 말 아자개가 이곳에서 웅거하였다在屛風山下…新羅末甄萱之父阿慈介據此城"고 했다.

따라서 실제로 진훤의 아버지가 자기 고향에서 농사꾼으로 출발해 장군이 되었다는 기록을 믿는다면, 상주(사벌주)를 중심으로 활동한 아자개는 가은 고을의 아자개와는 다른 인물이라고 단정해도 좋다. 뿐만 아니라 사벌주는 왕건이 궁예의 부하 장수로 있을 때 이미 차지한 땅이다. 새삼스럽게 이곳 장수가 왕건이 등극한 뒤 찾아왔다면 그 장수는 후백제군에서 도망친 도적떼 가운데 하나였음이 분명하다.

후삼국 역사 기술자들은 마치 진훤의 아버지 아자개가 자식을 버리고 왕건에 빌붙었고, 마찬가지로 진훤도 자식을 버리고 왕건에 빌붙어 자식을 토평하는 데 앞장서 인륜을 저버려 망한 집안인 것처럼 쓰고 있다. 승자 편에 선 기록의 전형이다. 진훤마저 아들을 토평하기 위해 황산들 싸움을 보러 왔다가 후백제가 망하는 것을 보고 천호산 개태사에서 등창으로 죽었다고 적었다. 그러나 진훤의 무덤은 오늘날 개태사와는 거리가 먼 논산들 가운데 있다. 아무리 승리하지 못한 폐족왕조라 하더라도,

전견훤묘傳甄萱墓
충청남도 기념물 제26호
충청남도 논산시 연무읍 금곡리 산18-3번지

부자가 모두 자식을 버리고 왕건에 빌붙었던 비윤리적 집안이란 설정은 긍정하기 힘들다. 합리성이 없어도 기록은 믿으라면 교육은 무엇을 가르치는 것인가.

더욱이 《고려사》 어느 대목에도 사벌주의 장수 아자개가 진훤의 아버지라는 기록이 없는데, 후세 사람들이 없던 사실을 보태 말하는 세태가 놀랍다.

전주이씨와 '견성甄城'의 수수께끼

후백제 기병지起兵地인 광주는 신라 때 무진주도독부로 오늘날 전남 지방의 중심이었으나 고려 건국 뒤 해양현으로 강등되어 나주목 속현이 되었다. 광주와 달리 왕건에 협력한 고려 2대 왕 혜종 왕무王武의 외가 고을 나주는 목사골로 승격되었다. 완산주는 비록 후백제의 왕도였으나 안남도호부라 하고 뒤에 전주라 하여 나주와 함께 전라도의 중심 고을로 삼았다. 왕건은 후백제 때 신검을 살려 주고 벼슬도 내렸다고 하였다(《삼국사기》 진훤 조). 항복한 신검을 포섭·회유 대상으로 보고 전주 고을을 주州를 삼아 지금의 전라북도를 다스리게 했을 가능성이 없지 않다. 왕건이 건국 초에 쓴 상투적인 국가경영수법이었다.

이 전제가 사실이라면, 후백제의 왕도였던 전주의 토호 집안인 전주이씨가 조선왕조를 세운 것을 눈여겨볼 필요가 있다.

조선왕조를 세운 이성계 태조대왕의 아버지는 이자춘李子椿, ?~1342이다. 그의 비문에는 시조가 신라 때 아간을 지낸 이광희李光禧라고 되어 있다. 그의 6대손이 이린李隣이다. 이린의 아버지는 상장군 이용부李勇夫로 준의俊儀, 의방義方, 린隣 세 아들을 낳았다.

둘째 이의방은 의종 24년(1170년) 정중부·이고 등과 더불어 무신란을 일으켜 명종을 왕위에 올려 벽상공신이 되었다. 그러나 그는 1174년 쿠데타 동지였던 정중부의 아들이 보낸 자객에게 피살되었다. 이때 그의 형 준의와 동생도 숙청되었다.

이린의 아들 양무陽茂, ?~1231는 이 같은 숙청을 피해 강원도 삼척으로 피신해 그곳에서 죽었다. 손자 안사安社, ?~1274는 강릉으로 옮기기도 했다. 덕원(함남), 경원(함북), 영흥(함남) 등지를 전전하다가 이성계의 할아버지 이자춘이 남경으로 건너가 몽고의 벼슬을 얻어 원나라 쌍성총관부가 있던 영흥에 자리를 잡았다. 함경도에 있던 원나라 쌍성총관부는 고종 때 세워졌는데 공민왕 6년(1356년)에 고려 땅이 되었다. 이때부터 이성계 장군은 고려 장신將臣이 된다.

전주이씨 왕계를 정리한 《선원계보璿源系譜》를 보면 이자춘의 비에 나오는 광희는 4세世이고 시조는 이한李翰이다. 이한은 신라 문성왕文聖王, 839~857년 재위 때 사공司空 벼슬을 했고 부인을 신라 태종무열왕太宗武烈王(金春秋), 604~661의 10세손 군윤軍尹 김은의金殷義의 딸이라 하였다. 경주김씨 족보에는 김은의를 김헌창金憲昌, ?~822의 5세 족손으로 정리하고 있으므로 고려 초기 인물이 된다. 이처럼 두 집안의 족보가 각각 다른데 전주이씨 족보는 시조의 호를 견성甄城이라 적고 있다. 견성은 후백제 진훤이 완산주에 도읍을 정한 뒤 전주의 별호로 쓰인 지명이므로 이한이라는 인물의 호가 '견성'이라면 후백제 이후의 인물일 가능성이 높다. 항복한 것을 기특하게 여기고 왕건이 전주에 돌아가 살게 한 진훤왕의 왕자 신검의 후손과 인과가 있지는 않을까. 더구나 후백제 진훤의 성은 본디 진흥왕의 후손이라

김씨였으나 가은에 살면서 이씨라 했다는《삼국사기》나《삼국유사》의 설과도 연결된다(김정호,《(전라도의 맥) 후백제의 흥망》, 향토문화진흥원, 2009). 후백제 태조 진훤이 이씨였던 것과 그 후손이 살았던 전주의 상관관계가 더욱 관심을 끈다.《태조실록》태조 3년 2월 26일자 기록에 고려 왕들이 훈요의 경계를 지키지 못해 차령 이남의 전주이씨가 왕위에 올랐다고 했다는 얘기는 이미 밝힌 바와 같다.

3.5.

고려 이후 호남의 저항

　통일신라시대 광주로 파견된 도독은 백제 영역의 세 도독 가운데 가장 큰 15군 43개 현을 다스렸다. 고려 개국 뒤 건국에 협력했던 나주는 5군 11현을 거느린 목사골이 되고, 고려와 싸웠던 광주는 해양현으로 강등되어 나주목의 속현 노릇을 하는 설움을 겪었다. 1896년에야 전라남도 관찰부 소재지가 되어 1천여 년에 걸친 한을 풀 수 있었다. 이 역사가 전라도 천년사다.

　고려 무신집권기에 전주이씨 집안이 숙청 대상이 되고 최충헌의 아들들이 전남 송광사와 인연을 맺으면서 광주 사람들은 일부 진출의 기회를 잡았을 뿐 주류가 되지는 못했다. 이 기간에 남평문씨 문공인(문공미)·문극겸 등이 관료로 진출하고 장흥임任씨 집안에서 인종의 왕비를 배출하면서 재상지종宰相之宗의 반열에 오른다. 그러나 몽고의 일본 원정 때 공을 세운 광산김씨와 고흥유씨는 가장 늦게 그 세력권에 들어가 겨우 중앙에 진출한다. 영남대학교 이수건 교수가 작성한 고려 후기 성장성관일람표(이수건, 1984, 343쪽)에 따르면 원나라 지배 기간에 경상도 출신 73개 성씨가 중앙에 진출했으나 전라도는 29개 성씨만 진출하는 엄청난 격차를 보였다.

특히 이성계가 서북 사람들을 중심으로 역성혁명(조선왕조 개창)을 일으켰을 때 전라도 참여자가 적어 55명의 개국공신 가운데 전라도 사람은 네 명에 지나지 않았다. 이때 경상도는 일등공신만 세 명이었고 정도전은 경상도 봉화 사람이었다. 물론 고려 말엽의 절신節臣 정몽주도 경상도 영주 사람이었다. 조선 초기 '신 사림'의 종주라 할 김종직은 선산 본관의 경상도 밀양 출신이다. 이처럼 전라도 사람들은 이성계가 전주 본관의 가계였음에도 개국 초에 계속 진출의 기회를 잡지 못하다가, 신진사류들이 진출한 선조 때 광주 출신 박순朴淳, 1523~1589이 선조 때 영의정을 14년이나 지냈다. 불행하게도 정여립 사건 이후 다시 전라도민의 중앙 진출은 거의 2백 년 이상 끊겼다.

조선왕조 말엽 전봉준의 동학군이 국정개혁에 성공을 거둘 것처럼 기세가 등등했으나 결국 청나라와 일본의 군사를 불러들이는 빌미가 되었다. 1895년 동학농민혁명을 빌미로 이 땅에 발붙인 왜놈들은 민비를 죽였다. 곧이어 일본의 괴뢰정권이나 다름없이 변한 친일정권에 따라 단발령 등이 시작되었다. 이번에는 광주·장성·담양·나주 등지의 양반과 중인들을 중심으로 민란이 일어났다. 아관파천 중이던 고종의 간절한 해산명령에 응하느라 많은 사람이 희생되며 저항 기운은 접어들었다.

1904년 한일협약에 이어 이듬해 을사늑약이 체결되고 일본통감정치가 시작되자 호남에 다시 의병운동이 일었다. 이 기미를 엿보고 경기도 포천 출신 최익현이 전라도 태인에 와 의병을 일으켰으나 많은 희생자를 내고 자신도 붙잡혀 유배 길에 올랐다.

1907년 해산당한 대한제국 군인들이 의병에 가담하면서 장성 기삼연奇參衍의 호남창의회맹소湖南倡義會盟所가 조직되었다. 얼마 지나지 않아 기삼연이 일본군에 붙잡혀 광주 큰장터에서 총살당하면서 각처에서 의병이 불같이 일어났다.

　　국사편찬위원회가 펴낸 《한국독립운동사자료》를 보면 1908년 전국의 의병 교전 횟수는 1,976회다. 그 가운데 전라도 의병 교전 횟수가 493회로 25퍼센트를 차지했다. 1909년 전국 교전 횟수 1,738회 가운데 전라도 의병 교전 횟수는 820회로 47.2퍼센트였다(홍순권, 《한말 호남지역 의병운동사 연구》, 서울대학교출판부, 1994, 121쪽).

어등산 한말호남의병 전적지 표석
광주광역시 광산구 어등대로 417
ⓒ광산구 -Together광산(광산구 문화관광 스토리텔링 서비스)

1909년 전국 의병 수는 3만 8,593명이었는데 호남 의병 수는 해가 갈수록 늘어 전국 의병의 60퍼센트인 2만 3,155명이었다. 일본제국주의자들은 치안권, 국방권, 외교권, 재정권 등을 강탈한 뒤 광무제(고종)를 강제로 퇴위시켰고, 순종을 왕위에 올려 세워 식민화의 기틀을 굳혔다. 그러나 날로 격화되는 호남 의병을 뿌리 뽑지 않고는 합방 선언을 할 수가 없었다. 1909년 10월 일본은 호남 의병을 소탕하고자 남해에 군함 11함대를 배치하고 지리산 기슭에서 남해바다로 의병을 몰아넣는 '남한 폭도 대토벌작전'을 폈다.

이 토벌작전으로 의병 420명이 사살되고 1천 7백여 명이 붙잡혔다. 그 가운데 수괴급으로 분류된 26명은 재판 형식을 통해 사형에 처했다. 6백여 명은 해남~하동 사이 국도 2호선 도로공사에 강제 동원했다.

호남의소湖南義所를 이끌었던 의병장 심남일沈南一, 1871~1910이 1909년 10월 9일 장흥·화순 경계의 풍치산 중굴암에서 체포되면서 호남 의병 소탕전은 사실상 끝났다. 이처럼 호남 의병의 근거가 거의 정리되자 일제는 이듬해 한일병탈을 성사시켰다.

전라도 사람들은 역사의 격동기가 되면 끊임없이 사건의 주역을 맡았다. 그 가운데 하나가 광주시내 학생들로 구성된 성진회(총무 왕재일)이다. 이들은 1929년 10월 30일에 일어난 나주역 한·일 학생충돌사건을 계기로 시작된 가두시위와 동맹휴교의 중심이었다. '노예교육 철폐'와 '조선 독립 만세' 등을 외친 이들의 열기는 전국으로 번졌고, 이듬해까지 전국 194개 학교가 참가했다. 오늘날에도 11월 3일을 학생독립운동의 날로 기념하고 있다.

3.6.

전라도 폄하의 역사

부정적인 묘사 문적들

《신증동국여지승람》은 중종 25년(1530년)에 간행되었지만, 그 골격은 전라도 폄하 논의가 있었던 성종 16년(1485년)에 한차례 수교한 《동국여지승람》이다. 여기에 중국 책을 본받아 시인의 제영 등을 덧붙였을 뿐이다. 이때 간혹 도별·고을별 풍속 항목에 촌평마냥 짧게 시문을 통해 고장 인심을 언급한 곳이 있다.

경상도 ┃ 부지런한 것과 검소한 것을 숭상하고 솔직하다. 간혹 사치스럽고 화려한 풍속도 있으나 순박함이 더 많고 대체로 굳세고 강하다.

전라도 ┃ 어진 사람이 많고 순박·검소·소박하다(전주부는 사람이 약고 재빠르다. 백성이 어리석거나 경박하지 않다. 남국의 인재가 몰려 있는 곳이다).

남원 출신 양성지梁誠之, 1415~1482가 《여지승람》의 간행에 참여했으나, 남원도호부 풍속 항목을 보면 이규보는 기문에서 "땅은 넓고 사람들은 모질다"고 평했다. 성호 이익은 영남의 인심이 순후하고 학문을 숭상하며, 예의를 존중하고, 근검한 풍속을 지녀 사대부들이 집터를 마련할 만하다고 찬탄했다. 그의 제자 이중환이 《택리지》에 전라도 인심을 경상도에 견주어 쓴 것이 편견 확산에 큰 영향을 끼쳤음은 앞에서 말한 바 있다.

같은 이익의 제자였던 안정복도 《임관정요》라는 책을 쓰면서 〈시조〉 풍속편에서 호남의 풍속은 겉모양만 그럴듯하고 경박하며 면전에서는 진실한 척하되 속마음은 다르니 마땅히 엄격과 성심으로 교화해야 한다고 하였다. 반대로 경상도 사람은 질박하고 야비해서 예의를 좋아하되 풍속은 쉽게 변하는 일이 있으니 순후한 예교로 감화시켜야 한다 했다.

같은 남인계 학자로 전라도 강진에서 18년 동안이나 유배 생활을 하면서 전라도 사람들의 은혜를 입은 다산 정약용마저 전라도를 경상도만 못한 고장으로 평했다.

> 장원이 아름답기로는 영남이 제일이다. 영남은 수백 년 동안 부자가 쇠하지 않았다. 가을마다 한 조상을 받들고 한곳을 터 잡아 흩어지지 않고 공공히 유지하여 왔다. 그 보기가 퇴계를 받드는 도산의 진성이씨, 서애를 받드는 하회의 풍산유씨 등 10여 성씨를 넘는다. …이에 견주어 전라도는 풍속이 임협하나 질박함이 적다. 오로지 고씨, 윤씨 등 몇 가문을 제하고 웅현한 가문이 없다.

이 같은 평은 주로 경기 광주 지방을 중심으로 살았던 남인계 실학자나 서학자들의 기술이다. 이들은 한결같이 이 같은 현상이 어떤 연유였는지를 언급하지 않았다.

전라도 인심에 대한 역사기록들은 이미 전남대학교 송정현宋正炫 교수에 의해 《호남문화연구》에 소개된 내용들이다. 이에 대한 논의는 《한국인의 지역감정》(성원사, 1989) 제2부에서 다시 검토된 바 있다. 이 책에서는 근세 말기 한국에 다녀간 프랑스 선교사 달레Claude-Charles Dallet, 1829~1878가 쓴 《조선교회사Histoire de l'Église de Corée》의 도별 인심에 대한 글을 소개하고 있다.

전라도 ｜ 양반이 적다. 다른 고장 사람들에게 버릇없고 위선적이고 교활하며 자기들 이익만을 구한다. 덕만 볼 수 있다면 언제나 배신행위도 서슴지 않고 할 사람들 취급을 받는다.

경상도 ｜ 전라도와 딴판이다. 주민들은 훨씬 순수하고 풍속이 부패가 덜하다. 구습은 더 충실히 지켜진다. 사치도 적고 낭비도 적다. 그러므로 조그만 유산도 오랜 세월 같은 집안에서 부자 사이에 상속된다. 학문 연구는 다른 도보다 왕성하여 신분 높은 여자들도 다른 곳에서처럼 엄중하게 갇혀 있지는 않는다. 불교 신자가 가장 많은 곳도 경상도이다. 그들은 미신에 매우 집착해 개종하기 어렵다. 한번 기독교도가 되는 날에는 변함이 없다. 이 도의 매우 많은 양반들은 남인에 속한다. 마지막 혁명 이래로 높은 벼슬과 공직에 참여하지 못하고 있다.

위와 같은 평은 직접 체험한 것이 아니라 전에 들어와 있던 선교사들로부터 입수한 정보와 기록을 옮긴 것으로 보인다. 역

시 기존에 고착된 전라도와 경상도에 대한 편견이 그대로 반영
되어 있다.

이 같은 선입견이 비록 편견이고 사실과 다르다 할지라도
이미 일반화된 인식을 고친다는 것은 힘든 일일 수밖에 없다.
일제시기를 거쳐 광복 후는 말할 것 없고 오늘날에도 이런 편
견이 정치적 갈등으로까지 확대되고 있다.

1959년 6월 조영암은 《야화野話》라는 월간지에 〈소위 하와이
근성시비-전라도 개땅쇠(하와이 교포론)〉란 글을 실었다. "전라
도 놈이라면 따로 떼어논 섬처럼, 그래서 이른바 〈하와이〉라는
별칭 내지 존칭이 붙는 성싶다. 우선 일류권에서 제외해야겠고
또 동포권에서 제외해야겠고 이웃에서도 제거해야겠고 친구에
서 제명해야겠기에 아마 이런 대명사가 붙은 성싶다." 운운하며
욕설과 비하로 일관했다. 6월 10일 전북도의회가 대책위원회를
구성하고 조영암을 명예훼손으로 고발했다. 같은 날 국회문공
위원회도 공보실장을 불러 질의하는 등 소동이 일어, 12일 그
잡지는 자진 폐간하고 조영암도 전북경찰국에 구속되었다.

이로부터 20년 만인 1979년, 《문학사상》 1월호에 실린 오영
수의 〈특질고特質考〉라는 글 때문에 또 한 번 전라도 사람들이
들고 일어났다.

우선 전라도로 말하면 참 재미나고 섬세하고 다양하다. …풍
류를 알고 멋을 알고 음식 솜씨 좋고 옷을 입을 줄 알고……. 뭐
예를 들자면 한이 없다. 그런 반면에 결점과 하자도 많다.
첫째 표리부동表裏不同 신의信義가 없다. 입속것을 옮겨 줄 듯

사귀다가도 헤어질 때는 배신을 한다. 그런 만큼 간사하고 자기 위주요, 아리我利다ㅡ

…그보다도 정말 재미있는 것이 욕이 어느 도보다도 월등 풍부하고 다양하고 지능적이다.

…다음은 경상돈데 이게 또 재미있다. 재미로 말하면 전라도 못지않다. 전라도와 인접하고 내왕이 빈번해서 욕지거리도 거의 같다. …첫째, 미련하고 붙임성 없고 눈치 모르고 무작하다. 그런 점에서는 쉐프트보다도 훨씬 뒤진다. … 싸움질도 참 걸작이다. 누가 크게 욕지거리를 많이 하느냐에 승부가 난다.

조선시대 전라도의 반역 | 고려왕조가 서북 및 중부 사람들이 주역이 되어 성립되었듯 조선왕조는 경상도나 전라도 사람들이 배제되고 서북 및 개경 주변 무신들이 중심이 되어 세운 나라이다. 이 때문에 개국공신 55명 가운데 전라도나 경상도 출신은 열 명에도 못 미친다. 두 번의 왕자의 난을 거치고 세조가 집권할 때 비로소 삼남 사람들의 참여가 늘기 시작했다. 과거라는 인재 발굴 정책에 따라 전라도나 경상도 인재들이 신진사류로 중앙무대에 진출했다.

이 과정에서 신진사류끼리 혈연과 학맥을 따라 파당을 이루면서 사화가 거듭되었다. 본디 교통이 나쁜 당시에는 혈연과 지역성을 가질 수밖에 없었다. 학맥이 혈연으로 엮이면서 지역의 한계에 묶여 필연적으로 지연성을 동반하게 되었다.

고려 말 충신 정몽주鄭夢周, 1337~1392의 성리학을 바탕으로 그와 동문인 정도전鄭道傳, 1342~1398이 유교(주자학)로 조선왕조

치국의 대요를 짰으나, 신진사류들이 정계에 진출하면서 절의파節義派를 계승한 영남 일대 사림파 김종직·김굉필·정여창 등을 중심으로 여론정치가 유행하기 시작했다. 이는 건국 때 이용된 현실 유교가 안정기에 접어들면서 일어난 자연스러운 현상이면서 훈구대신들과 사림 사이의 자리다툼 요인도 되었다.

대표적인 사례가 서인의 영수 심의겸과 동인 김효원 사이의 당쟁의 시작이다. 심의겸은 청송심씨로 일찍이 그의 집안 딸이 세종의 왕비였다. 심의겸 자신도 명종비 인순왕후의 동생이었으므로 재상지족의 가계 출신이었다. 이와 달리 김효원은 선산 김씨 김종직의 집안으로 영남을 대표하던 사림 집안 출신이다. 명종의 처남이었던 심의겸과 다툴 때 경종의 외삼촌인 윤원형尹元衡, 1503~1565의 후원을 받았지만 훈신 가문 출신은 아니다.

심의겸의 친족은 나주·장성 등지에 많이 살았다. 전라도 감사와 전주 부윤을 지내는 동안 전라도에 많은 인맥을 쌓았다. 함평에는 농장을 두었는데, 뒷날 정여립 역모에 관련되어 죽은 정개청鄭介淸, 1529~1590을 농장 관리인(마름)으로 두었다. 심의겸은 자신의 외삼촌 이량李樑, 1519~1563을 앞세워 윤원형을 견제하면서 광주의 고맹영高孟英, 1502~?(고경명의 아버지), 장성의 김백균金百鈞(고경명의 장인이자 김인후의 십촌)을 이량에 협력하도록 했다. 1563년 이량을 숙청할 때 고맹영과 김백균도 유배형을 당했다. 뒷날 광주 충효동을 중심으로 정철·고맹영·김백균 집안은 심의겸의 당인 서인계가 되었다. 반대로 1584년 심의겸을 공격한 광산이씨 이발李潑, 1544~1589 집안은 김효원 낭인 동인계가 되었다.

호남 지방 불행의 씨앗은 이발이 동인을 대표하는 사림파가 되고, 궁중을 출입하던 한양 귀족 정철鄭澈, 1536~1593의 집안이 유배당해 광주에서 청소년기를 지낼 때 서로 감정을 상한 일 때문이라는 구전이 전해 온다. 이발은 윤원형의 후원으로 이조 정랑을 거쳐 사림을 대표하는 동인의 영수가 되었다. 이와 달리 율곡 이이李珥, 1536~1584와 동갑이자 호당 동기생인 정철은 서인 계에 들어 이발과 대립했다. 그는 1580년 강원도 관찰사를 거쳐 이듬해 처가가 있는 창평으로 낙향했다. 이때 그가 지내던 광주 충효동과 창평 지실을 중심으로 자주 모이던 김인후, 고경명, 양산보, 김성원 등이 뒷날 정철을 돕는 광주의 서인이 되었다.

3.7.

기축옥사의 여진

　정여립은 일찍이 율곡 이이의 제자였다. 1584년 율곡이 돌아가자 반대당인 동인계의 주선으로 수찬이 되었다. 그가 1587년 심의겸이 죽은 뒤 1589년 전주에 낙향해 있으면서 대동계를 조직하는 등 모반을 준비했다는 황해도 해주 사람들의 고변이 기축옥사의 빌미가 되었다. 동인계가 숙청된 이 사건은 조선왕조 중기 이후 전라도가 반역향으로 낙인찍힌 씻지 못할 약점이 되었다. 아직도 학계에서는 기축옥사가 보편적인 인식과 다르게 서인계가 기획한 사건이라고 주장하는 이들이 있다(이희권, 김용덕).

　관직을 둘러싼 경쟁도 동·서 분당의 또 다른 원인이었다. 정부 관료의 정원은 한정되어 있으나 훈구공신 집안자제들 수는 계속 늘어나 특채 제도인 음사로 벼슬에 오르는 것도 한계에 이르고 있었다. 식년마다 과거시험으로 2백 명씩 신규 관리를 채용하면서 등용문이 더욱 좁아진 탓도 있다. 그러자 선비들 가운데 관료 진출보다 성리학 이론에 몰두하는 이들이 생겨나면서 서울 중심의 기호학파와 영남 중심의 영남학파로 나뉘게 되었다. 이 학맥이 파당에 관여하면서 당쟁은 점차 지역성을 띠었다. 특히 이 무렵 전라도 사람의 진출이 가장 활발했을 뿐 아니라 지역 특질의 개혁사상을 말하는 성향이 많았다.

기호학파는 이기일원론理氣一元論을 주장한 율곡 이이를 조종으로 하여 한양을 비롯해 근교인 경기·황해·충청도 사람들과 일부 호남 사람들이 가세해 서인계를 이뤘다가, 뒤에 노론과 소론으로 갈렸다. 영남학파는 경북 예안 출신 퇴계 이황의 이기이원론理氣二元論을 중심으로 동인계 학자들이 모였다. 남명 조식은 최연경, 곽재우 등 경상좌도를 중심으로 따로 학맥을 이뤘다. 이 학맥의 허목·허적 등 동인계 온건파가 남인이 되었다. 뒤에 실학과 서학으로 새 학문의 기운을 일으킨 이익 학맥이 참여하면서 남인계는 계속 탄압을 받았다.

기축옥사 사건은 지역향토사의 관점에서 보면 '서울 양반'들이 '시골 촌놈'들의 서울 진출을 견제한 역사적 사건이자, 호남 사람들이 두 파로 갈려 서로 죽고 죽인 슬픈 역사다.

동·서 붕당으로 분류할 때, 심의겸의 서인계 중심 인사들은 대부분 왕실과 인척 관계이거나 경기도·황해도 토박이들이었다.

서인의 학문적 중심이 되었던 이이는 비록 강릉에서 태어났으나 그의 집안 이기李芑, 1476~1552, 이행李荇, 1478~1534이 우의정과 좌의정을 지낸 귀족 집안이었다. 기축옥사 사건 때 수사책임자인 위관委官을 맡은 정철은 그의 큰누이가 인종仁宗, 1515~1545의 후궁이었으며, 작은누이는 성종의 손자인 계림군桂林君, ?~1545의 부인으로 궁실을 드나들던 서울 귀족이었다. 그러나 문정왕후文定王后의 아들 명종明宗, 1545~1567년 재위이 즉위하면서 대윤 일파의 역모에 연루되었다고 몰려 을사사화로 집안이 풍비박산하였다. 큰형이 뒤에 장살당하고 둘째형이 순천으로 유배되자 정철은 아버지와 담양 창평 당지산에 있는 그의 할아버지 묘지 제각에 와 살았다. 송강 계천 상류에 살던 광산김씨 사촌 김윤제金允悌, 1501~1572가 그를 돌보며 자신의 외손녀와 결혼시키고 가르치다가 유배가 풀린 뒤 과거를 치르게 했다.

광산김씨는 정철의 진외가이기도 하다. 뒷날 광산김씨 김장생金長生, 1548~1631과 정철이 엮이는 데는 이 같은 혈맥도 관련되어 있으나, 김장생 집안은 본디 광주가 고향이었는데 4대조 때 충청도 연산에서 살면서 높은 벼슬을 얻고 공신이 된 김국광金國光, 1415~1480, 김겸광金謙光, 1419~1490 등이 서울에 진출하면서 서울 양반이 된 집안이다.

이에 견주면 동인의 핵심인사였던 김효원, 허엽許曄, 1517~1580, 이황, 이발 등은 한결같이 지방사족 출신으로, 바꿔 말하면 시골 출신들이었다. 더욱이 호남 선비들은 중종반정 이후 과거 합격자를 많이 내고 물밀듯이 활발하게 관계에 진출하여 서울·경기 양반들에게 큰 위협이 되고 있었다. 이 때문에 이미 조광조가 폐출되던 기묘사화己卯士禍(1519년) 때 피화被禍한 호남 선비가 전체의 12퍼센트에 달했으며(고영진, 《호남사림의 학맥과 사상》, 혜안, 2007), 1513년 사마시의 경우 합격자가 20퍼센트를 넘어섰다.

특히 정철이 광주에 내려와 살던 시절 그와 대립하다가 일가가 몰살당한 이발과의 관계는 그가 소년기에 겪은 텃세에 크게 영향을 받았다는 구전이 많다.

이발의 집안은 조선왕조 들어 광주정씨와 함께 광주를 움직이던 광주 최대의 토착 세력이었다. 이발에 이르기까지 조선시대에만 12명의 대과 급제자를 내며 10대 홍문 집안이라 불릴 정도였다. 정철이 광주에서 낭인 생활을 하던 시절 이발의 아버지는 이미 담양부사, 전라감사를 지내 몰락한 서울 왕실 인척쯤은 무시할 만한 처지였다.

당시 정철이 생활하던 광주 충효리 환벽당(명승 제107호)이나 식영정(명승 제57호)에는 광산김씨를 중심으로 한 여러 선비들이 모이던 곳이다. 이곳 경내의 소쇄원(명승 40호)의 주인 양산보梁山甫, 1503~1557는 김윤제 나주목사의 매부로, 처가를 따라 정착했다. 석영정은 광산김씨 김성원金成遠, 1525~1597이 그의 장인 임억령을 위해 지어 준 정자이고, 고경명高敬命, 1533~1592은 임억령과 사돈인 장성의 울산김씨 김백균의 사위이기도 해 이곳 출입이 많았다. 하서 김인후는 그의 딸을 양산보의 아들에게 시집보낸 사이이고, 송순 또한 양산보와 내외종간이라 자주 드나들었다. 이 인맥이 이발의 동인과 정철의 서인으로 갈려 오늘날까지도 집안 사이의 갈등이 가시지 않고 있다.

이 갈등과 분열은 고려 건국을 둘러싼 해양호족 편이었던 나주 세력과 광주·전주 중심의 후백제 내륙 세력으로 갈린 이후 두 번째 사건이라 할 수 있다.

토착 호남씨족인 광산이씨와 인척관계를 이루고 살아왔던 해남윤씨 윤구尹衢 집안(이발의 외가), 해남윤씨와 내외종 사이였던 금남 최부崔溥, 1454~1504 집안, 그의 외손인 나주나씨 나질羅叱, 1488~1556 집안, 담양의 유희춘柳希春1513~1577 집안, 나씨의 외손인 유몽정柳夢井, 1527~1593 집안과 나주나씨 외손인 고성정 씨 정개청 집안, 유희춘의 제자 화순 창녕조씨 조대중曹大中, 1549~1590 집안이 서리를 맞았다. 이 동인계 집안과 날을 세운 집안은 앞서 소쇄원과 식영정에서 정철과 노닐던 제주양씨 양산보의 후손들과 동복의 정암수 I巖壽, 1534~?, 나주의 홍천경洪千 敬, 1553~1632, 함양박씨·서산류씨와 일부 광산김씨, 장흥고씨, 장성 울산김씨들이었다.

이때의 토착 세력 양분의 사연을 담은 버드나무가 광주 남 구 원산동에 괘고정수掛鼓亭樹라는 이름으로 남아 있다.

괘고정수掛鼓亭樹
이선제가 버드나무를 심으며 이 나무가 죽으면 가분 또한 쇠말 것이라고 하였는데,
그의 5대손 이발 일족이 정여립 모반사건으로 기축옥사 때 죽임을 당하자 나무가 말라 죽었다.
뒷날 그의 후손신이 죽은 나무 곁에 양자를 심어 기르자 되살아났다고 한다.
6백여 년 된 버드나무가 150년쯤 자란 느티나무를 껴안고 있는 형태다.
광주광역시 기념물 제24호
ⓒ문화재청 국가문화유산포털

괘고정수의 사연

광주 남구 원산동 만산마을은 광산이씨 터전 동네이다. 광산이씨는 앞서 말했듯 홍문집안으로 불렸는데, 대대로 문과급제자가 나올 때마다 마을 어귀의 정자목인 버드나무에 북을 매달아 그 기쁨을 나누었다. 이발이 기축옥사에 연루되어 삼족이 멸문의 화를 입어 뿔뿔이 흩어진 뒤 이 버드나무는 말라죽은 고목이 되었다. 이발의 방계 8대손인 이주신1830~1890이 이 버들 옆에 느티나무를 심어 이 나무가 30여 년 자라자 죽었던 버드나무가 되살아났다고 한다. 오늘날 버드나무가 느티나무를 껴안은 형태로 자란 모습을 보고 사람들은 서로 다른 종류와 성질의 두 나무가 함께하는 모습이 호남 사람들에게 상생相生을 가르친다고 말하곤 한다.

지금도 광산이씨들은 문중에서 명문대학 입학생을 내면 이 정자목에 현수막을 내건다.

제 4 장

전라도의
시련

4.1.

수탈의 대상지 호남

김포대학 오기수 교수의 논문 〈조선시대 각 도별 인구 및 전답과 조세부담액 분석〉(《세무학연구》 제27권 3호, 한국세무학회, 2010)에 따르면, 영조 때(1769년) 전라도에서 조정에 상납한 세액이 전국의 41퍼센트에 달한다.

조선시대 전라·경상 두 도의 원전元田 결수는 전라도가 32만 3,711결(25퍼센트)로 경상도 29만 3,595결(22퍼센트)보다 많았다. 개국 초인 태종 4년(1404년)의 조사 때는 경상도가 22만 4,625결, 전라도가 17만 3,990결로 전라도가 적었으나, 웬일인지 10년 뒤에 전라도 27만 9,090결, 경상도 22만 6,025결로 비율이 역전된 뒤 왕조 말까지 지속되었다. 조선조 원전 결수는 면적이 아니라 수확량 중심이었으므로 평야지대인 전라도의 전답 면적이 산간지인 경상도보다 많을 수도 있었을 것이다. 조선왕조 초기에는 왜구 침노로 안정을 이루지 못했던 사정이 있었던 것 같다. 10년 사이에 전라도에 10만 결이 늘어난 것은 정치적인 연유도 있었을 터이다.

【 표 3 】 도별 원전 결수 평균 및 구성비 (단위: 결)

도 \ 연도	1634년	1719년	1786년	1807년	1864년	평균	구성비
강원도	333,884	44,051	40,889	41,151	40,926	40,180	3%
경기도	100,359	101,256	109,932	112,090	111,912	107,110	8%
경상도	301,819	336,778	336,730	337,128	337,472	329,985	23%
전라도	335,305	377,159	348,489	340,103	339,743	348,160	25%
충청도	258,461	255,208	255,519	256,528	255,585	256,260	18%
평안도	94,000	90,804	106,041	119,635	119,735	16,43	8%
함경도	61,243	61,243	109,556	117,746	117,746	93,507	7%
황해도	128,834	128,834	129,244	132,211	132,373	130,299	9%
합계	1,313,905	1,395,333	1,436,400	1,456,592	1,455,492	1,411,544	100%

오기수, 2010, 표4에서 재인용.

이 원전 가운데 세금이 부과되는 것은 면세전이나 재해를 입은 전답을 뺀 시기전時起田 중심이므로 전체 토지의 52.8퍼센트에서 57.9퍼센트에 지나지 않았다.

조선시대 세금은 1결당 4말이었으나, 전라도의 경우 세금으로 내는 곡식을 한양까지 운반하는 비용까지 납세자가 부담하여 이로 말미암은 추가부담이 43퍼센트에서 63퍼센트(2말 4되)에 달했다.

이 같은 추가부담 말고도 삼수미三手米 등 20여 종의 각종 잡세를 냈기 때문에 사실상 수확량의 10퍼센트가량을 세금으로 내야 했다. 경상도의 경우 문경새재 주변 열두 개 고을은 이 세금을 면포나 마포로 환산해 냈으나, 전라도만은 모든 고을이 세창에 현물을 모은 뒤 배를 이용해 한양까지 운송해 주어야 했던 탓에 실제 세금 부담이 전국 조세의 41퍼센트에 달하는 차별을 당했다.

【 표 4 】 영조 45년(1769년) 도별 수조 현황

구분	징수대상	경기도	충청도	전라도	경상도	강원도	황해도	함경도	평안도	합계
징수세액	쌀	6,277	17,130	42,253	29,484	1,039	3,531	865	2,483	103,062
	소미(좁쌀)							4,097	2,673	6,770
	콩	7,324	16,925	22,999	29,903	2,003	15,076	2,048	8,019	104,297
	수미(대동미)						194		3,424	3,618
	별수미						2,355			2,355
	소수미						8,292		19,941	28,233
	별수소미						9,352			9,352
	회전소미						535			535
	화전 콩						16			16
	논전 면포						194			194
	삼수량 쌀		9,883	15,939	15,963	754				42,539
	삼수량 소미					543				543
	쌀 환산(단위: 석)	9,939	35,476	69,692	60,399	3,229	29,883	5,167	31,996	245,779
	구성비	4%	14%	28%	25%	1%	12%	2%	13%	100%
조정 상납 세액	쌀	5,587	23,361	58,547	10,046	509	3,102			101,152
	콩	6,066	9,837	16,645	6,283	691	4,363			43,885
	소미					719	3,005			3,724
	면포		11,821	1,426	4,985	7,357	194			25,783
	돈				53,356		97,611			150,967
	쌀 환산(단위: 석)	8,620	31,657	67,277	25,283	3,532	27,265	0	0	163,634
	구성비	5%	19%	41%	15%	2%	17%	0%	0%	100%

《증보문헌비고》 권149 전부고 9 조세 2(영조 45년(1769년)); 오기수, 2010, 266쪽에서 재인용.

오 교수가 제시한 영조 45년(1769년)의 징수 총액은 쌀로 환산하면 24만 5,9119섬으로, 전라도가 전체의 28퍼센트, 경상도가 25퍼센트였다. 그러나 실제로 한양에 상납된 세액은 16만

3,634섬으로, 그 가운데 41퍼센트인 6만 7,277섬을 전라도가 상납했다. 경상도는 충청도 19퍼센트, 황해도 17퍼센트보다 적은 15퍼센트만을 납부했다(오기수, 2010, 266쪽).

정조 원년(1777년) 이후 철종 14년(1863년)까지 87년 동안 도별 중앙 상납액을 평균해 보면, 전라도 부담액은 여전히 43퍼센트였다. 경상도는 조금 부담이 늘었으나 전라도의 절반에도 못 미치는 22퍼센트였다(오기수, 2010, 267쪽).

【 표 5 】 도별 수조 현황 (단위: 석)

왕조	경기도	충청도	전라도	경상도	강원도	황해도	합계
정조 −24년 (1777~1800)	7,422	29,255	69,245	34,855	3,364	19,899	164,041
순조 −34년 (1801~1834)	5,749	27,030	64,894	34,400	3,590	16,920	152,583
헌종 −15년 (1835~1849)	5,792	24,253	67,264	35,515	3,649	15,982	152,455
철종 −14년 (1850~1863)	6,107	24,887	66,747	33,754	3,685	14,155	149,335
전체 평균	6,284	26,913	66,804	34,655	3,547	17,279	155,482
구성비	4%	17%	43%	22%	2%	11%	100%

《조선전제부고》: 오기수, 2010, 267쪽에서 재인용.

오 교수에 따르면 인조 26년(1648년)에서 고종 1년(1864년) 사이 전국 호당 평균 인구는 4.1명이었다. 전라도는 3.8명 경상도는 4.2명으로 집계되었다. 거의 같은 시기인 인조 24년(1646년)에서 고종 17년(1880년) 사이 전국 호당 조세부담은 쌀 5말이었다. 전라도 호당 조세는 8말, 경상도는 6.6말로, 전라도는 평균보다 적은 식구가 살면서 세금은 전국에서 가장 많이 냈다.

이 기간 경상도는 호당 평균 6.3말을 냈으나, 전라도보다 1말 7 되가 적었으며 황해도의 7말 9되보다도 적었다. 이러한 사실들 의 누적이 조선조 말기 전라도 동학농민혁명 궐기의 한 요인이 기도 했다.

4.2.

개혁 성향과 소작지대

전라도의 풍수는 이곳 사람들에게 혁신의지와 개척정신을 길러 주었다. 전라도에는 조선 전체의 60퍼센트가 넘는 섬이 몰려 있었다. 경상도민의 옛 조상들이 북쪽에서 생활하던 유목민의 후예였다면, 전라도 사람들은 남쪽에서 파도를 타고 밀려온 남방 해양족이 주류였다. 마한이란 마파람 부는 남쪽 사람들이 사는 나라로 말이나 소를 탈 줄 모르는 사람들이었다(《진서》 마한 조). 뒤에 생긴 성씨의 본관을 보더라도 장흥임씨나 위씨, 압해정씨, 신안주씨, 나주임씨나 나씨 등은 그 집안사람들이 스스로 중국의 남쪽에서 표류해 정착했다고 정리하고 있다.

오늘날 현존 주민을 중심으로 따지면 신라 궁실이 있던 경주 본관 성씨가 절대다수를 차지한다. 그렇더라도 해양족으로 의심되는 많은 성씨, 즉 옛날 포구로 쓰인 개성·남양·나주·순천·진주를 본관으로 하는 성씨는 고을마다 거의 30성을 헤아린다는 사실에 주목해야 한다.

전라도 섬에는 근대에 왜구를 막고자 설치한 해방海防 흔적이 많지만, 멀게는 2천여 년 전의 조개무지도 있다. 왜구 침노가 많았던 고려 말엽과 조선 초기에는 대부분의 섬이 비어 있었을 것이나, 나라가 안정되면서는 뭍에서 세금과 부역에 지친 사람들이 은신처로 이용하기도 했다. 그들이 스스로 무인도를 개간하고 간사지에 둑을 막아 살 만큼 되었을 때, 나라에서 거의 대부분의 섬을 국영목장으로 지정했다. 임진왜란 이후에는 장토, 훈련도감둔토, 목장둔토, 심지어는 성균관토라는 이름으로 강제로 민간 개간지를 빼앗아 갔다. 나라 땅을 허락 없이 개간하고 간척했다면서 죄인 취급하는 권력의 폭력에는 당할 수가 없었다. 더구나 과도한 부역을 피해 섬에 들어간 사람들은 원적을 따지면 모두가 죄인으로서, 뭍으로 붙잡혀 갈 처지였으므로 군소리 못하고 궁방전이나 관둔토의 소작인이 되었다.

오늘날 면 행정이 행해지는 전남의 모든 섬은 국영목장이거나 바다를 지키기 위한 수군 주둔지, 또는 봉산封山이었다. 임진왜란 전후에 왕실과 공주, 옹주 등에 섬을 주어 고기와 해초를 자급하기 시작하면서 작은 섬들이 궁방에 소속되었다. 숙종 대 이후에는 궁실 친족끼리 섬 소유가 크게

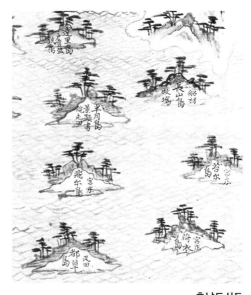

호남도서도
섬의 절반이 궁장宮庄이었음을 알 수 있다.
전주박물관 소장본

유행하면서, 이미 훈련도감 소속이 되었거나 국영목장이 된 섬마저도 그 목장을 해제하고 공주, 옹주들에게 주어 전정田政의 문란이 섬까지 미쳤다.

일본제국이 조선을 식민지로 삼아 수탈하면서 토지조사사업을 벌일 때 관둔토나 목장둔토는 모두 국유화했고, 궁방토는 사패 기간인 4대가 넘었음에도 사유화되어 있다가 대부분 일본인들에 팔아넘겨졌다.

그 본보기가 나주 궁삼면 사건, 하의도 사건이다. 도초도, 지도, 자은도, 암태도, 임자도, 안창도, 기좌도, 장산도, 압해도, 가사도 등이 모두 소작쟁의의 격렬한 싸움터가 된 것은 애써 개간

하의3도 농민운동 관련 공적비군
신안군 향토유적 제8호
전라남도 신안군 하의면 하의로 115 하의3도농민운동기념관(대리)
ⓒ신안군청 문화관광과

하고 간척해 일군 땅이 자신들은 알지 못하는 사이 친일 지주나 일본인들에게 팔려 심한 소작료에 시달렸기 때문이다.

1914년에는 지주 1.8퍼센트가 전국 토지의 51.1퍼센트를 차지했고, 순 소작농 34.1퍼센트, 소작과 자작을 겸한 농민은 41.1퍼센트였다. 1930년대 지주는 3.6퍼센트, 소작농은 46.5퍼센트로 늘어났다.

조선시대 소작료[小作料]는 반작[半作]이라 하여 30~50퍼센트였다. 식민지 통치가 시작되면서 종자나 화학 비료[金肥]를 공급한 뒤 이를 소작료에 포함시켜 수확량의 70퍼센트 이상을 거둬 갔다.

1932년 통계를 보면 소작농은 52.75퍼센트로 늘어나 있다. 이들의 총생산은 18.2퍼센트로, 농민들은 갈수록 생계를 꾸리기 어려워졌다(《국사대사전》, 761쪽).

1918년 말 조선총독부가 지세를 받은 경상도의 토지는 2만 8,415정보인데 전라도는 6만 386정보로, 경상도가 27만 2,767결일 때 전라도가 26만 5,124결이었던 1880년의 통계 수치가 역전되었다. 앞에서 살펴본 대로 조선 말기 전라도의 수조[收租] 부담이 전국의 41퍼센트, 경상도가 15퍼센트였으므로 시대가 변했어도 관행은 여전했던 셈이다.

1918년 당시 일본인이 소유한 경상도의 경작지는 3만 7,370정보에 지나지 않았으나 일본인 소유의 전라도 경작지는 10만 791정보로 거의 세 배에 달했다.

《조선농지관계휘보[朝鮮農地關係彙報]》(조선총독부농림국, 1939)를 보면 전라도의 일본인에 대한 소작쟁의는 947건이고 경상도는 467건으로 전라도 농민들이 착취에 심히 저항한 흔적이 나타난다.

일본인 아사다 교지[淺田喬二]가 1920년부터 1939년까지 20년 동안 집계한 조선의 소작쟁의 가운데 전남에서 일어난 것은 모두 46,526건이었다(정근식, 《지역감정연구》, 143쪽). 이는 한 해 평균 2,321건의 소작쟁의가 일어났다는 얘기가 된다. 전라도의 소작쟁의나 일본인 매입 토지에 대한 분쟁은 토지조사사업 전후에 시작된 것이지만 3.1운동 이후 더 격렬해졌다.

주로 청년들이 앞장서고 (일본)유학 지식인들이 힘을 보태면서 당시 세계적으로 유행한 사회주의, 공산주의 이념이 수입되어 소작쟁의에 가세했다. 도시를 중심으로 청년운동, 노동운동, 조합운동 등 각종 근대적 시민운동이 독립운동과 겹쳐지면서 공산조직이 뿌리를 내리기 시작했다. 공산주의운동은 핍박받는 농민들을 토양으로 성장하기에 안성맞춤이었다.

이 같은 사회구조적 여건과 일제의 탄압이라는 시대상황 속에서도 공산주의는 일본, 중국, 소련 등의 공산당과 국제적으로 연계하며 지하로 파고들었다.

4.3.

광복 후의 좌파운동과 여순사건

광복 당시 박헌영朴憲永. 1900?~1956?은 광주 월산동의 한 벽돌공장 인부로 위장 취업하여 화순 탄광노조, 목포 부두노조, 광주 종연방적 등의 조직을 관리하고 지휘하고 있었다. 그는 광복된 뒤 서울로 올라갔고, 1946년 7월 미군정의 탄압이 시작되면서 북한으로 올라가기도 했다. 1946년 11월 23일 남조선로동당을 창당하여 중추가 되었다. 6·25전쟁 때는 남로당 창당 당시 중앙위원이었던 이현상·이주하·김영재·강문석 등과 함께 내려와 2개월 동안의 점령지 호남의 인민위원회 구성을 주도했다.

9월 15일 인천상륙작전 이후 퇴로가 막히자 이들은 여수·순천 사건(1948년 10월 19일~1949년 4월) 때 이미 지리산에 자리 잡은 이현상李鉉相의 남부군단에 합세했다.

이처럼 일제하 지리적·역사적 여건으로 말미암은 지주와의 투쟁 과정에 세계적 유행 사조였던 공산주의 이념이 유입된 것과 여순사건에 이은 지리산 남부군은 전라도 성격에 결정적인 영향을 끼쳤다.

이에 더해 광복 후 6·25전쟁 직전까지 호남 지주들이 주류가 되어 한국민주당(이하 한민당)을 탄생시킨 국내 정치상황도 한 변수로 작용했다.

광복되던 해 9월 15일, 전남에는 조선공산당이 탄생했다. 전남에는 소작쟁의를 주도했던 사회주의 세력과 국제공산당계의 두 세력이 있었다. 이들은 광복 후 조선공산당이란 이름으로 합쳐졌다. 맨 처음에는 수가 많은 토착사회주의 세력이 주도했으나 일 년 만인 1946년 6월 2일 개편대회 때 박헌영계가 주도권을 장악했다.

이에 맞서 광주 창평상회의 고광표는 서울에서 김성수 동아일보 사장을 만나 한민당 창당을 협의했다. 1945년 11월 도당대회가 열렸고, 위원장에 장성의 김시준, 부위원장에 고광표가 당선되었다. 12월 2일까지 실시된 남조선과도입법의원 선거에서 정원 45명 가운데 한민당이 21석을 차지했다. 미 군정청은 같은 수의 관선의원 45명을 뽑았으나 우익정당 12명, 좌익정당원 11명, 기타 사회단체에서 뽑아 과도입법의원은 한민당이 주도했다. 당시 민선 당선의원 42명 가운데 21명이 한민당이었고 그 가운데 호남 한민당 의원은 6명이었다.

두 번째 선거가 이뤄진 1948년 제헌의원 선거 때는 전체 한민당 출신 의원이 29명에 지나지 않았으나 그 가운데 전남 의원만 11명에 달했다. 본디 한민당은 호남 출신 재벌 김성수가 주도했던 탓으로 호남의 지주들이 대부분 참여했다. 이처럼 호남 주도 정치 세력이라 할 한민당이 제1당으로 광복 후부터 6·25전쟁 직전까지 정치적 영향력을 행사한 만큼, 일제하 소작쟁의 주체 세력인 좌익단체는 위축될 수밖에 없었다. 더구나 전남에 기반을 둔 남로당의 박헌영은 수배령이 내려 북한으로 탈출하고, 여순 사건과 지리산 남부군 때문에 시련을 겪은 도민들이 좌익에 실망하고 있을 때 북한군 치하에서 지하로 숨어들었던 공산주의자들이 감정적으로 대응하면서 씨족 사이에도 살육을 하는 비극이 벌어졌다.

여순사건은 제주 4·3사건 토벌작전 파견명령을 받은 여수 제14연대가 1948년 10월 19일 반란을 일으킨 사건을 이른다. 하사관들이 주도한 이 사건은, 이튿날 순천을 점령한 반군이 파죽지세로 21일까지 사이에 전남 동부의 광양, 구례, 보성, 곡성, 고흥 경찰서까지 손에 넣었다.

10월 21일 반군 토벌에 나섰으나, 광주에서 출동한 14연대 1개 중대 병력이 반군에 합류해 버렸다. 마산에서 출동한 15연대는 광양에서 반군의 습격을 받아 연대장 최남근이 행방불명되었다. 그는 여수가 복귀된 뒤 나타났으나 남로당 포섭자로 밝혀져 이듬해 5월 총살당했다.

진압군은 장갑차·비행기·함정 등을 동원해 22일 순천을 탈환하고, 27일 여수시도 재탈환했다. 사살되지 않은 일부 반란군은 백아산·지리산 등에 숨어 활동하다가 1949년 7월 '남조선인민유격대' 창설 때 주류가 되었다.

여순사건으로 군법회의에 회부된 반군 수는 458명이었고, 형사재판에 회부된 수는 2,817명이었다(《전라남도지》 11, 전라남도지편찬위원회, 1993, 173쪽). 여수는 20일 3만여 명의 시민이 모여 반군 환영시민대회를 연 곳이라 반군과 동조 시민의 저항이 심했던 탓에, 23일 이후 27일까지 사이 탈환작전에 함포사격 등으로 가옥만 1,550여 채가 불타고 민간 사상자도 많았다. 당시 피해상황을 《전라남도지》는 피아간 사망 2,634명, 행방불명 4,325명, 부상 1,616명이라고 적고 있다.

여순반란사건 토벌대 단장은 원용덕 대령, 참모장은 백선엽 육군본부 정보국장, 정보참모는 김점곤 소령이었다. 당시 박정희 소령은 육군사관학교 중대장 근무 중 차출되어 작전참모를 맡았다. 박정희 소령은 진압작전이 끝나고 11월 11일 남로당군 조직책 혐의로 체포되었다. 이듬해 2월 반란기도죄로 기소된 뒤 10년형을 선고받고 백선엽·김점곤·김창룡 등의 보증으로 형이 면죄되어 정보국 문관처럼 생활하다가 6.25 전쟁 때 소령으로 복직되었다(백선엽, 《조국이 없으면 나도 없다—백선엽 회고록》, 월간아미, 2010; 조갑제, 《박정희》 2, 조갑제닷컴, 2007 참조).

여순사건은 미군이 철수하고 1949년에는 남·북 총선거를 예측하는 사람들도 있어서 남로당이 지하조직을 강화하고 있던 시기에 일어났다. 당시 남로당 순천 군당위원장 윤기남은 제주 4·3사건 뒤 숙군사업이 시작되자 여수에 주둔하고 있던 14연대 하사관 중심의 남로당계 군인들이 일으킨 충동적인 사건이라고 증언하였다(《순천시사》, 순천시사편찬위원회, 1994, 790쪽 참조).

전남 동부지구는 본디 진보적이고 소작인운동이 활발했던 곳이다. 안종철이 쓴 《광주·전남 지방현대사 연구》(한울, 1991)를 보면 일제 식민시절 이후 1948년까지 전남의 시·군 정치성향을 지표화한 사사키 류지佐々木隆爾의 연구가 순천을 보수적으로, 여수·광양을 혁명적인 곳으로 분류하고 있음을 확인할 수 있다(佐々木隆爾, 〈第2次大戰後の南朝鮮解放鬪爭における土地改革の要求について〉, 《朝鮮史研究会論文集》 第4集, 極東書店, 1968.9.). 광복 후 단독정부를 수립할 때까지 나타난 지역 성격 가운데 좌익 세력이 강했던 곳은 영

광·함평·장성·영암 등 전남 서부 지역이었다. 여수·순천·고흥 등은 우익이 강했으며 광양·구례는 중간 지대였던 것으로 분류 되었다(안종철, 1991 참조). 1948년 5월 10일 실시된 제1대 국회의 원 선거에서도 광양·여수는 무소속 후보자를 당선시켰고 순천 은 대한독립촉성회 후보 2명을 당선시켰다. 여순사건의 주 무 대인 여수는 사건 이후 한국독립당(한독당)의 아성으로 변했음 을 살필 수 있다. 색깔론 바람이 불었던 1963년 10월 제5대 대 통령 선거 때도 여수에서는 윤보선이 박정희보다 5,206표를 더 얻었으나 순천은 윤보선보다 박정희에게 2,755표를 더 주어 대 조를 이뤘다. 바로 이곳이 현대정치에서 색깔론을 일으킨 진원 지이다. 1963년 9월 19일 대구 수성 유세에서 이효상李孝祥, 1906~1989이 신라왕조 재건론을 편 데 맞서서 9월 22일 윤보선 의 찬조 유세자 윤재술이 저 유명한 "종고산아 말해다오"라는 발언을 했다. 바로 이 말로 그는 여순사건이 어떻게 진행되었는 지를 연상시킨 것이다. 9월 24일 전주 유세에서 윤보선은 "여순 반란 사건 관련자가 정부 안에 있다"고 색깔론을 본격화했다. 10월 9일 안동 유세에서는 "공화당은 공산당 식으로 만든 정 당"이라면서 당시 간첩 혐의로 재판 중이었던 황태성과 박정희 의 관련설을 내비쳤다. 영주 유세에 나선 민정당의 김사만金思萬 은 "대구·부산에는 빨갱이가 많다"고 몰아붙였다. 선거 후 이 색깔론은 민정당의 실패작으로 평가받았다.

4.4.

적 치하 2개월, 6·25의 비극

6·25전쟁 때 전략상의 지리적 약점을 극복하고자 피란 정부는 미국 극동군 사령부 주둔기지가 있는 일본과 가까운 부산으로 가게 되고, 호남은 적의 수중에 넘겨졌다. 북한 인민군 통치 아래 놓이면서 호남 땅에 산 죄로 전라도민의 피해는 너무나 컸다.

광주의 경우 군경과 공무원들은 여수를 거쳐 7월 23일 부산으로 피란 갔다가 인천상륙작전 이후인 10월 30일에 되돌아왔다. 피란 군경은 광주형무소에 수감되어 있던 사상범과 보도연맹원 150여 명을 죽이고 떠났다. 북한군이 진주해 있던 두 달 보름 (73일) 동안 부역자들은 피란한 우익 가족이나 낙오 군경 등을 색출해 죽였다. 부역자들은 맥아더 인천상륙작전 후 10월 3일 무등산을 거쳐 화순 백아산으로 입산하면서 형무소에 가둬 두었던 우익인사 220여 명을 학살하고 떠났다.

이 같은 피아간의 학살은 호남 모든 고을이 비슷했다. 땅을 잘못 택해 태어난 운명 탓이다. 영광의 경우, 광주를 수복한 경찰들 일부가 법성포항을 통해 지나갔다. 순진했던 군민들은 길거리에 나가 수복군에게 박수를 보내고 태극기를 흔들었다. 전남도경 광주수복부대가 영광경찰서에 수비 병력을 남겨 두지 않고 떠나자, 불갑산에 숨어들었던 부역자들은 이날 밤 동네에 나타나 우익경찰을 보고 반긴 '반동분자'들을 색출해 무참히 학살했다. 이 소식을 듣고 사흘 뒤에야 이곳에 나타난 경찰과 입산자들 사이에 전투가 시작되었다. 불갑산 공비 소탕을 끝내기까지 영광군 관내에서만 2만여 명의 희생자가 난 것으로 추계된다.

신안군 임자도의 경우, 목포는 경찰이 수복해 치안을 시작했으나 신안군의 섬까지는 당장 수복의 손을 뻗지 못했다. 이 때문에 인민군이 쫓기는 신세라고 생각지 않았던 부역자들이 우익인사 8백여 명을 묶어 바다 개용에 세워 익사토록 했다. 뒤늦게 도착한 경찰이 이번에는 좌익 부역자와 그 가족 등 천여 명을 잡아 죽였다.

이 같은 비극은 곳곳에서 일어났다. 함평이나 영광 영암, 나주 세지 등지에서 일어난 토벌군의 민간학살은 모두 재판 없이 토벌작전 중에 일어난 억울한 죽음이었다. 밤이면 입산했던 부역자들이 동네에 내려와 먹을 것을 구해 올라갔다. 낮이면 경찰이 찾아와 어제 저녁 빨치산들이 이 동네를 다녀갔다는데 누가 먹을 것을 주었느냐고 총질을 하거나 의심스런 사람을 붙잡아 갔다. 이런 때 길목을 지키던 빨치산의 공격으로 경찰이나 군인이 죽거나 총상을 입게 되면, 반드시 이 동네 사람들의 밀정 짓 탓이라면서 동네에 되돌아가서 화풀이를 했다. 장흥 국사봉이나 화순 백아산, 담양 추월산 등지의 외딴집과 동네는 입산자의 식량기지가 된다면서 불을 질러[焦土作戰] 없애거나 집단 이주를

시켰다. 이 난리 통에 장흥 보림사도 불탔다.

오늘날의 휴전선 이남에 묶인 부역자나 북한 인민군은 지리산으로 몰려 남부군이 되었다. 구한말 일본인들이 펼친 의병토벌작전처럼 지리산 토벌작전이 3년 동안 지속되었다. 지리산에서 붙잡힌 남부군과 부역자들은 전남의과대학 곁에 있던 광주포로수용소에 수감되었다. 지리산 공비 토벌작전은 휴전협정이 체결되고도 2년이 지난 1953년 3월 3일 공산당도당위원장 박갑출이 사살되고야 끝났다.

지리산에 입산한 인원 5만여 명 가운데 2만 8,778명이 사살되고 4,930명이 생포되었다. 5년 동안 귀순자는 2만 3,749명으로 이들은 모두 광주중앙포로수용소에서 죄질을 따져 석방하거나 형무소로 보냈다. 이때 광주로 압송된 남부군 숫자는 1만 5백여 명에 달했다. 그 가운데 북한 정규군 숫자는 402명이었다 (《광주시사》 Ⅲ, 1995, 182쪽).

유엔군(한국군 포함)과 전투 중에 붙잡힌 북한군 20만여 명은 부산과 거제 포로수용소에 수감되었다. 반공포로로 분류된 2만 7,383명 가운데 1만 432명이 광주 상무대 포로수용소에 이감되어 있었다. 이들은 1953년 6월 18일 대통령 이승만의 조직적 반공포로 석방 작전으로 대부분 자유의 몸이 되었다. 이들과 달리 지리산 토벌작전에서 붙잡힌 포로들은 국방경비병이나 전시하 비상사태 특별조치법을 적용받아 국내 군사재판대상이었으므로 수용소가 달랐다.

경상도 사람들이 호남 쪽을 이해할 때 유념할 점이 바로 이 점이다. 경상도의 절반 이상이 북한 치하를 경험하지 못했기에 적 치하 2개월이 얼마나 많은 생채기를 냈는지 상상할 수 없을 것이다. 진도군 고군면 세등리는 같은 성씨만으로 구성된 동족 부락이었다. 그 가운데 경찰이나 국군 가족이 일곱 집이었다. 적 치하 2개월 동안 그들 가족 40여 명이 학살당했다. 2개월 뒤 수복 때 들어온 경찰관들이 이 동네에 들이닥쳐 80여 명의 동네 남자들을 재판 없이 보복 총살했다. 한 동네에서 120여 명의 남자들이 죽은 뒤 이 동네는 과부 동네가 되었다. 부역자의 가족들은 모두 타향으로 떠났다. 같이 제사 지내던 사당도 우익자 사당과 좌익자 사당으로 분리되었다. 13세 미만의 초등학생 남자아이들이 밭갈이를 했다.

이 같은 비극은 소백산맥 지리산 언저리와 노령산맥 줄기 전라남·북도 여러 산골이나 서해안 이곳저곳 오지에서 숱하게 저질러지고 있었다.

입산 뒤 행방불명되었거나 총살당한 자의 유가족들과 자진 귀순해 고향에 돌아온 부역자의 가족은 20여 년 동안 연좌제에 묶여 공무원은커녕 군 장교조차 될 수 없었다. 이러한 한이 지역소외 정치에 보태져 지역성의 일부 요인이 되었을 터이다. 이것 또한 주민의 본성이 아니라 지리 탓이다.

4.5.

극복의 몸부림, 종교혁신 운동

메시아 미륵을 섬긴 망국 백제 사람들

2005년 인구주택총조사의 종교별 신도 통계를 보면, 4,700만 명 가운데 53.52퍼센트인 2,497만 명이 종교를 가진 국민이다. 이 가운데 22.8퍼센트인 1,072만 명이 불교 신자이고, 18.3퍼센트인 861만 명이 개신교 신자, 10.8퍼센트인 514만 명이 천주교 신자이다. 천주교와 개신교 신자를 합한 기독교 신자는 1,375만 명으로 불교 신자보다 303만 명이 많은 셈이다. 재미난 것은 종교도 지역 특색을 나타내고 있다는 점이다.

부산시의 불교 신자는 전 시민의 39.2퍼센트인데 견주어 광주시의 불교 신자 수는 14.4퍼센트로 그 절반에 미치지 못한다. 이와 달리 광주의 개신교 신자는 전 시민의 19.8퍼센트이고 부산은 14.3퍼센트다. 천주교도 마찬가지로 광주는 13퍼센트이고 부산은 7.4퍼센트다. 이 통계는 부산 지방에 전통적인 재래 종교 신자가 많고 광주는 외래 종교인 기독교 신봉자가 많은 지역 특성을 나타내고 있다.

백제부흥군이 사라진 것은 663년이다. 40여 년 뒤 백제의 만경 땅에서 진내말眞乃末의 아들 진표眞表가 태어났다. 12세에 입산해 김제 금산사와 부안 내소사 등에서 공부했다. 그는 혜공왕 2년(766년) 금산사에 미륵전(국보 62호)을 짓고 미륵삼존입상을 모셨다. 이 미륵들은 백제–왜 연합군이 나당연합군에 패망한 백강(현 동진강)을 향하고 있다. 이해 일본에 건너가 살고 있던 의자왕의 망명 후손 경복敬福, 693~766이 죽었는데, 그는 750년 히라카타枚方에 백제사百濟寺(일본 국가 특별사적)를 세웠다.

원광대학교 김삼룡 교수는 우리나라 미륵의 3분의 2가 옛 백제 땅에 있다고 했다(김삼룡,《한국미륵신앙의 연구》, 동화출판, 1984). 유독 백제 옛 땅에 미륵이 많은 것은 과거나 현세보다 미래에

무안務安 발산鉢山마을 미륵당산
발산마을의 당산석 2구는 당산할아버지·할머니, 미륵, 당산, 당산 미륵 등으로 불린다.
수염과 모자가 조각된 당산할아버지와 달리 당산할머니는 자연 입석의 형태이다.
전라남도 문화재자료 제148호
전라남도 무안군 해제면 광산리
ⓒ문화재청 국가문화유산포털

희망을 걸기 때문이다. 옛 백제 땅 사람들은 산에 있는 바위나 들 가운데 우뚝 솟아 있는 바위는 무조건 '미륵님'이라고 부르고 숭배하거나 기도의 대상으로 삼았다. 자연 미륵에 만족하지 못하는 이곳 사람들은 길쭉한 돌을 동구 밖에 세워 장승으로 삼으면서도 부르기는 미륵이라고 부른다.

국내에서 가장 큰 돌 미륵은 충남 논산시 은진면(지금의 관촉동) 관촉사灌燭寺에 있다. 높이가 18.12미터에 이르는 이 미륵은 후백제가 망한 지 32년 만인 고려 광종 19년(968년)에 세운 미륵보살 입상이라고 알려져 있다. 불상이 관음보살의 도상적 특징을 나타내고 있음에도 미륵보살이라 이르는 것은, 이 미륵이 바라보는 들녘이 백제와 후백제가 다 같이 싸움에 져서 망국의 길을 걸은 옛 땅 '황

논산 관촉사 석조미륵보살입상石造彌勒菩薩立像
국보 제323호
충청남도 논산시 관촉동 관촉사
ⓒ문화재청 국가문화유산포털

산벌'이기 때문이다. 망국 백성들의 마음을 어루만지고 싶었던 스님들이 백제 옛 땅에 세운 흔적이다. 미륵님들은 한결같이 대부분 비가리개 없이 들판에 서 있다. 망국의 백성들은 그 모습이 자신처럼 보여 절간 안에 모신 부처보다 더 정을 주었던 것 같다.

신라 원효元曉, 617~686 스님은 백제 의자왕이 중국에 붙잡혀가고 백제 땅 사람들이 부흥군을 일으켜 싸우던 661년, 의상義湘, 625~702과 더불어 당나라 유학길에 올랐다가 해골바가지에 고인 물을 마시고 유학을 포기한다. 그는 "마음이 생기면 우주만물이 생기고, 마음이 사라지면 해골 물과 깨끗한 물이 서로 다르지 않다[心生故種種法生心滅故龕墳不二]"는 말로 망국 백제 백성들의 마음을 추슬렀다. 이 무렵 중국에는 선종이라는 새로운 불교운동이 일어나고 있었다.

고려의 불교혁신운동

인도 스님 달마達磨가 520년 중국 숭산 소림사에 들어와 면벽좌선을 통한 깨달음을 가르쳤다. 이 법을 이어받은 혜능慧能, 638~713이 조계산에 들어가 제자들을 모은 것은 백제가 망한 무렵인 676년이다. 이 법을 우리나라에 도입한 이가 전남 장흥의 가지산문迦智山門을 연 도의道義 스님이다. 그는 고향과 가까운 설악산에 자리 잡고 법을 펴려 했으나 따르는 이가 적었다. 그의 제자 염거廉居(廉巨), ?~844에게 배운 체징體澄, 804~880이 중국에 다녀온 뒤 망국 백제의 땅 장흥 가지산에서 수백의 제자를 길렀다.

전북 남원 실상사實相寺에 선문을 연 홍척洪陟은 815년께 중국에 건너갔다가 826년에 귀국한 스님이다. 879년 당나라에서 귀국한 뒤 전남 곡성의 동리산 태안사에서 선문을 연 혜철惠哲, 785~861은 경주 사람이면서도 전라도에 법장을 열었다.

화순 능주의 쌍봉사雙峰寺에 사자산문獅子山門을 연 도윤道允, 798~868은 825년 중국에 갔다가 847년 귀국해 금강산을 거쳐 전라도 능주로 내려와 산문을 열었다.

821년 중국에 갔다가 845년 충남으로 귀국해 성주산문聖住山門을 연 무염無染, 801~888도 떠날 때 전라도 포구에서 갔다.

봉림산문鳳林山門을 연 현욱玄昱, 787~869도 당나라에서 귀국할 때 전라도로 들어와 운봉의 실상사에서 묵다가 뒤에 고달사高達寺로 갔다.

황해도 해주에 광조사廣照寺를 세워 수미산문須彌山門을 연 이엄利嚴, 870~936도 911년 중국에서 귀국할 때 나주 회진으로 들어와 나주에 송광사를 지어 지내다가 죽기 4년 전에야 해주로 옮겨 갔다.

강릉 굴산사崛山寺에서 사굴산문闍崛山門을 연 범일梵日, 810~889 스님도 831년 중국에 갔다가 847년 귀국할 때 청해진 장보고 선단의 신세를 졌다. 문경 희양산문曦陽山門을 연 지선智詵, 824~882도 화순 능주 쌍봉사 도윤의 법손이었다.

이처럼 신라 구산문 스님들이 모두 망국 백제 땅 전라도와 인연을 맺고 힘을 기른 것은 새 물결을 좋아하는 이곳 인심과 당나라 교역의 창구라는 지리적 여건 때문이다.

고려 때 선종을 다시 일으킨 보조국사 지눌知訥, 1158~1210도 황해도 서흥 출신이었으나 신종 3년(1200년) 전남 순천 조계산의 정혜사(수선사, 지금의 송광사)에 자리 잡고 정혜결사正慧結社 운동을 일으켰다. 정혜란 참선과 지혜를 함께 닦아야 한다는 뜻이다. 그는 '스님은 참선만을 하는 것은 아니다. 중생을 떠나 부처도 없다'면서 현실 참여를 통한 제도濟度를 부르짖었다. 많은 제자들이 모였고, 당시 집권 세력이었던 최씨정권의 최충헌崔忠獻, 1149~1219도 후원했다. 최충헌은 그의 손자 만종萬宗과 만전萬全(崔沆), ?~1258 형제를 송광사에 맡겼다. 만전은 아버지 최우崔怡(崔怡), ?~1249가 죽자 권세를 잡았다. 지눌에 이어 2대 조사가 된 사람은 화순 출신 진각국사 혜심慧諶, 1178~1234이었다. 그는 최항의 아버지 최우崔瑀, ?~1249와 동년배였다. 당시 수선사 정혜결사의 후원자는 나주 부호 진직승陳直升이었다.

조계산 곁의 전남 강진 만덕산에서 지눌보다 11년 뒤인 1011년 천태종 계열의 백련결사白蓮結社 운동이 시작되었다. 이 운동은 경남 의령 출신인 요세了世, 1163~1245가 주도한 종교운동으로, 그는 조계산에 자리 잡은 지눌보다 다섯 살 아래였지만 젊었을 때 대구 공산의 거조사居祖社에서 함께 공부했다. 지눌이 조계산에 정혜결사의 터를 잡자, 그는 강진 토호들의 후원을 받아 천태종계 백련결사의 도장을 열고 법화사상을 기본으로 "범부들의 한계 극복은 참회만이 살길"이라고 가르쳤다.

전라도 남해안 사람들이 중국과 일본 교역을 통해 돈을 벌었던 장보고 시대에 시작된 무역 붐은 전남 연해안에 계속되었다. 이에 더해 청자 사업이 절정을 이뤄 경제적으로 여유로워지면서 청자 고을인 장흥, 강진을 중심으로 선불교와 천태교장天台教藏 바람이 일어났다. 이처럼 새 종교운동이 일어날 수 있었던 것은 본디 이곳 인심이 새로움을 좋아하는 품성뿐 아니라 경제력이 뒷받침되었기 때문이다.

이때 장흥임씨, 남평문씨, 탐진최씨, 나주나씨 등이 출세의 기회를 잡는다. 이 무렵 기반을 닦은 가문을 살펴보면 영광김씨, 광양김씨, 강진김씨, 탐진안씨, 장흥위씨, 탐진조씨, 압해정씨, 신안주씨, 해남윤씨, 장사유씨, 흥덕장씨 등 바닷가 집안이 득세한 특징을 보였다.

오늘날 조계종의 뿌리를 이은 태고국사 보우普愚, 1301~1382 스님 또한 홍성이 본관이었지만 전남 가지산에서 공부하고 보림사 주지를 지냈다.

동학군과 신흥종교

동학은 얼핏 보면 서학에 대응하는 이름 같지만 사실은 민주사상이라는 깊은 뜻을 담고 있다. 창교자인 경주 사람 최제우崔濟愚, 1824~1864는 "사람이 바로 하늘[人乃天]"이라고 주장해 오늘날의 주권재민主權在民 사상을 동양어법으로 나타냈다. 그 사상은 하늘이 내린 도리이므로 천도교天道敎이고, 그 이론은 서역 땅에서 나온 것이 아니라 동양의 조선 땅에서 나왔으므로 동학東學이라 한다고 했다.

1998년 10월 일본을 방문한 김대중 대통령도 일본 국회에서 '일본 군인들이 우금치에서 학살한 동학농민혁명군은 아시아의 삼대 민주주의 사상인 동학의 신봉자들이었다'는 연설을 했다.

1894년 1월 고부에서 일어난 민란은 고부군수 조병갑의 학정과 탐욕에 분노해 일어난 성격이 강했다. 다만 이때 이 민란을 주도했던 동학교도 전봉준은 3월 21일 무장에서 봉기하면서 포고문을 통해 "총명한 임금을 제대로 보필하지 않고 탐관오리를 일삼는 악폐를 뿌리 뽑아 보국안민하기 위해 의로운 깃발을 든다"고 선언했다. 이해 11월에 벌어진 공주 우금치전투에 일본군이 개입하여 9천여 명이 희생된 것을 끝으로 동학혁명은 좌절되고 말았다. 이해 7월 이미 일본군은 아산 풍도 앞바다에서 청국 함대를 무찔러 조선에서 주도권을 잡고 조선을 삼키는 기틀을 마련했다.

일제하 신흥종교운동

정읍 시루뫼에서 태어나 동학농민군에 종군했다가 고향에 돌아온 강일순姜一淳, 1871~1909은 나라를 구하는 길을 종교운동에서 찾아야 한다고 마음을 다잡았다. 그는 김제 모악산 골짜기를 중심으로 증산교를 크게 일으켰다.

증산교 수련장
전라북도 김제군 모악산 소재

그를 따르던 차경석車京石, 1880~?은 증산 강일순이 죽은 뒤 1921년 선도교를 창교했다가 뒤에 보천교로 이름을 바꿔 천원역 곁에 전국에서 모인 신도들을 중심으로 보천왕국을 건설했다. 한때 그 신도가 5백만 명에 이른다 했으나 결국 조선총독

모악산하 신흥종교촌
©한국학중앙연구원 김연삼

부의 압박으로 해체되고 말았다. 당시 모악산과 회문산, 고부의 두승산 등지에 60여 신흥종교 집단이 자리잡았다. 1923년 영광에서 창교한 원불교의 박중빈(朴重彬, 1891~1943)도 처음에는 증산계의 보천교 영향을 입었다. 순창 출신 강대성(姜大成, 1890~1954)은 유교의 현대화를 부르짖으며 일심교를 개창, 뒷날의 갱정유도(更定儒道)가 되었다. 전북 모악산에는 강증산의 뜻을 이은 신흥종교 60여 파가 활동하고 있다.

보성 벌교읍의 나철(羅喆, 1863~1916)은 1890년에 단군교를 창설, 1910년 대종교로 이름을 바꿨다.

이처럼 호남에서 신흥종교운동이 그 어느 곳보다 활발했던 것은 현실적인 좌절을 종교사상으로 극복하려 했던 전라도 민중의 심정이라 이해할 만하다.

유교적 법고창신

고려시대 불교의 혁신운동은 전라도를 중심으로 계속되어 왔다. 배불숭유의 조선왕조에 접어들어서는 유교가 건국이념이 되었으나, 조선 선비들은 중국의 유교를 그대로 받아들이지는 않았다. 공자부터 시작된 유교는 송나라 때 주희朱熹, 1130~1200를 거치면서 우주와 인간의 본성을 이기이원론으로 설명하는 성리학을 정립했다.

조선조에 들어와 이에 대한 논의가 활발해지면서 이황은 주자학설을 따르고 이이는 일원론을 주장해 기호학파의 영수가 되었다. 호남의 고봉 기대승奇大升, 1527~1572은 퇴계의 학설에 사단칠정론을 추가하였다.

고려대학교 윤사순 교수는 기대승이 중국 성리학에 수정을 가했다고 주장하면서 호남의 실학도 이 같은 고봉의 사고와 맥을 같이하고 있다고 평했다. 이원론이 대륙적이고 보수적이며 이분법적이라 한다면, 기대승의 사단칠정론은 호남 지역 특성이 나타난 개혁사상이었다고 보았다. 또 역모로 몰려 죽은 전라도의 정여립이나 정개청은 명분론에 함몰되어 있던 당시 성리학에 비판적인 혁신론자들이었다고 주장했다.

연세대학교 배종호 교수는 구한말 한국 유학의 육대가로 칭송받는 장성의 기정진奇正鎭, 1798~1879이 《납량사의納凉私議》에서 조선 유학을 완성했다고 평가했다. 조선 말기 마지막 근왕론자였던 그의 척화론은 호남 의병의 사상적 밑거름이 되었다.

임진왜란 이후 호남을 중심으로 일어난 실학운동은 또 하나의 유교의 개혁운동이라 할 수 있다.

《천주실의》등 중국을 통해 들어온 서양 기독교와 서양 문명을 실학으로 일컫는 경향이 있다. 그러나 사실 성리학을 비롯한 그동안의 종교나 학문이 도학이나 관념론에 치우쳐 있음을 비판해 싸잡아 허학虛學이라 하고, 민중생활에 밀착한 실사구시를 실학實學이라고 하였다. 순천부사를 지낸 이수광李睟光, 1563~1628은

《지봉유설芝峰類說》이란 책을 저술해 중국에 전해온 서양 문물이나 학문에 대한 정보를 보급하고 《승평지昇平志》 등 지방지를 손수 지어 시범을 보였다.

임진왜란과 병자호란을 거치며 조선 사회는 주자학만으로는 도탄에 빠진 민생을 해결할 수 없을 만큼 쇠하게 되었다. 이에 대한 반동으로 나타난 사상이 실학이다. 물론 중국에서는 이미 그 이전에 양명학陽明學의 왕수인王守仁, 1472~1528이 지행합일론을 주장하면서 주자학의 수정을 지적한 바 있었다.

실사구시를 스스로 실천하면서 이론화한 사람은 유형원柳馨遠, 1622~1673이다. 그는 서울 출신이었으나 전북 부안에 정착해 살면서 사회개혁방법론이나 중농정책을 주장해 《반계수록磻溪隨錄》에 실었다. 그의 학풍은 이익에 이어져, 모든 사대부도 생업이 따로 있어야 한다는 사농합일士農合一을 역설했다. 그의 학문 태도는 이중환, 안정복, 이가환李家煥, 1742~1801, 정약용 등으로 이어졌다. 이 계보는 서학의 영향을 받았던 집안과 문적을 남긴 인사들 중심의 실학이라 할 수 있다.

전라도는 예로부터 외국의 선박이 드나드는 해안을 끼고 있다. 이 때문에 외항선들이 들르기도 했지만 항해 중에 태풍을 만나 제주해역을 거쳐 표류하는 이양선이 많았던 지역이다.

하멜 일행이 1650년 표류했을 때 이들의 통역을 맡았던 박연도 같은 네덜란드 사람으로 1627년 제주에 표류한 뒤 조선에 귀화한 사람이었다. 제주에 표류했던 하멜 일행은 주로 전남 강진 전라 병영과 여수, 순전, 남원 능지에 수용되어 살면서 장날이면 이웃 장터들을 찾아다니며 서양 풍습 공연으로 푼돈을 모았다. 이 때문에 선남 강진 일대 주민들은 서양 문물에 대한 이해가 높았다. 1616년 순천부사 이수광이 《천주실의》를 가져와 서양 종교에 대해 소개했다. 1675년 장흥에 유배되어 5년이나 생활한 민정중閔鼎重, 1628~1692도 1669년 북경에 다녀온 사람으로 연암 박지원보다 1세기나 앞서 〈연행일기燕行日記〉(《노봉집老峯集》 권10 잡저雜著)를 쓴 사람이다.

전남 고흥출신 유몽인柳夢寅, 1559~1623도 임진왜란 직전 명나라에 다녀와서 《어우야담於于野譚》을 써 서양을 소개했다.

1791년 천주학 신자로 국내 최초의 순교자가 된 해남윤씨 윤지충尹持忠, 1759~1791은 다산 정약용의 외사촌 형으로 같이 서학을 공부했던 사이다. 이처럼 전라도 사람들은 유형원이나 이익 등의 실학 이론을 접하지 않더라도 그 어느 곳 사람들보다도 서양 문물에 대한 상식을 어느 정도 일반화하고 있었다.

이 같은 지역 분위기에 따라 해남의 윤두서尹斗緖, 1668~1715가 일본 지도를 그렸고, 뒤이어 장흥의 위백규魏伯珪, 1727~1798는 《지제지支提誌》라는 향토지와 한국 최초의 세계지도라 할 〈환영지寰瀛誌〉(1758) 등을 냈다. 화순의 하백원河百源, 1781~1844은 〈동국지도〉, 순창의 신경준申景濬, 1712~1781은 〈조선팔도지도〉를 제작했으며, 황윤석黃胤錫, 1729~1791은 국어학을 연구하였다. 이밖에도 나경적의 혼천의와 자명종, 고흥 염영서의 자명종 등 많은 서양 문명의 이기들이 소개되거나 실생활에 이용되었다.

특히 위백규는 정약용이 강진에 유배 오기 2년 전에 죽은 실학자로, 장흥 관산에 다산정사를 짓고 생활하면서 많은 제자를 길러 냈다. 뒷날 다산의 수제자가 된 강진 도암의 황상·황간 등은 위백규의 가르침을 받았던 사람들로, 위백규의 〈정현신보政絃新譜〉나 〈만언봉사萬言封事〉는 다산의 강진 생활에 큰 보탬이 되었다. 강진의 다산정사는 위백규의 장흥 생활을 본받은 것이다.

정인보는 반계 유형원, 성호 이익, 다산 정약용을 근대 조선 학술의 삼조三祖라 했다. 그 가운데 일조 유형원은 그를 가르친 외삼촌이다. 호남 출신 이원진李元鎭, 1594~?은 하멜이 제주도에 표착했을 때 제주목사를 지내고 제주 향토지인 《탐라지》를 낸 실사구시의 선구자이자 서양 지식의 전수자였다.

이처럼 호남 실학은 호남 지리에서 온 당연한 귀결이며, 생활 혁신은 언제나 이 땅 사람들 심성의 뿌리였다.

제 5 장

선거와
지역주의

5.1.

광복 이후의 선거

　자유당 시절 선거의 특성을 '여촌야도(與村野都)'라 했다. 농촌 지역은 여당과 행정 당국의 관여 때문에 여당이 강했고, 도시는 비교적 자유선거가 보장되어 야당이 강했다. 3·15 부정선거로 이승만 대통령이 하야하고, 그동안 야당이었던 민주당이 신·구 파로 갈려 혼미를 거듭한 가운데 쿠데타로 군사독재시대가 시작되었다.

　정부 수립 뒤 1952년 최초의 직접선거에서 자유당의 이승만 은 전남에서 73.6퍼센트를 얻었으나 광주에서는 39.6퍼센트를 얻으면서 전형적인 여촌야도 현상을 보여 주었다. 두 번째 대통 령 선거인 1956년 선거 때는 야당 대표였던 신익희가 유세 도 중 서거했는데도 광주시민의 26.9퍼센트가 신익희를 찍어 사표 가 되었다. 유효표 가운데 이승만 55.8퍼센트, 조봉암 44.2퍼센 트로 야당 성향을 나타냈다. 1958년 광주시장 선거는 민주당의 김일도가 여당인 자유당의 정상호를 5천여 표차로 누르고 당선 되었다.

군사 쿠데타 이후 1963년 총선 때 광주 사람들은 윤보선에게 57.6퍼센트, 박정희에게 37.3퍼센트를 주어 야당 성향을 강하게 나타냈다. 그러나 광주를 포함한 전남도는 박정희에게 57.2퍼센트, 윤보선에게 35.9퍼센트를 주면서 박정희의 당선에 결정적인 역할을 했다. 이때 여순사건의 중심이었던 여수와 순천은 대조적인 성향을 보여 주었다.

당시 박정희와 윤보선의 전국 득표차는 15만 6천여 표였으나 전라남도의 득표차는 28만 4,912표였으므로 결국 전남도민들이 박정희를 대통령에 당선시키는 데 크게 이바지한 셈이다. 이때는 전남 광양 출신 조재천曺在千, 1918~1970이 대구 달성에서 3·4·5대 야당으로 국회의원에 당선되었고 민주당 총재를 맡는 등 지역 연고를 크게 따지지 않았다.

4년 뒤인 1967년 광주시민들은 박정희에게 40.91퍼센트의 지지를 보냈다. 이는 1963년 지지율 37.3퍼센트보다 늘어난 수치다. 박정희 대통령이 광주에 아세아자동차공장을 지어 주겠다고 공약했기 때문이다.

이와 달리 전남에서는 4년 전보다 약 12퍼센트 줄어든 44.6퍼센트가 박정희를 지지하며 윤보선의 지지도가 10퍼센트가량 높아졌다. 그러나 이때까지도 지역주의 성향은 크지 않았고, 오히려 경상도와 전라도가 뭉치고 경기·서울 지역이 뭉친 현상을 보였다.

5.2.

1971년 선거와 1987년 선거

1971년 전남 신안 하의도 출신 김대중이 정치적으로 박정희에게 도전하면서 드디어 선거 지리가 한반도를 동·서로 나눠버렸다. 영남과 충북·강원도가 박정희를 지지하고 호남과 충남, 경기, 서울 등 서부지방이 김대중을 지지했다. 이에 놀란 군부는 직접선거제를 없애고 김대중을 납치하는 정치소동을 일으켰다.

이 같은 선거의 지역현상은 지역 격차와 푸대접 때문이라는 분석이 등장하기 시작했다(김형국, 〈The Impact of Economic Development on an Inter-Urban Hierarchy and its Implicit Influence on a National Political Integration with Reference to the Case of Korea〉, 《국토계획》 제9권 2호, 1974). 특별한 이념이나 정책의 이슈가 없어지고 사람들이 감정적인 지역 연고와 개발에 크게 좌우되기 시작한 시기이다. 13대 대통령 선거가 끝나고 실시한 여론조사에서 5명 가운데 4명(79.1퍼센트)이 후보자의 출신이 영향을 주었다고 응답했다. 이를 학술적으로는 영토성領土性, territoriality이라고도 부른다.

인간의 영토성은 자기가 태어난 고장이나 인격이 형성된 장소에 대한 귀속의식을 말한다. 이 동물적 본성은 집단 적대감으로 나타나는 경우가 많다. 그러므로 오늘날 크게 문제 삼는 경상도와 전라도의 적대감정은 특정 지역이어서가 아니라 본원적인 본능이며, 다른 지역도 정도의 차가 있을 뿐 같은 감정이 존재한다는 것이다. 다만 호남 사람들이 영남 사람들에게 갖는 감정은 현실적 차별이고 영남 사람들이 갖는 호남 사람에 대한 감정은 그 성격과 행동양식에 대한 편견이라고 말하기도 한다. 1980년대 후반 이 같은 잠재본능들이 선거에 크게 나타난 것은 급속한 인구 이동의 결과라고 진단하기도 했다(송복, 1988).

특히 전라도 사람들에게 다른 지역 사람들이 거부감을 갖는 것은 아직 받아들일 준비가 되어 있지 않은 사회에 낯선 이방인들이 물밀듯이 밀려들었던 호남의 이촌 소동이 큰 요인이라 할 수 있다. 1967~1968년에 걸쳐 호남 지방에 극심한 가뭄이 들면서, 전남도 통계에 따르면 당시 호남에서 4만 명이 다른 지역으로 이동했다고 한다. 이 대규모 이촌은 유입지의 토박이들에게 거부감을 키울 만한 본원적 요인이 되었고, 기득권을 지켜 출세하려 든 정치 세력들이 이러한 지역감정의 잠재의식에 불을 붙여 이를 이용한 것이라는 주장이 많다.

1987년 대통령 선거는 결국 백제권의 김대중과 신라권의 김영삼, 서울·경기권의 노태우로 갈려 신삼국 영토전쟁을 방불케 했다. 백제권을 양분한 김종필은 겨우 8퍼센트를 얻는 데 그쳤다.

중앙선거관리위원회 선거통계시스템의 득표 결과를 확인해 보면, 노태우는 연고지인 대구에서 70.6퍼센트를 얻고 김대중은 연고지인 광주에서 94.4퍼센트를 받았으나 김영삼은 연고지인 부산에서 절반이 조금 넘는 56퍼센트를 얻었다. 김영삼의 부산

지지가 약했던 것은 부산에 토박이가 35퍼센트 안팎뿐이기 때문이라는 분석이 있었다. 영남은 기득권 지역으로, 여당 후보인 노태우가 영남 기득권을 대표하고 있어서 그는 연고지도 아닌 경남에서 41.2퍼센트를 얻었고, 김영삼이 51.3퍼센트를 획득한 것은 기득권을 지키려는 영남 인심을 반영한 것이기도 했다.

서울과 경기도는 호남과 영남의 지역 연고 다툼에 식상한 탓이었던지 여당인 노태우 지지가 의외로 높았다. 김대중은 서울에서 32.6퍼센트를 얻으며 1위를 했으나 이는 호남 이주민들의 지지로 보인다. 김영삼은 과천에서 1위를 했을 뿐이지만 경기도에서 김대중(21.3퍼센트)보다 많은 30퍼센트를 얻어 노태우에 이어 2위를 유지했다. 경기도 전입의 호남표가 이때는 영향을 주지는 못했다. 다만 성남시와 광명시는 김대중이 1위를 했다. 부천, 안산에서는 2위였다.

대선에 이어 1988년 총선거에서도 다시 한 번 지역연고주의를 반영했다. 김대중 총재의 평화민주당은 호남의 37석 중 36석을 휩쓸었고, 김영삼 총재의 통일민주당은 부산에서 15석 중 14석, 경남에서 22석 중 9석을 얻었다. 김종필 총재의 신민주공화당은 충남에서 18석 중 13석을 차지했다. 여당 민정당은 전국에서 34퍼센트를 얻어 125석을 차지했으나, 김대중의 평민당은 지지율이 19퍼센트뿐이었음에도 비례대표제로 70석을 확보해 제2당이 되었다. 통민당이 59석, 신공화당이 35석을 얻으며 한국정치사상 최초로 여소야대興小野大 정치판이 만들어졌다. 이 결과를 보고 위기의식을 가졌던지, 김영삼은 그토록 싸워 온 군부 세력 노태우·김종필과 합작, 민주자유당을 창당해 14대 대선에서 당선되었다. 정치란 결국 정권 장악이 목표라는 속성을 보여 준 본보기이다.

5.3.

1987년 선거결과와 지역주의 논란

1987년 선거가 끝난 뒤 국내 학계는 지역감정과 그 해소방안에 대한 논의가 성황을 이뤘다.

1988년 한국심리학회는 '심리학에서 본 지역감정'이란 주제의 춘계심포지엄을 가졌다(《심리학에서 본 지역감정》, 성원사). 이 자리에서 〈지역간 고정관념과 편견의 실상〉(김혜숙), 〈지역감정의 실상과 해소방안〉(김진국)이 발표되었다. 한국정치학회는 송복宋復 교수의 〈지역갈등의 구조적 요인〉(1988) 등을 담은 《한국정치의 민주화》(법문사, 1989)를 출간했다.

이보다 앞선 1985년 한국사회학회는 《한국사회와 갈등의 연구》(현대사회연구소) 특집을 냈다. 여기에서 전남대학교 문석남 교수는 〈지역갈등과 지역격차〉라는 제목으로 전남사정을 발표했다. 1982년 《국토연구》도 창간호에 〈한국의 지역격차와 지역정책〉(문석남)을 실었다.

광범위하게 지역주의를 다룬 책에는 한국사회학회가 펴낸 《한국의 지역주의와 지역갈등》(성원사, 1990)과 고흥화의 《자료로 엮은 한국인의 지역감정》(성원사, 1989)이 있다.

당시 논의를 요약하면, 현실적으로 지역에 대한 편견과 지역 사이의 갈등이 존재하고, 이것이 정치에 나타나고 있다는 것이다. 또 이 같은 갈등의 원인에는 역사적 요인도 있지만 경제성장 격차가 영향을 끼친 것도 사실이었음을 인정하고, 그 해소방안에 대해 고찰하고 있다.

당시 논의는 지역의식을 지역 간 경쟁을 넘어선 정치적 갈등으로 다룬 잘못이 많다. 1980년대의 지역문제, 경제개발 성과나 연구는 당시 정치사회 화두가 된 광주민주화운동의 배경을 말하는 주요 논제로 쓰였다.

따지고 보면 학술과제로 '지역개발'을 주제 삼아 문제를 제기한 견해는 이미 1960대 중반의 《한국경제연구》 제2집(한국경제연구회, 1967)에서 살필 수 있다. 당시 전남대학교에서 근무하던 박광순 교수는 〈지역개발과 경제성장-그 효과 판정을 기준율 중심으로〉라는 제목의 글에서 "지역개발의 성과는 단순한 효율성과 같은 경제적 합리성뿐 아니라 사회적 합리성이 동시에 중시되어야 한다"고 정치적 배려를 내비쳤다. 이 주장은 1960년대 중반 이후 호남 푸대접 시비의 정치화와 전남 근대화 촉진운동, 광주권 생산도시화 운동의 밑바탕이 되었다.

1987년 선거는 분수를 모르고 경쟁하던 삼김의 민중의식에 대한 착각과, 기득권을 대표하는 군부 잔재 세력 사이의 대결이었다. 삼김은 보기 좋게 나가떨어지고 전두환의 군대 동기인 노태우가 대통령이 되었다. 1962년 이후 25년 동안 지속해 온 군부통치가 다시 한 번 민주화 열기를 이겨낸 회한의 선거였다.

사람들은 1987년 대선을 지역주의 선거로 결론지었다. 김영삼은 경남에서 51.3퍼센트, 김대중은 호남에서 87.3퍼센트, 김종필은 충청도에서 34.6퍼센트를 얻은 데 견주어 군부 세력으로 매도했던 노태우는 경북에서 66.4퍼센트를 얻어 결국 대통령이 되었기 때문이다. 노태우는 경기도에서도 34.4퍼센트를 얻어 1위였고, 강원도에서도 59.3퍼센트, 제주도에서도 49.8퍼센트를 얻으며 1위를 기록했다. 충청도에서마저 김종필과 대등한 33.1퍼센트를 득표해 민주주의에 대한 열망이 아직 영글지 못했음을 보여 주었다. 당시 학계에서는 이 같은 정치적 후진성의 원인을 시민의식의 미성숙과 이해를 따지는 인간 본질적인 정서에서 찾으려 한 것이 아니라 지역갈등으로 치부하고 말았다.

1987년 선거 결과가 충격이었던 만큼 사회학자, 심리학자, 정치학자, 경제학자, 언론매체들이 총동원되어 역사적 연원부터 경제개발정책의 불균형, 인사정책의 편중과 불공정, 정치인들의 지역감정 이용 등까지 여러 방면에 걸쳐 분석을 했다.

그 결과 김영삼은 그토록 미워하던 군부 세력과 손을 잡고 대통령에 당선되었다. 역사적으로 신라 경순왕이 백기를 들고 왕건에 투항해 뒷날을 도모한 일과 견줄 만하다. 김부식의 이론에 따르면, 고려 왕실은 결국 신라 왕실의 외손 차지가 되었기 때문이다. 결국 김대중도 그토록 기피하던 5·16 쿠데타 주역의 한 사람인 김종필과 손을 잡고 대통령이 되었다. 민주화투쟁의 상징으로 추앙되던 두 사람은 결국 정치란 최후의 권력 쟁취라는 속성에 충실해 성공한 정치인이 되었다. 이들을 따르며 정의를 부르짖던 소시민들은 무력증에 빠져들었고 오직 지역의 집단이기 및 비체크에 최면된 꼴이 되어 버렸다.

지역감정에 대한 논의는 이미 1985년 국회의원 선거를 앞두고 시작되었다. 주로 전남 쪽 학자들이 주도한 이 분야 연구는 1984년 전남대학교 김진국의 〈지역민간의 편견적 태도 연구〉(《학생생활연구》, 전남대학교 학생지도연구소)로부터 불이 붙었다. 같은 대학의 나간채, 정근식은 《한국사회학》 제22집 여름호(한국사회학회, 1988)에 〈직업계층간의 사회적 거리감에 관한 연구〉를 발표했다. 이 무렵 김진국의 보고와 더불어 지역갈등문제 때마다 자주 인용된 설문조사 결과는 김혜숙의 연구(1988)이다. 1987년 조경근은 한국정치학회의 《합동학술대회 논문집》 7권에 〈한국정치의 현실과 과제: 정치사회화의 시각에서 본 영·호남간의 지역감정 실재와 악화 및 그 해소-광주 및 대구지역의 대학생들에 대한 설문조사를 중심으로〉를 실었다. 이들 연구는 한결같이 영·호남 사이에 갈등이 존재하며 영남 이외의 지역에서도 그 어느 지역보다 호남인에 대한 혐오가 강하다고 결론짓고 있다.

혈연과 지연주의는 인간이 유기체적 실체로 생존하기 위한 본능임을 인정해야 한다. 특히 호남 사람들이 다른 지역 사람들로부터 가장 거부감을 일으키는 요인의 하나는 포기할 줄 모르는 끈질긴 지역성 때문임을 이해시켜야 한다. 개발 최성기에 살 길을 찾아 잘 사는 곳에서 일감을 찾을 수밖에 없던 후진 지역의 설움을 이해해야 한다. 이 점은 앞으로 두 지역의 지리와 인물편에서 다시 다루기로 한다.

두 번째로 많이 다룬 문제는 개발 차등과 지역격차, 인사의 불공정 문제였다. 이 점 또한 주로 전라도 연고자들이 들춰낸 문제점들이다.

1984년 전남대학교 문석남 교수는 《한국사회학》 18집 겨울호(한국사회학회)에 〈지역격차와 갈등에 관한 한 연구-영·호남 두 지역을 중심으로〉라는 글을 썼다. 그는 ① 토지개혁의 실패, ② 일제 식민정책의 지역개발 불균형과 귀속재산 처분, ③ 재벌의 편중과 지연성 투자, ④ 지역 편중 경제개발정책을 지적했다. 같은 대학의 정근식도 광주민중항쟁을 다루면서 조선시대의 호남 집중수취, 일제하 호남의 농산 특화 식민정책, 일제강점기의 소작쟁의, 광복 이후의 적산기업체 연고 불하, 6·25전쟁 뒤 미국 잉여농산물 공급에 따른 농업지대 몰락 등 지리적·사회적 극한 항쟁의 필연성을 주장했다.

인사의 불공정

광복 후 고위관료의 인사 편중을 다룬 김만흠은 1988년 현대사회연구소의 연구보고에 지역 편중 인사의 실태를 분석해 제출한 뒤 이를 〈동아일보〉에 실었다. 이 일로 연구원 26명이 집단해고를 당하기도 했다. 이 내용은 〈주요 엘리트 충원상의 불균형〉(고흥화, 1989, 109~126쪽)에서 자세하게 다루고 있다. 그는 이 자료집에서 제1공화국 이후 제5공화국까지 고위관료 1,020명을 출신 지역별로 집계해 보면 경상도가 28.3퍼센트, 전라도가 11.6퍼센트로 차별이 계속되어 왔다고 소개하고 있다.

1988년 《신동아》 1월호는 〈영남이 서울을 점령했다〉는 제목의 기사에서 1966년 서울시장 김현옥, 1970년 양택식, 1974년 구자춘, 1978년 정상천, 1980년 박영수가 모두 영남 출신이었음을 소개했다. 이처럼 시장이 영남 인사로 계속되는 가운데 서울시 간부 과반수가 경상도 출신들이라 호남 출신을 간부로 승진 시키려 해도 사람이 없다고 지적했다.

〈한국일보〉는 1989년 1월 8일자 신문에서 〈거대파워.커넥션 TK사단〉이란 제목으로 1988년 12월 26일 저녁모임에 80여 명 의 경북·대구 출신들이 모였다고 소개했다. 이 자리에서 정호 용 의원이 인사말에서 "TK사단이 다 모였군"이라고 한 뒤 단합 을 강조한 내용이 소개되었다. 이 자리에는 김윤환 민정당 총 무, 정호영, 박준규 의원, 박철언 대통령 특별보좌관, 문태준(보 건사회부)·장영철(노동부)·김창근(교통부) 등 장관, 최석채 대구매 일 명예회장, 정수창 전 대한상의 회장, 김준성 대우 고문, 사 공일, 정해창 전장관, 신현호 삼성전자 상무, 김상조 경북지사 등이 참석했다고 유력 참석자들을 나열했다. 이 자리에 참석하 지 않은 TK인사인 노태우 대통령, 김중권 민정당 사무처장, 지 역구의원 25명, 전국구의원 9명 등 34명이 대구회란 이름으로 활동하고 있다고 했다. 노태우의 경북고 동창으로는 구본호 KDI원장, 정소영 전 농림수산부장관, 이맹희 전 삼성 부사장, 정춘택 금융통화위원, 김윤환 민정당 총무, 오재희 주영대사, 김상조 경북지사가 있고 김복동 의원은 처남, 금진호 전 상공장 관은 동서이다. 이 신문은 이외에도 검찰총장을 지낸 서동권, 전 법무부장관 배영호, 오탁근, 김용철 전 대법원장, 문태갑 전 서울신문사장, 황필선 전 MBC 실장, 최상엽 대검차장, 전경식 공안부장, 박종철 대검중수부장, 김영일 대통령 사정비서관과 검사 70여 명이 경북고 출신이라고 소개한 바 있다.

연세대학교 김용학 교수도 〈엘리트 충원, 탈락의 지역격차〉 (《지역감정연구》, 252~290쪽)란 글에서 호남 사람의 16.7퍼센트가 인사차별을 겪고 있다고 생각하지만 영남 사람들은 6.1퍼센트만이 인사에 차별이 있다고 느끼고 있다고 했다. 그는 전라도 사람의.20퍼센트가 취업에서 불이익을 당했고 11퍼센트가 승진상 불이익을 당했음을 응답했다고 했다.

역대 육군참모총장 27명 가운데 10명이 영남 출신, 1명이 호남 출신이었다. 제3·4공화국 시절 경상도의 유정회 의원은 1백명, 전라도는 53명이었고, 5공화국의 경상도 출신 전국구의원은 68명, 전라도 출신은 26명으로 그 차가 심했다. 이처럼 인사가 편중되어 왔는데도 경상도 사람들 가운데 이 격차를 줄여야 한다고 응답한 사람은 겨우 14.2퍼센트에 지나지 않았다. 전라도 사람들은 32.1퍼센트가 인사는 공정하고 균형 있게 이뤄져야 한다고 응답했다.

개발의 불균형

지역갈등의 가장 큰 요인은 경제적 불균형에 있다는 생각에는 호남 사람의 49퍼센트가 동의했지만, 영남 사람은 겨우 16.5퍼센트가 동의했을 뿐이다. 오히려 지역 사람들의 편견 때문이라는 답변이 31퍼센트였다.

지역감정이 경제적 격차에서 왔다는 주장이 76.2퍼센트로 인사 편중(68.1퍼센트)보다 앞선다는 주장이 김용학 교수에 의해 제시된 바 있다(282쪽). 지역개발 격차에 대해서는 전북대학교 최원규 교수의 〈경제·개발의 격차와 지역감정〉(311~330쪽)에 자세히 나와 있다.

1986년 현재 영남의 사업체 수는 3만 2,311곳으로 전국의

64.5퍼센트이고, 호남은 전국의 9.6퍼센트인 4,805곳이다. 공업단지 수는 1980년대까지 영남은 26곳, 호남은 16곳으로, 1986년 두 곳의 생산액은 영남이 23조 2,440억 원인 데 견주어 호남은 5조 680억 원이었다. 1987년 총자산 비중은 영남이 30.8퍼센트, 호남이 11.55퍼센트였다.

1980년도 경상도 주민 1인당 소득은 96만 4,216원이었는데 전라도는 73만 2,283원이었으며 저축수준의 비율은 2.1 대 1이었다(고흥화, 1991, 134쪽).

1982년 서울대학교 환경대학원이 서울의 영세민 실태를 조사한 출신도별 비율을 보면 전라도 출신 영세민이 34.19퍼센트, 영남 출신이 17.51퍼센트로 두 배의 차가 있었다.

이 같은 상대적 빈곤의 체감은 지역적 차별의식을 심화시켜 왔다. 이런 감정이 정치현실로 나타나고 있으므로 정책적으로 차별을 시정해 가면서 접촉과 대화의 기회를 늘려 이해의 폭을 넓혀가야 한다고 주장하고 있다.

이 무렵 서울대학교 한상진 교수는 사회적 여건이 이념을 주된 정체성으로 집합할 기회가 억압되면서 반사적으로 빗나간 현상이 지역갈등이라고 보았다. 배분의 문제가 지역이 아닌 계층으로 이동할 때 새로운 발전의 계기를 맞을 수도 있을 것이므로 제도적으로 정당의 탈지역화가 구상되어야 한다고 보았다. 그는 구체적인 방안으로 내각책임제 검토를 주장했다. 1990년대 접어들면서 이력서에 본적란을 없애고 주민등록표의 기재 방식까지 바꿨으나 지역 간 연계를 인위적으로 막는 데는 한계를 나타내고 있다.

광복 후 1970년대까지 한국사회 지배층에 관한 연구는 김영모의 논문 〈한국사회의 권력지배층의 사회적 배경에 관한 연구〉(《진단학보》 33집, 진단학회, 1972)가 많이 이용된다.

- 1960년까지 정치지도자의 36퍼센트는 지주 출신, 24퍼센트가 농업 종사자, 5퍼센트가 사원이다.
- 1962년까지 장관 119명 가운데 33.9퍼센트가 지주, 27.1퍼센트가 농업 종사자, 16.9퍼센트가 관리 출신이다.
- 대자본가의 51.2퍼센트가 지주, 14퍼센트가 상업 종사자, 11.6퍼센트가 농업 종사자 출신이다.
- 변호사의 32.1퍼센트가 농업 종사자, 30.6퍼센트가 지주, 12퍼센트가 상업 종사자, 9퍼센트가 전문직이다.
- 대학 교수의 29퍼센트가 지주 출신이고, 16.4퍼센트가 공업 종사자, 12.9퍼센트가 농업 종사자 출신이며 전문직 출신은 12.7퍼센트, 사원 출신은 11.1퍼센트이다.

광복 이후 20여 년 동안 한국사회 지배층은 주로 소수의 대지주와 관료 및 자작농 정도의 중산층자녀들이 장악하고 있었다. 군사정권이 들어서면서 지주 출신이 23.5퍼센트로 줄어들고 기업가 출신이 17.7퍼센트, 전문가 출신이 8.8퍼센트로 늘어나기 시작했다.

광복 후 기업은 자기투자 49퍼센트, 귀속재산을 불하받은 경우가 15퍼센트, 기업 관료가 운영하는 경우가 24퍼센트로 광복 후의 특수성을 반영하고 있었다.

출신지별 통계에서 이미 영·호남이 큰 차이를 나타내고 있다. 이를테면 1930년 국세조사 때 사회 지배층의 영남 대 호남 비율은 21 대 18이었으나 1962년 지배층 분포 비율은 오직 변호사가 17.9 대 21.6으로 호남이 영남에 앞섰을 뿐이고, 거의 모든 분야에서 영남이 배 차이로 호남을 앞섰다.

- 정치인 : 영남 24.5 대 호남 16.7
- 장관 : 영남 20.1 대 호남 11.2
- 기업인 : 영남 32 대 호남 4
- 관리 : 영남 22.6 대 호남 11.3
- 교수 : 영남 17.2 대 호남 9.5
- 작가 : 영남 21.1 대 호남 9.7

경상대학교 김덕현 교수의 〈한국의 자본주의적 산업화와 지역불균등발전〉(한국공간환경연구회 편, 《지역불균형연구》, 한울, 1994)는 공간을 중심으로 한 투자를 다루고 있다.

그에 따르면, 1990년 기준 산업기지의 55.1퍼센트, 지방 공단의 42.6퍼센트가 영남을 중심으로 한 동남권에 편중되어 있다. 이에 견주어 호남을 일컫는 서남권에는 산업기지가 21.5퍼센트, 지방공단이 38.2퍼센트로 영남권의 절반에 미치지 못한다. 또 1980년 기준 전국 제조업 종사자의 40퍼센트, 고정자산의 47.4퍼센트가 영남에 집중되어 있다. 호남의 제조업 종업원 수는 6퍼센트, 고정자산은 10퍼센트로 견줄 대상이 아니다.

정부는 1972년부터 1980년 사이 수도권과 영남권에 정부 총투자의 83퍼센트인 7조 1,944억 원을 편중 투자했다. 이를 뒷받침하기 위한 사회간접투자도 92퍼센트가 편중되었다. 이 같은 불균형은 지역적 집단저항을 불러일으키기 마련이다.

이러한 개발의 불균형은 이미 일본의 식민시절에 시작된 것이다. 1930년대 일본은 한반도를 대륙 침략을 위한 병참기지화하면서 남반부는 식량기지로, 북반부는 공업지역으로 개발했다. 다만 일본에서 가까운 부산을 중심으로 소비재공장을 설립했다. 광복 이듬해의 통계를 보면 남한의 공장 5,249개 가운데 55퍼센트인 2,928개가 경남 지역에 집중해 있었다.

광복 후 일본 등지에서 동포들이 귀국한 가운데 2년 사이에 경상도 인구는 138만 명이 늘어나고, 전라도는 85만 명이 늘어나면서 경상도는 기술자 수가 더 많아졌다. 이에 더해 6·25전쟁 당시 북한 피란민 가운데 기계공업 기술자들이 더러 있었고, 다른 도와 달리 전쟁 피해마저 입지 않아 지정학적 특혜를 톡톡히 보았다. 더구나 부산은 피란정부가 있던 곳으로 경제의 중심이었다.

1960년 지역별 제조업 통계를 보면 전국 1만 5,204개 업체 가운데 경상도에 39.4퍼센트가 집중해 있었다. 전라도는 그 절반에도 미치지 못하는 17.2퍼센트였다. 종업원 수로 보면 전국 27만 5,254명 가운데 39.5퍼센트가 경상도에 있었고 전라도의 종업원 수는 12.5퍼센트에 지나지 않았다.

이처럼 지역 간 격차뿐 아니라 기업 규모에도 큰 차이가 벌어졌다. 이는 1960년 재벌 형태를 띤 국내 기업은 모두 24개였다. 그 가운데 7개 기업주가 경상도 출신이었던 것으로도 알 수 있다. 1970년 중반은 국토개발계획이 본격화되던 시기인데, 1975년 말 56개 재벌기업 가운데 39.3퍼센트(22명)가 경상도 출신으로서 이미 정경유착에 따른 지역적 특혜로 독점자본이 편중되고 있었음을 보여 주었다.

두 지역에 대한 선입견

오랜 세월 전라도 사람에 대한 나쁜 선입견은 자신의 경험에 따라 체득된 것이 아니라 합리적 근거도 없는 주변의 그릇된 학습에 따라 고착되어 왔음이 여러 사회학적 조사를 통해 밝혀졌다. 다음 내용은 《한국인의 지역감정》(성원사, 1989)에서 간추린 것이다.

● 김태오, 《민족심리학》(1950)

경상도 : 큰 산처럼 지조 있고 성격이 굳세다(泰山喬嶽)
전라도 : 바람 불 때의 버들처럼 부드럽고 영리하다(風前細柳)

● 김진국(1977) −전국 대학생 학술연구 최우수상

전라도 사람에 대한 부정적 인식은 경상도 출신만의 편견이 아니라 서울, 충청도 등 다른 지역 사람도 별반 다르지 않았다.

경상도 : 시끄럽고 의리 있고 결단력이 있다
전라도 : 생활력이 강하고 타산적이고 야심이 많다

● 김진국, 〈지역감정의 실상과 해소방안〉(1988, 85쪽)

백 점 척도로 환산한 각 지역민 상호간 호오(좋고 나쁜) 태도

평가 대상 피험자 집단	서울 사람	충청도 사람	전라도 사람	경상도 사람
서울 출신	59.3	56.0	48.8	60.4
충청도 출신	57.0	58.9	45.6	66.0
전라도 출신	53.1	55.8	61.5	58.3
경상도 출신	56.7	59.0	49.8	66.7
전 피험자	56.5	57.4	51.4	62.8

● 이진숙(1959) −755명 대상 25개 항목 조사

　전라도 사람은 간사하다(17.9퍼센트)/영리하다(37.9퍼센트)

　경상도 사람은 무뚝뚝하다(67.4퍼센트)

● 고흥화·김현섭(1976) −18세 이상 대학생 대상 조사

　전라도 : 생활력 강하다/영리하다/사교적이다/이기적이다/
사회성이 없다

　경상도 : 생활력 강하다/결단성 있으나 시끄럽다

　위 인상은 41.5퍼센트가 자신이 경험으로 얻었고 나머지는 부모·친구·
이웃·매스컴 등을 통해 들었다고 했다.

　전라도 출신과 결혼 반대(56퍼센트), 친구 반대(61퍼센트), 동업
반대(63퍼센트), 정착 거부(36퍼센트), 동거 거부(59퍼센트)

● 김만흠(1987) −18세 이상 2,050명 대상

　전라도 : 소외에 따른 불만, 대결의식

　경상도 : 방어, 우월의식

　5공화국 관료 : 영남 43.6퍼센트/호남 9.6퍼센트

　1공화국 관료 : 영남 18.8퍼센트/호남 6.2퍼센트

　3·4공화국 관료 : 영남 30.1퍼센트/호남 13.2퍼센트

　사법부 : 영남 20.6퍼센트/호남 23퍼센트

● 김진국(1987) −영·호남 지각 차이

　전라도 : 구조적 차별에 따른 피해의식

　경상도 : 전통적 편견과 방어의식

● 조경근(1987) − 광주·대구 대학생 의식소사

　광주 학생 : 영남 정권 편중 정책의 피해자

　대구 학생 : 호남 사람들의 성격과 행동이 싫다

5.4.

지역갈등의 조사

지역 사이의 사회적 거리감에 대한 설문조사나 연구는 여러 단체와 학자에 따라 이뤄지고 발표되었다.

앞에서 언급한 바 있는 김혜숙, 나간채, 정근식, 조경근의 연구 외에도 서울대학교 민경환 교수가 발표한 〈사회심리적으로 본 지역감정〉(《지역감정연구》, 171~189쪽)이 있다. 그는 지역 사이의 갈등은 경상도와 전라도의 문제가 아니라 전라도와 전라도 이외 전 지역의 관계로서, 경상도 사람들보다 서울, 충청도 사람들의 비호도非好度가 더 높았다고 밝히고 있다. 또 이중환이 《택리지》에서 전라도를 "간사함을 숭상하여 나쁜 데에 쉽게 움직인다"고 언급한 기록이 보편적인 편견으로 고정되었다고 보았다.

이 같은 1980년대 후반 학계의 관심에 앞서 1983년 전남지역개발협의회는 전남대학교에 전남인의 가치관과 의식구조에 대한 연구 용역을 맡겨 결과를 보고받은 일이 있다(문석남, 《전남인의 의식구조》, 대왕사, 1984). 당시 연구팀은 전남도민 630명을 상대로 설문조사를 실시해 이를 수합했다. 조사는 정치의식, 가치관, 민주의식, 통일관 등 여러 분야에 걸쳐 실시되었다. 이 가운데에서 전남 사람들은 스스로를 어떻게 생각하는가 질문한 항목이 있다.

응답자의 65.1퍼센트가 전남에 태어난 것을 자랑스럽다고 응답했다. 지역 전통문화 전승이 좋다는 데 83.3퍼센트가 동의했다.

성품에서 의리와 의협심이 강하다고 생각하는 수는 25.4퍼센트, 인심이 비교적 후하다는 생각이 41.1퍼센트였으나, 부정적인 점도 스스로 인정하는 답변들이 나왔다.

머리가 좋아 상대를 이용하려 든다고 보는 사람이 20.3퍼센트, 높은 권력에 아부하는 성질이 있다는 답변이 7.5퍼센트, 줏대 없이 남의 말을 잘 따른다고 답변한 응답자가 5.7퍼센트였다.

지역이 낙후했다는 데 76.6퍼센트가 동의하고 그 원인이 불리한 산업입지(24.1퍼센트)보다 정책 소외 때문이라고 생각하는 사람이 거의 배에 달했다(45.6퍼센트).

5.5.

주민 이동과 편견의 심화

왕따당한 전라도 사람들

한남대학교 지역개발연구소의 박용남 연구위원은 〈오늘의 지역감정 실태〉(《지역감정연구》, 40~80쪽)에서 고려 이전 삼국시대에 이미 지역감정이 시작되었다고 대답한 설문 응답자가 3퍼센트에 달한다고 제시했다. 일부 전남 지방 인사는 신라가 당나라와 함께 백제를 망하게 한 것이 가장 큰 요인이라고 말한다. 성씨 통계를 보면 지금 전라도 사람 가운데 백제 토박이는 별로 없다.

지역갈등은 인간도 생태계의 일원이므로 생태계가 겪는 숙명이라 할 수 있다. 앞서 살핀 바와 같이 전라도와 경상도는 풍토와 역사적 전통이 다를 뿐 아니라 그 기층 세력의 유입경로나 역사도 다르다. 이처럼 이질적인 두 곳 사람들의 유전자에 승리와 패배의 역사에 따른 지역 우월의식과 패배·열등의식이 잠재해 왔음을 부인할 수 없다. 광복 후 정치지배체제가 여전히 경상도 우위를 지속하면서 선거제도가 연고주의의 잠재의식을 외연화하는 불쏘시개가 되었다.

박정희 정권이 노골적인 지역 편중 개발로 지역갈등을 악화시키면서 전라도 사람들은 일자리를 찾아 고향을 떠나기 시작했다. 1988년 리스피아르조사연구소가 실시한 〈1989년 한국인 라이프스타일 조사〉에 따르면 당시 서울 거주자 가운데 서울 출신은 22.8퍼센트였다. 타관 사람 가운데는 전라도 출신이 이와 거의 비슷한 22.7퍼센트로 1위를 기록했다. 경상도가 17퍼센트로 2위, 충청도가 15.8퍼센트로 3위, 경기도가 13.8퍼센트로 4위였다.

1983년 박영숙의 도시 빈민에 관한 연구(〈도심지 빈민의 경제적 적응방식에 대한 연구〉, 이화여자대학교 석사학위논문)에 따르면, 전라도 본적자가 서울 도심지 빈민의 30.3퍼센트였고, 경상도가 16.1퍼센트, 경기도가 9.4퍼센트, 충청도가 9.3퍼센트였다. 서울 거주 호남 출신자의 이주 원인은 63.2퍼센트가 '공업이 발달하지 못해 취업 기회가 없으므로'였다. 타지에서 온 낯선 사람들은 이미 자리 잡고 살아오던 토박이들에게 경계의 대상일 수밖에 없었다.

지역갈등을 지역이동의 특성에서 본 송복 교수의 연구(한국정치학회 편. 1989)에 따르면, 광복 직후에서 1960년대 사이에도 한국인의 도시 이동은 이미 동시대 유럽의 도시 이동보다 16배나 빨랐다. 1960년부터 1985년까지 25년 동안에는 4백 퍼센트를 넘어섰다.

한국의 인구 이동은 1983년 24.7퍼센트로 절정을 이루고 점차 수그러들었으나, 이 속도는 일본의 4배, 대만의 3배, 유럽의 11배나 되는 수치다. 이 같은 이동지수는 그 사회의 접촉 빈도나 상호 소통과도 관련된다. 사회변동 속도가 지나치게 빠르면 가치를 공유하는 공동체 구성을 방해한다. 만났다가 금세 헤어지는 사회관계는 무관심과 불신을 확산시킨다. 그런 사회는 막연한 출신 성분을 중심으로 한 지역적 편파성이 지배하게 된다.

1960년대 전라도 인구는 594만 8,265명이었고 1985년 인구는 594만 9천 명으로 큰 차이가 없다. 이에 견주어 경상도 인구는 803만 266명이 1,210만 5천 명으로 전라도의 두 배가 될 만큼 늘어났다.

25년 사이 벌어진 두 지역 인구수가 이렇듯 차이 나게 된 것은 자연적인 증가에 따른 것이 아니라 역내 인구 흡수요인의 차이에서 온 것이다. 이 기간 전라도에서는 377만 명이 도외로 이주했으나 경상도에서는 겨우 92만 명이 도외로 유출되었다. 1987년의 경우 전라도 사람들은 13만 3,418명이 서울·인천·경기도 지방으로 이주했으나 경상도 사람들은 겨우 6만 6,819명이 서울과 경기, 인천으로 이사 갔다(송복, 한국정치학회 편, 1989).

이와 같은 정도 이상의 급격한 전·출입은 전입지역 원주민에게 혐오감과 불신감을 주는 근본 원인이 된다. 첫째, 이웃으로 이사 온 사람이 낯선 지역 사람이기 때문이다. 두 번째, 공간적 토박이의 기득권을 앗아가는 외래 경쟁자의 증가는 생체적 저항감을 준다. 완도의 노화읍 마안도 섬에서는 자식의 분가로 열두 집 이상이 될 것 같으면 섬 주민들이 함께 돈을 모아 이들을 타관으로 이사 보낸다. 이 섬의 자원으로는 열두 집 이상 살 수 없다고 믿기 때문이다.

전라도 사람들의 고향 이탈은 더 잘 살아 보자고 서울과 그 변두리로 밀려갔다는 점에서 중국인의 미국 이주와 비슷하다.

미국의 중국인 이민 배척

동양의 제국 청나라[中國]은 1840년 아편전쟁에 패하면서 쇠망의 길을 걷게 되었다. 뒤이어 국토의 절반 이상을 이웃 섬나라 일본에 내주는 수모를 겪으면서 서양은 말할 것도 없고 일본에서마저 비웃음을 샀다. 이 기간 뒤늦게 중국인들은 기회의 땅을 찾아 탈출을 시작해 열국 침략 때 가장 온전했던 '이민의 나라', 미국으로 몰려갔다. 1851년 4만 1,397명을 시작으로, 1871년 미국의 중국 이민자 수는 12만 3,201명으로 절정을 이뤘다. 남북전쟁이 끝나면서 불황이던 때 중국인들의 대규모 이민은 미국노동조합의 저항을 불러일으키기 시작했다. 이민의 나라 미국에서마저 물밀듯 몰려오는 중국 이민자들을 꺼리며 1882년 〈중국인 배척법Chinese Exclusion Act〉을 제정해 중국인 이주를 제한했다. 이 중국인 배척법은 1943년에야 폐지되었다. 이주지로부터 괄시와 따돌림을 당한 중국인들은 차이나타운을 조성해 그들만의 살길을 찾았다.

오늘날 미국에는 중국 출신 이민자들 5백만 명이 살고 있다. 2012년에는 주디 추Judy May Chu, 1953~ 중국계 민주당 하원의원을 배출하고 〈중국인 배척법〉의 잘못을 인정하는 사죄결의안을 통과시켰다. 미국 내 중국 화교계 단체 수는 160여 개에 달하며, 이들은 그 어느 민족보다 응집력이 강하다. 그들은 조국 중국이 개방정책을 쓰면서 문호를 개방하자 물밀듯이 조국에 돌아와 중국의 영광을 재건하는 데 일정한 구실을 맡고 있다.

비록 〈중국인 배척법〉과 같은 법적 제재는 없었지만 경계받으며 괄시받고 불신받는 타관살이는 심정적으로 배척법이 있는 것과 다를 것이 없었다. 중국인들이 생존을 위해 차이나타운을 세웠듯 호남인 집단거주지역이 생겨났고, 이들이 이심전심으로 단결력을 과시해 지역의원을 배출하고 시장, 구청장, 국회의원을 당선시켜가고 있다. 이 같은 현상은 인간생태의 순리이다. 조국의 영광을 위해 해외 화교들이 힘을 보태듯이, 전라도가 균형발전을 위해 스스로 노력할 때 멀리 떠나 따돌림당했던 향우들이 힘을 보탤 것이다. 한이 깊을수록 집념도 강한 법이다.

전라도 출신 배척에 대한 사례는 앞에서도 살펴본 바 있다. 김만흠(1987)의 조사 결과 응답자의 45.6퍼센트가 전라도 출신과 자녀의 결혼을 반대하겠다고 응답했다. 또 호남인 응답자 가운데 66.7퍼센트가 출신지역 때문에 인사나 승진에서 피해를 볼 수 있다고 응답했다.

최홍국(1988)의 조사에서는 전라도 사람에게 월세나 하숙을 주기 싫다고 응답한 수가 63.5퍼센트였다(《지역감정연구》 179쪽).

박용남(1989)의 조사 결과 소속집단에서 소외 등 피해를 경험한 전남 사람은 50.7퍼센트, 전북 사람은 51.1퍼센트였다. 이 조사에서 같은 경험을 한 부산 사람은 23.8퍼센트, 경북 사람은 18.4퍼센트로 호남의 절반에 못 미쳤다.

통계청은 1985년 이전의 자치단체별 주민 이동에 관한 통계가 없다면서 주민 이동 자료를 공개하지 않고 있다. 이력서에 본적란을 없앤 세상이므로 지역별 출신 인구를 알 길은 주민등록상 전출입 통계뿐이다. 다행스럽게도 전석홍(全錫洪) 전 전남도지사로부터 성남시 성립 전후의 사정을 연구한 〈성남시와 서울시 간의 경제적 교류에 관한 연구〉(서울대학교 석사학위논문, 1973)

를 제공받았다. 이 연구에서 1970년대 호남인의 서울 이주 양상을 단편적으로나마 살펴볼 수 있다.

1977~1978년은 가뭄으로 호남은 모내기를 하지 못해 흉년을 겪었다. 1968년 전라남도 인구 통계에는 이해에만 5만 5,400명이 고향을 떠났다고 되어 있다. 먹을 것이 없던 농민들은 서울로 일자리를 찾아 몰려갔고, 무허가 판자촌에서 먹고 자면서 날품을 팔았다. 1969년 5월 서울시는 무허가건물이나 천막에 거주하던 3,301가구 1만 6,505명을 서울시 밖의 광주군 중부면 산기슭에 강제 이주시키고 제대로 정지되지 않은 땅을 12평씩 나눠주었다.

서울시 예산으로 진행된 이 서울무허가주택주민이주단지는 광주대단지사업이라 불렸다. 사업을 추진한 당시 서울시장 김현옥은 1970년 와우아파트 붕괴의 책임을 지고 물러났고, 이 사업은 뒤이어 취임한 양택식에게 승계되었다. 뒷날 성남단지로 불린, 이 선이주 후개발先移住後開發 식의 군사작전 같은 개발사업으로 이뤄진 도시가 바로 오늘날의 성남시이다.

1971년 광주군 성남출장소의 주민 13만 9,887명 가운데 25.5퍼센트가 전남·북에서 서울로 이주해 온 사람들이었다. 성남단지 원주민은 5,331명이었고 서울 본적자는 17.4퍼센트였으며 경상남·북도 사람은 10.5퍼센트였다(전석홍, 1973).

전라도 사람들의 서울 전입이 그 어느 곳보다 많았고 이주 생활수준도 가장 나빴다. 교섭이 없던 낯선 사람들이 이웃에 몰려왔는데 살림마저 가난하고 보면 경계와 괄시의 대상이 될 수밖에 없었다. 다른 지역 출신들도 끼어 있었지만, 이들을 싸잡은 부정적인 인상은 그 수가 가장 많았던 전라도 사람들에게 집중되었을 것이라는 점을 상상할 수 있다.

　이처럼 차별당하고 경계받다 보면, 중국인들의 보호벽인 차이나타운처럼 호남타운형성이 강제되는 형국이 되고 만다. 전라도가 자기중심 집단의식이 보기 드물게 강한(74.9퍼센트) 지역이 된 것(박용남, 1989)도 1970~80년대 이주지에서 배척당한 탓이라고 할 수 있다. 그 이전부터도 전라도 이외의 지역에서는 호남에 대한 역사적·풍수적 요인으로 말미암은 부정적인 선입견이 자리하고 있었으므로 전라도민들이 환영받을 수 없었음은 말할 것도 없다.

제 6 장

지역주의는
이념에 앞선다

6.1.

광복 후 영호남의 인구 이동

앞서 지리와 문화를 살피며 이미 두 지역의 땅을 비교해 보았고, 주민 이동이 어떻게 편견을 심화시켰는가도 다룬 바 있다. 오늘날 경상도의 총면적은 전라도 면적보다 절반가량(54.5퍼센트) 더 넓은 3만 2,270제곱킬로미터다. 땅 면적 가운데 경상도는 전체 면적의 67.78퍼센트가 임야이고, 전라도는 55.1퍼센트로 경상도 임야 면적의 절반가량이다. 농사짓는 땅은 산골전답일망정 8,852.5제곱킬로미터로 전라도 땅 5,449.8제곱킬로미터보다 1.26배가량 많다.

【 표 6 】 조선시대 이후 영·호남의 인구 변화

연도	경상도	전라도	차이	전국
태종 4년(1404년)	장정 98,915	장정 39,151	2.52%	322,786
인조 26년(1648년)	424,572	431,837	−1.01%	1,531,365
현종 10년(1669년)	1,173,941	973,371	1.2%	5,018,744
정조 원년(1777년)	1,588,624	1,221,624	1.3%	7,238,523

연도	경상도	전라도	차이	전국
헌종 8년(1842년)	1,521,279	1,082,592	1.4%	6,625,682
철종 11년(1860년)	1,447,800	916,804	1.57%	6,828,521
1910년	2,875,744	2,448,891	1.18%	12,035,282
1944년	4,879,397	4,125,401	1.18%	15,890,110
1946년	6,364,582	4,961,270	1.28%	19,369,270
1949년	6,341,000	5,092,000	1.24%	20,189,000
1960년	7,824,000	5,948,000	1.31%	24,989

《실록》 및 통계연보를 중심으로 필자가 작성

조선시대 두 지역의 인구를 비교해 보면, 전라도 인구가 농토 차이만큼 계속 경상도보다 적었다.

일제 식민지 시절에도 경상도 인구가 전라도보다 18퍼센트가량 많았다. 광복 후 인구 격차는 더 벌어져, 1960년 말 경상도는 782만 4천 명, 전라도는 594만 8천 명으로 187만 명의 차가 생겼다. 광복 이후 일본에서 귀국해 정착한 수와 6.25전쟁 때 몰려온 피란민 탓이었다.

1963년 이후 1979년까지는 박정희 정권 시대이다. 이 기간에 중화학공업 진흥 등 산업화 정책과 함께 경부고속도로 개설 같은 지역 편중 개발이 진행되었다. 중화학산업을 진흥한다며 경상도에는 포항제철공단, 울산자동차공단, 거제조선공단, 구미전자공단 등 네 개 공단을 집중시켰으나 호남에는 여천에 화학공단 하나를 세웠을 뿐이다. 이처럼 개발 정책이 편중되어 있었지만 1970년대에는 본격 가동에 들어가지 않았던 탓으로 심한 주민 이동은 일어나지 않았다.

1975년 경상도 인구는 813만 9천 명, 전라도는 644만 명으로, 아직 이동할 곳을 찾지 못한 농촌 인구가 절정을 이룬 시기다.

1949년 이후 서울의 인구 증가 속도나 전국 인구 증가율로 따진다면 경상도 인구는 1,080만 명, 전라도 인구는 870만 명에 이르렀어야 할 시기이다.

박정희 대통령에 이어 같은 경상도 출신인 전두환 대통령 시절 제1차 국토개발 5개년 계획이 시행되었다. 이 개발이 끝난 1985년 말에는 1970년대의 산업화 효과에 경제개발 성과가 겹치면서 두 지역의 인구는 경상도 1,069만 명, 전라도 595만 명으로 큰 차이를 보였다. 전라도와 경상도의 개발 격차가 뚜렷하게 드러난 시기이다.

6·25전쟁 직전인 1949년을 기준으로 1985년까지 37년 사이 국내 인구는 두 배로 늘어 2천만 명이던 인구가 4천만 명이 되었다. 이 인구 증가율을 각각 두 지역에 적용할 경우, 경상도 인구는 1,268만 명으로 전국 증가율과 큰 차가 없다. 이에 견주어 전라도는 전국 평균만큼 늘어났다면 인구가 1,018만 4천 명에 달해야 하는데, 실제 인구는 595만 명으로 이보다 423만 명이나 적다. 이 수만큼 어디론가 살곳을 찾아 옮겨 갔음을 뜻한다.

【 표 7 】 1949년 기준 인구 증가 추이 (단위: 만 명)

연도	전국 인구	기준 증가율	경상도 인구	가상증가 인구	전라도 인구	가상증가 인구	비고 (두 지역 차)
1949년	2,018.9		634.1		509.2		1.24%
1960년	2,498.9	1.23%	782.4	779.9	594.8	626.3	1.31%
1975년	3,470.6	(1.76)	819.8	1,084.3	644.0	870.7	1.26%
1985년	4,044.8	(2.00)	1,206.9	1,268.2	595.0	1,018.4	2.02%
2000년	4,613.6	(2.28)	1,286.2	1,445.7	524.8	1,160.9	2.45%
2010년	4,858.0	(2.40)	1,270.2	1,521.8	499.3	1,222.0	2.54%

1975년을 기준으로 1985년 말까지 10여 년 사이의 인구 통계를 보더라도 전라도 사람들이 얼마나 많이 고향을 떠났는지 살필 수 있다. 호남 통계청 자료에 따르면, 주민등록부에서 1975년 이후 13대 대통령 선거 직전인 1987년 말까지 서울로 주소지를 옮긴 전라도 사람은 모두 237만 명이었다. 그 가운데 다시 고향에 돌아오거나 다른 곳으로 옮기지 않고 서울에 남은 전라도 사람은 121만 7천 명이다. 광복 직전부터 1980년대 초의 서울 토박이들은 그 수가 늘어 모두 약 161만 명 정도 되었다. 그 땅에 가난하고 말이 거친 전라도 사람들이 237만 명이나 몰려왔으니 얼마나 경계했겠는가. 1982년 서울시내 영세민의 34.19퍼센트가 호남 출신이었던 것으로 보아도(서울대학교 환경대학원, 1982) 혐오스럽고 귀찮은 존재였음이 틀림없다. 이런 환경에 놓이고 보면, 직접 괄시받거나 차별당한 경험이 없는 전라도 사람들까지도 결속할 수밖에 없게 된다. 이 결과가 1987년 대통령 선거와 1988년 총선거에 나타나고 있다.

　　같은 기간에 경상도 사람들이라고 서울로 올라오지 않은 것은 아니다. 통계청의 통계를 보면, 1975년부터 1987년까지 사이에 서울로 전입해 온 경상도 사람 수는 전라도 사람 수와 거의 같은 238만 명이었다. 그 가운데 주저앉은 순 이동수는 113만 명으로, 역시 전라도 사람 수와 비슷하다. 전입이나 순 이동수는 거의 같더라도 고향인 현지 주민 수가 많음을 따지면 전라도의 절반 수준이다. 당시 서울에 거주한 경상도 출신 영세민 수는 선라노의 설반 수순인 17퍼센트에 지나지 않았다. 전통적으로 호남 사람들에게 갖는 편견이나 비호감이 경상도 사람들에게는 아주 적다.

1990년대 이후 경상도의 서울권 전입은 늘어났으나 전라도는 이미 전출자원이 바닥났음을 보여 주듯 매년 서울권 전입이 줄어들고 있다.

1988년 이후 2010년까지 23년 동안 전라도에서 서울·경기·인천 등 서울권으로 전입한 사람은 393만 명이었으며, 그 가운데 31.9퍼센트인 125만 명가량이 정착했다. 이에 견주어 경상도에서 서울권에 전입한 인구는 427만 명이었으며 그 가운데 잔류한 수는 전라도 사람 수와 거의 비슷한 126만여 명이다. 그렇더라도 현지 인구를 중심으로 살핀다면, 전라도 인구는 계속 경상도보다 심하게 유출되고 있는 셈이다.

1995년 이후 계속된 자치단체별 전출입 기록이 통계청에 있으므로 주민 이동이 지역정치에 얼마나 영향을 미치고 있는지 살펴보기로 하자.

서울에서 가장 전출입이 많은 곳은 관악구였으나 이는 서울대학교 학생의 전출입으로 보인다. 어느 곳이나 버스정류장이나 새로운 택지가 개발되는 곳, 또는 공단이 조성되는 지역에 전입자가 몰린다. 토박이보다 타관 전입자가 많은 곳일수록 변화를 원하는 진보색채가 강하고 야당을 지지하는 성향마저 있다.

경상도에서 1995년 이후 16년 동안 10만 명 이상 전입한 구는 관악구가 12만 6천 명으로 가장 많고, 강남구(11만 7,496명), 마포구(11만 3,409명), 송파구(11만 2,314명)순으로 뒤를 잇는다. 관악구의 전라도 출신 전입수는 9만 5,286명으로, 현지 인구가 경상도의 절반에 미치지 못하는 것을 감안한다면 전라도 사람들이 가장 많이 들어간 곳이다. 관악구는 13대 국회의원 선거에서 김대중이 이끌던 평민당으로 당선된 한광옥과 이해찬 의원이 거물 김수한을 떨어뜨린 곳이다. 16대에는 목포 출신 이훈평이 평민당으로 관악 갑에서 당선되었다. 20대 국회의원 선거에서 안철수 외에 서울에서 유일하게 국민의당 후보를 국회에 보낸 곳도 호남 사람이 많은 관악구이다.

동작구는 경상도와 전라도 사람이 거의 같은 수로 많이 사는 곳이다. 서초·광진·강서구는 경상도 사람들이 많이 전입해 간 열 곳 가운데 하나로, 전라도 사람은 좀 적은 편이다. 특히 강남은 전라도 사람(1만 6,800명)보다 경상도 출신이 거의 열 배나 많아(11만 7천 명) 이들의 텃밭이라 할 수 있다. 영등포·노원·서대문·강동·양천구는 두 지역 출신 사람들이 거의 같은 수인 5만 명 안팎으로 전입해 간 곳이다.

인천광역시에서 부평은 경상도나 전라도 출신이 다 같이 4만 8천여 명 전입한 곳으로, 야당의 아성이라 할 수 있다. 이웃 계양구에는 전라도 사람이 많이 살고, 황해도 출신 북한 피란민과 전라도 어민들도 인천에 많이 몰려 살아서 전남 고흥 출신 송영길이 이곳에서 국회에 진출했으며 인천시장에도 당선될 수 있었다.

경기도는 서울이 포화상태에 이르자 서울 진출 교두보로 경상도나 전라도 출신 사람들이 1990년대 이후 이주한 곳이다. 1988년 이후 2010년까지 경기도의 전라도 전입자는 148만 명가량이었으며 경상도 사람은 169만여 명으로 전라도보다 많았다.

두 지역 사람늘이 가장 많이 옮겨 가는 곳은 수원이다(영남 17만 9천 명/호남 12만 6천 명). 두 번째로 많이 옮겨가는 곳은 성남으로, 영남이 11만 명, 호남이 10만 명이었다.

영남보다 호남 사람들이 더 많이 옮겨가는 곳은 부천, 용인, 안산, 안양, 광명이다. 특히 광명시는 전북의 터전으로 불릴 만큼 전북 출신 이동인구가 집중되고 있다. 2000년대 이후 이곳 시장이나 국회의원은 전북 출신이 거의 독점했다. 경기도에서 호남보다 영남이 강한 곳은 고양시이다.

6.2.

지역주의와 정치

정치는 지역연고를 이용한다

인구학자들은 1960년 27개에 지나지 않던 남한의 도시가 2000년 79개로 늘어나고, 140개 농촌 군 가운데 49개 군이 없어지면서 도시화가 이뤄졌다고 말한다. 폭발적인 도시 성장에 견주어 농촌 인구는 1966년 1,941만 명을 고비로 매년 30만 명가량씩 줄어들다가 1990년에 이르러서야 10만 명 선으로 둔화되었다.

서울의 농촌회귀 현상과 더불어 서울 근교인 경기도의 계류장화稽留場化가 강화되고 있다. 1970년대 경상도의 산업시설 집중에도 불구하고 서울권역 유입현상이 계속되는 것은 정치가 조선왕조 시대와 마찬가지로 근기近畿지역 중심 정치를 하고 있다는 증좌이기도 하다.

광복 후 정치가 지역연고를 부채질한 것은 1963년 10월의 제5대 대통령 선거였다. 민정당의 윤보선과 맞섰던 공화당의 박정희의 찬조연설에 나섰던 이효상이 신라왕조 복원 주장을 하고 나선 것이다. 일본 유학을 마치고 고향 대구에 돌아와 중학교 교편을 잡았던 그는 광복 후 경상북도 학무국장을 거쳐 경북대 문리대학장을 지냈다. 4·19 직후 실시된 7.29 총선 때 무소속으로 참의원에 출마해 당선되었고, 5.16 이후 공화당에 입당해 1963년 2월 대구 남구에서 국회의원에 출마해 당선되었다.

9월 19일 대구 수성천에서 열린 박정희 대통령 후보 찬조연설에서 이효상은 "이 고장은 신라 천년의 찬란한 문화를 자랑하는 고장이건만 그 긍지를 잇는 이 고장의 임금은 없었다. 박정희 후보는 신라 임금의 자랑스러운 후손이며, 이제 그를 대통령으로 뽑아 이 고장 사람을 천 년 만의 임금으로 모시자"며 지역성을 들고 나왔다(이상우, 《박정희 시대》, 중원문화, 1985). 이 선동 탓이었던지 박정희는 61.7퍼센트를 얻으며 윤보선(29.9퍼센트)을 눌렀고, 경북에서도 55.6퍼센트 대 36.1퍼센트로 압승했다. 이 공로로 이효상은 이해 11월 26일 열린 국회에서 의장이 되었고, 1969년 9월 개헌 발의를 변칙으로 통과시켰다. 그는 의장 시절에도 지역파벌을 의식하는 발언을 계속해 1966년 9월 함덕용 등 야당 의원들로부터 불신임건의안의 대상이 되기도 했다(의안 제061014호, 1966.9.23.).

1960년대 윤보선과 박정희가 경쟁할 때 지역의 남·북 현상은 있었으나, 본격적인 영남 대 호남 대결 구도는 1971년 김대중과 박정희의 대결 때 시작되었다.

1990년대 이후 정치적 필요에 따라 본적을 나타내지 않도록 여러 가지 사회적 장치를 해 왔으나, 여전히 정부 각료나 주요 고위관리를 임명할 때면 현주소가 아닌 본적지나 선조의 고향을 들먹이고 있다. 이것을 보면 본적을 숨기는 여러 종류의 장치나 제도는 역시 정치적 허상일 뿐이라는 생각을 하게 된다.

이미 1980~1990년대 정치의식의 조사 때 25.8퍼센트가 지역 출신자에게 투표한다는 설문조사 결과가 발표된 바 있다(김승흠·김광웅·안병만, 〈투표 성향에 관한 연구〉, 《한국선거론》, 다산, 1987). 후보자가 어느 정당 출신인가를 보고 투표한다는 국민은 7퍼센트 대에 지나지 않는다. 이 같은 경향은 국회의원보다 지방자치 단체장이나 의원투표 때 더 심하다. 실제로 지역성이 가장 잘 나타났던 선거는 1987년 대통령 선거와 1988년 총선거였다. 그 결과는 민주주의고 이념이고 없이 지역주의가 이념이 되고 민주주의의 방편이 되고 말았다. 제13대 대통령 선거는 군부의 마지막 희망인 노태우와, 민주화 열기를 외면하고 권력욕에 사로잡힌 양김의 싸움처럼 되어, 결국 분열한 민주 세력이 패하고 기득권 조직을 잘 관리한 노태우의 승리로 끝났다. 그러나 그 득표 결과를 살펴보면 똘똘 뭉친 호남과 비호남 사이에 싸움이 시작되고 있음을 발견하게 된다.

김대중은 광주에서 94.4퍼센트, 전남에서 90.3퍼센트, 전북에서 83.5퍼센트의 몰표를 얻고 서울에서 2위와 15만 표차로 1위였으나, 경북에서 2.4퍼센트, 경남에서 4.5퍼센트, 충청도에서 8.95퍼센트, 강원도에서 8.8퍼센트를 얻어 호남 이외의 지역에서 철저히 냉대받았다.

김영삼은 경남에서 51.3퍼센트, 경북에서 28.2퍼센트를 얻어 경상남도에 편중되었지만 노태우와 나눠 가졌고, 김종필은 고향인 충청도에서마저 경북 사람 노태우의 33.1퍼센트보다 겨우 1.4퍼센트 많은 34.6퍼센트를 얻었으나 망국적인 지역주의 바람이 붙었다고 법석을 떨었다.

【 표 8 】 13대 총선 정당별 당선 확정자 수

구분	총 의석 수	민정	평민	민주	공화	기타
서울	42	10	17	10	3	무소속 2
부산	15	1		14		
대구	8	8				
인천	7	6		1		
광주	5		5			
경기	28	16	1	4	6	무소속 1
강원	14	8		3	1	무소속 2
충북	9	7			2	
충남	18	2		2	13	무소속 1
전북	14		14			
전남	18		17			한겨레민주당 1
경북	21	17		2	2	
경남	22	12		9		무소속 1
제주	3			1		무소속 2
소계	224	87	54	46	27	10 (무소속 9, 한겨레민주당 1)
전국구	75	38	16	13	8	
계	299	125	70	59	35	10 (무소속 9, 한겨레민주당 1)

《월간정우》 1988년 6월호

【 표 9 】 13대 대통령 선거 후보별 득표 수

구분	선거인 수	투표자 수	투표율	노태우	김영삼	김대중	김종필
서울	6,468,710	5,507,305	88.2%	1,682,824	1,637,347	1,833,010	460,988
부산	2,290,038	2,024,324	88.4%	640,622	1,117,011	182,409	51,663
대구	1,275,293	1,146,652	89.9%	800,363	274,880	29,831	23,230

구분	선거인 수	투표자 수	투표율	노태우	김영삼	김대중	김종필
인천	955,271	841,983	92.5%	326,186	248,604	176,611	76,333
광주	520,488	481,126	88.4%	22,943	2,471	449,554	1,111
경기	3,352,554	2,962,014	90.7%	1,204,235	800,274	647,934	247,259
강원	1,040,632	943,379	91.1%	546,569	240,585	81,478	49,954
충북	854,23	777,739	88.3%	355,222	213,851	83,132	102,456
충남	1,788,014	1,578,557	90.4%	402,491	246,527	190,772	691,214
전북	1,298,522	1,172,867	90.3%	160,760	17,130	948,955	8,629
전남	1,659,767	1,498,755	91.0%	119,229	16,826	1,317,990	4,831
경북	1,878,025	1,709,244	89.5%	1,108,035	470,189	39,756	43,227
경남	2,193,206	1,963,876	88.5%	792,757	987,042	86,804	51,242
제주	280,872	248,598	89.2%	120,502	64,844	45,139	10,930
계	25,873,624	22,856,419		8,282,738 (36.6%)	6,337,581 (28.0%)	6,113,375 (27.0%)	1,823,067 (8.1%)

〈월간정우〉 1988년 6월호

연고투표의 실상

전남 광양 출신 조재천은 1954년 제3대 민의원 선거 때 대구 달성에서 당선된 뒤 내리 3대를 대구가 뽑은 국회의원을 지내다가 1960년대에 법무장관과 내무부장관을 지냈다. 경북 출신 박정희가 정권 이양 첫 선거인 1963년 대통령 선거 때 윤보선과 싸워 가까스로 15만 6,026표차로 당선될 때 전남도민들은 박정희에게 윤보선보다 28만 4,912표나 많은 76만 5천 표를 몰아주었다. 공정한 선거가 이뤄졌더라도 당락이 바뀔 수도 있던 시절이라 윤보선은 낙선되고도 스스로 정신적 대통령을 자처했다.

지역의 몰표 현상이 시작된 것은 바로 1971년 7대 대통령 선거 때 박정희와 김대중의 대결이었다. 경상도 출신 박정희와 전남 출신 김대중이 맞붙었다. 선거 결과 김대중은 94만 6천 표차로 낙선했다. 이때 박정희는 영남에서 71.7퍼센트를 얻고 호남에서는 34.8퍼센트를 얻었다. 이에 견주어 김대중은 고향에서 몰표를 얻은 것이 아니라 겨우 62.3퍼센트를 얻고 영남에서 27.9퍼센트를 얻었다. 이효상 국회의장 등이 지역감정에 호소하고 다닌 결과이다. 한심스러웠던 것은 김대중의 고향인 하의도에서마저 김대중 몰표가 나오지 않고 고작 61.57퍼센트가 나왔으며 박정희 표도 699표(23.58퍼센트)나 나왔다는 점이다.

이렇듯 이미 1971년 대선 때 경상도 사람들은 자기 지역 연고자에게 몰표를 주었다.

1987년 네 명의 후보가 싸울 때야 비로소 호남 사람들은 똘똘 뭉쳤다. 전라도 출신에게 88.4퍼센트의 지지율을 보였다. 노태우(49.7퍼센트)와 김영삼(42.4퍼센트)의 표를 합산해 보면 영남에서는 92.1퍼센트가 자기 고장 사람에게 표를 준 셈이므로 전라도보다 더 결속하고 연고주의에 매몰되었다고 할 수 있다.

대통령 선거에 이어 실시한 1988년의 총선거에서도 경상도 사람들은 강한 연고주의 성향을 보여 주었다. 김대중의 평민당은 영남에서 1석만을 얻었다. 서울에서 17석을 확보했으나 호남에서는 69.1퍼센트를 얻었을 뿐이었다.

노태우의 민정당은 영남의 43석 가운데 29석을 확보했고, 김영삼의 민주당은 11석을 확보했다. 경상도 총 의석정수 43석 가운데 3석이 공화당과 무소속에 넘어갔지만 득표율은 78.5퍼센트로 김대중의 호남 득표율 69.1퍼센트보다 높았다.

1987, 1988년 두 선거에서 주목을 끄는 것은 서울에서 호남

세의 약진이다.

김대중이 서울의 22개 선거구에서 다른 후보에 진 곳은 동대문 을(노태우), 강남구와 강동구(김영삼)의 세 곳뿐이고 나머지 열아홉 구에서 1위를 차지했다. 김대중이 서울에서 얻은 득표율은 27.5퍼센트로 약 178만 4천여 표였다. 이 표는 1975년 이후 1987년까지 서울에 진입해 정착한 121만 7천여 호남 표를 바탕으로 한 것이다. 1975년 이전에도 이미 전라도에서 서울로 옮긴 사람이 많으므로 김대중의 서울 득표는 호남 표라고 해도 좋을 듯하다. 이 점은 이듬해 실시된 1988년 국회의원 선거에서도 살필 수 있다.

인구 이동은 언제나 인재의 이동을 겸한다. 서울에 이주해 온 호남 사람들 가운데는 가난한 영세민이 많았으나 엘리트의 진출도 이루어졌다.

12대 대선까지도 서울에서 생활하던 사람들이 연고지인 고향에 내려가 출마해 정계에 진출했다. 그러다가 1988년 13대 총선 때는 1987년 김대중 대통령의 서울 득표에 고무되어 서울에서 출마한 전라도 출신 수가 10여 명을 넘어섰다. 그 가운데 9명이 평민당원으로 당선되었고, 서초 을에서는 전북 익산 출신 김덕룡이 김영삼의 민주당 소속으로 당선되었다. 경상도 사람도 7명이 당선되었다. 이때 전라도 출신으로 서울에서 당선된 국회의원은 다음과 같다.

조세형趙世衡 : 김제 출신, 성동 을
이상수李相洙 : 여수 출신, 중랑 갑
김덕규金德圭 : 광주 출신, 중랑 을

양성우梁成祐 : 함평 출신, 양천 갑

강금식姜金植 : 옥구 출신, 성동 갑

신오철申五澈 : 이리 출신, 도봉 갑

이원배李元湃 : 정읍 출신, 강서 갑

박 실朴 實 : 전주 출신, 동작 을

김덕룡金德龍 : 익산 출신, 서초 을

한광옥韓光玉 : 전주 출신, 관악 갑

13대 대통령 선거와 14대 총선거에는 그동안 결집력을 보이지 못했던 전라도 사람들이 경상도 못지않은 결속력을 보였다. 비로소 지역연고주의가 확고해진 때이다.

14대 총선거와 대통령 선거는 앞선 선거에서 주목받게 된 호남세를 꺾기 위한 비호남의 결집이었다. 1992년 12월에는 14대 대통령 선거가 있었고 같은 해 3월에 총선거가 있었다. 1992년 대통령 선거를 앞두고 김영삼은 민주화투쟁 동지인 김대중을 이기기 위해 1990년 1월 부산의 민주당 국회의원 14명, 경남의 9명, 서울의 10명 등 민주당 당원들을 이끌고 경북세의 노태우 대통령에 투항했다. 말할 것도 없이 이때 노태우 대통령의 옛 군부 동지라 할 김종필의 공화당도 삼당 창당에 참여했다. 이것은 한마디로 서울에서 세력을 키우는 데 성공한 김대중을 고립시키는 작전이었다고 할 수 있다. 이때 현대그룹의 정주영이 통일국민당을 창당해 대통령 선거와 국회의원 선거에 뛰어들었다.

정주영은 호남에서 2퍼센트를 득표하여 김대중에 영향을 끼치지는 못했다. 오히려 충청도에서 23.8퍼센트, 강원도에서 35.5

퍼센트, 경북에서 17퍼센트, 경기도에서 19.8퍼센트를 얻어 김영삼을 방해한 꼴이 되었다. 그렇지만 외톨이가 된 호남의 김대중은 김영삼에 193만 표차로 크게 패해 은퇴를 선언하고 영국으로 떠났다. 이해 3월에 실시된 국회의원 선거에서 호남 사람들은 똘똘 뭉쳐 민주당 이름으로 호남에서 39석 가운데 37석을 휩쓸고 서울에서는 43석 가운데 25석을 차지하는 기염을 토했다. 말할 것도 없이 13대 때 김대중이 이끈 평민당이나 14대 때의 민주당을 순수 호남 지역 당이라 할 수는 없다. 민주화운동의 동지들을 버리고 군사정권과 야합할 때 김영삼과 결별한 신민주연합 세력이 일부 민주당과 합했기 때문이다. 그러나 여전히 그 주력은 호남이었다.

1995년의 6·27 지방선거는 다시 한 번 호남당의 위력을 발휘했다. 김영삼의 변절에 뛰쳐나온 진보 세력의 동조를 받은 민주당이 서울시장(조순)을 비롯한 서울시내 구청장 25자리 가운데 23자리를 싹쓸이해 세상을 놀라게 했다. 서울시의원 133석 가운데 122석을 민주당이 차지했다. 선거로 뽑는 1,215명의 지방 자치단체장과 시·군·구의원 가운데서도 478석을 차지하며 여당인 민자당의 410석을 앞질렀다.

일 년 뒤인 1996년에 실시된 총선거에서 서울의 호남세는 크게 약화되었다. 1995년 지방선거가 왕따당했던 약자 호남에 대한 강자들의 배려였다면, 국회의원 선거는 서울 토박이들의 자존심과 몰표현상에 대한 견제 심리가 발동했던 듯하다. 1996년 15대 총선에 민주당은 의석이 18석으로 줄어들고, 여당은 27석으로 늘었다. 전체적인 결과는 신한국당으로 이름을 바꾼 여당이 139석, 새정치국민회의로 이름을 바꾼 호남당이 79석,

1995년 2월 김영삼과 결별해 자민당을 창당한 충청도 김종필 당이 50석, 통합민주당이 15석, 무소속이 16석이었다. 이 결과를 두고 입담꾼들은 '신삼김시대의 탄생'이라고 불렀다. 내각제를 주장한 김종필이 경북의 반YS기운을 몰아 50석을 확보하면서 김대중계 국회의원 득표는 1992년 대선 때보다 줄어들었다.

김대중은 지연의 힘으로 이기기 힘든 싸움임을 간파하고 꾀를 내어 혈연과 역사인연을 파고들었다. 김영삼이 했던 것처럼 김종필을 끌어들인 것이다. 사람들은 자신을 납치해 죽이려고까지 했던 중앙정보부의 창설자 김종필과 손을 잡다니 급하긴 급한 모양이라고 비아냥거렸다. 김영삼의 야합에 이은 김대중의 오월동주는 많은 국민을 실망시켰다.

1997년 대통령 선거에서 김대중은 39만 표차로 이회창을 누르고 당선되었다. 당시 김대중이 얻은 충청도 표는 43.9퍼센트였다. 이회창이 이인제(26.6퍼센트)와 표가 나뉘면서 27.4퍼센트를 득표하는 데 그치지 않았다면 이회창이 이겼을 것이다.

13대(1987년)·14대(1992년)·15대(1996년) 선거는 1980년대 민주화운동과 더불어 일어난 진보좌파의 이념화가 퇴색되고 말았다. 김영삼과 노태우의 합당 때 김영삼 계열에서 민주화 세력과 진보 세력이 일부 이탈하고 15대 선거 때는 시민운동 세력들이 서로 연줄 따라 줄을 섰을 뿐이다.

이미 이념 따위는 관심이 없고 권력분점에 끼기 위한 연줄과 안면 찾기 싸움판 시대이다. 운동권 학생 계층이 정치에 참여하고자 줄서기를 하면서 국회는 45.8퍼센트가 물갈이되었다. 추미애, 정동영, 정세균, 김한길, 김민석, 김부겸, 이재오, 김무성, 정형근, 정의화, 신영균, 이완구 등이 이때 국회에 들어오거나 인연을 맺어 16대 때 국회에 진출했다.

16대 총선은 삼김시대를 마감하고 지역연고와 진보 세력이 조직화된 시기라 할 수 있다. 김대중 정권 말기인 2000년 4월 13일에 실시된 총선에서 한나라당은 영남에서 65석 가운데 울산의 정몽준(무소속) 1석을 제외한 64석을 독식했다. 이에 질세라 호남도 결속력을 보여 주기는 했으나, 29석 가운데 4석을 제외한 25석을 차지해 영남과 같은 한통속의 모범을 보여 주지는 못했다. 말할 것도 없이 호남에서 당선된 무소속 의원 4명 강운태·박주선·이정일·이강래는 DJ의 공천에 반발한 지역구들로, 비록 DJ당인 민주당의 공천을 받지 못했으나 영남 당인 한나라당 계열 인물들은 아니었다.

서울·경기·인천의 수도권 97석 가운데 56석을 민주당이 차지한 것은 이미 지는 해가 된 김대중 지지 세력이 아니라 호남 사람들과 이념적인 개혁 세력의 협력이었다고 할 수 있다. 의원 수에서는 이겼다 하더라도 득표수에서는 1퍼센트 안팎의 차였다. 더구나 연대책임을 다해야 할 충청도에서 민주당은 8석, 자민련은 11석을 차지하고, 한나라당이 3석을 차지해 협치 연대를 기대할 수 없게 되었다.

총선 결과 여당인 민주당은 96석, 자민련은 12석으로 두 당 의석을 합하면 108석이었으나 야당인 한나라당은 112석으로 4석이 많았다. 16대 총선에서는 정당보다 인물 중심의 낙선 시민운동이 일어나 그 대상이 86명이었다. 이 가운데 영남권의 한나랑 출마사는 15명이었으나 단 한사림의 낙신자 없이 전원 당선시키는 단결력을 보여 주었다. 수도권에서는 22명 가운데 20명이 낙선했다. 무조건적인 경상도의 패권의식이 발동한 결과였다.

2002년 대통령 선거는 진보정권의 계승이냐 보수정권의 탈환이냐를 건 싸움이라고 일컬어졌으나, 결국은 경상도와 전라도의 싸움이나 다름없었다.

노무현은 2000년 16대 총선 때 부산 북·강서 을구에서 민주당 공천을 받아 출마해 한나라당의 허태열과 맞붙었다가 35.7퍼센트를 득표하며 낙선했다. 선거 초반에는 그의 당선이 확실한 것처럼 알려졌으나, 경상도에 반호남 바람이 불면서 15대 총선 때 경기도 부천 원미구에서 낙선한 허태열에게 1만 3천여 표차로 낙선했다. 총선거 뒤 한나라당은 이회창이 당권을 거머쥐고 이기택, 김윤환 등 거물 주류 당원들을 16대 공천에서 낙천시키는 등 대권가도를 달리고 있었다. 민주당은 후계구도 없이 경선으로 대선 후보를 뽑기로 하여, 광주지역 경선에서 국회의원에도 낙선한 노무현이 1위 후보로 뽑혔다. 이 바람을 타고 노무현은 마침내 민주당 대통령 후보가 되었고, 정몽준과의 단일화를 이뤄 냈다. 선거 결과 그는 이회창을 57만 표차로 제치고 당당히 대통령이 되었다. 당시 광주시민들은 95.18퍼센트의 지지율을 보여 주었고, 전남은 93.39퍼센트의 지지율을 보이며 국회의원 선거 때 경상도의 몰표에 복수했다. 여전히 이때도 경상도는 노무현을 백안시했으며, 부산에서 얻은 표는 국회의원 출마 때의 득표율보다 더 적은 29.85퍼센트였다. 호남의 김대중을 따랐다고 미움을 받은 노무현에게 호남 사람들은 의리가 핏속에 흐르는 광주 본관 노씨 후손이라며 사랑을 보냈다. 그러나 그는 지역주의는 망국병이라면서 전라도의 상징인 민주당을 버리고 열린우리당을 창당했다. 전라도 사람들은 예로부터 죽음을 무릅쓰고 경주에 쳐들어가 박씨 왕(경애왕)을 내려앉히고 광주와 연고가 있는 김부를 왕위(경순왕)에 올렸으나 그는 광주 사람들을 버리고 왕건에 나라를 바쳤다. 이러한 노무현의 행보는 광주 사람들로 하여금 옛 역사가 반복되는 것 같은 아쉬움을 맛보게 했다. 현대에 이르러 노무현에 이어 정동영이 다음 대통령 선거에서 민주당 후보로 나섰으나, 맥이 풀린 전라도 사람들은 노무현 때와 같이 극성을 부리지 않았다. 광주·전남 사람들은 정동영에게 80퍼센트의 표도 주지 않았다.

2012년 대선은 박근혜와 문재인의 싸움이었다. 전라도 사람들은 문재인에게 90퍼센트의 표를 주었다. 문재인이 이북 출신 피란민의 아들이자 전라도 남평문씨의 후손이기 때문이다. 전남 나주 남평이라는 지연으로 얽힌 이북 출신 문재인에게 지지를 보냈던 것이다.

6.3.

노무현과 문재인의 혈연연고

문재인은 2012년 18대 대선 때 호남에서 88.96퍼센트를 득표했었다. 그러나 그의 성장 기반인 경남에서 36.34퍼센트를 얻고 경북에서 단 18.61퍼센트만의 지지를 받으며 낙선했다. 그는 2017년 19대 대통령 선거에서도 경남 36.73퍼센트, 경북에서 21.73퍼센트를 얻었을 뿐이다. 경상도에서 그는 이북 피란민일 뿐이다. 그러나 호남에서 62퍼센트의 몰표로 대통령이 되었다. 인구의 절대다수가 살고 있는 서울에서 42.34퍼센트, 경기도에서도 42.09퍼센트를 얻어 홍준표나 안철수를 이겼지만, 이 지역에서 홍준표와 안철수의 득표를 합하면(630만 2,715표) 문재인이 뒤진다(610만 1,157표). 서울의 42.34퍼센트는 호남 출신 및 월남 가족의 수와 비슷하다.

문재인이 50퍼센트 이상을 득표한 곳은 세종시의 51.08퍼센트와 호남의 62퍼센트이므로 호남 사람들의 은혜를 생각하지 않을 수 없다.

2018년 6월 13일 제7회 전국동시지방선거는 더불어민주당의 쓰나미로 표현할 만한 선거였다. 국회의원 보궐선거 11곳에서 민주당이 10곳을 확보하고 기초단체장 226곳 가운데 69퍼센트인 151곳을 민주당이 휩쓸었다. 광역의원 824석 가운데서는 79.2퍼센트인 652석을 민주당이 차지해, 17개 광역단체 가운데 10곳은 아예 교섭단체 구성이 불가능하게 되었다. 이는 정당 입장에서 본 통계이고, 지역주의 처지에서 보면 호남세의 진출이 괄목할 만하다. 서울 구청장 25곳 가운데 19곳의 구청장이 호남 출신이다. 그 가운데 9명이 재선이다.

강남구	—	정순균(순천)
강동구	—	이정훈(정읍)
강북구	—	박겸수(광주)/3선
관악구	—	박준희(완도)
광진구	—	김선갑(장성)
노원구	—	오승록(고흥)
도봉구	—	이동진(정읍)/3선
동대문구	—	유덕열(나주)/4선
동작구	—	이창우(강진)/재선
마포구	—	유동균(고창)
서대문구	—	문석진(장흥)/3선
성동구	—	정원오(여수)/재선
성북구	—	이승로(정읍)
송파구	—	박성수(광주)
영등포구	—	채현일(광주)/재선
용산구	—	성장현(순천)/4선
은평구	—	김미경(영암)

종로구 — 김영종(곡성)/3선
중랑구 — 류경기(담양)

관악구와 광진구는 같은 고향 후보들끼리 경쟁했다. 정읍 출신 조희연은 서울시 교육감에 재선되었고 서울 국회의원 보궐선거에서는 전남 화순 출신 최재성이 송파 을에서, 여수 삼산면 출신인 김성환이 노원 병에서 당선되었다. 30여 년 전 서울에서 가정부[食母]와 구두닦이 가운데 가장 많은 숫자가 호남 사람이라던 시대가 역전되고 있다. 그렇다고 현지 사람들이 좋아할 일은 아니다. 그들은 그들대로 이주지의 이익을 위해 일할 것이기 때문이다.

사실과 현실 정치를 빗대다 보면 흥미로운 과거사를 발견하게 된다. 선조의 고향이 전라도 전주였던 이성계는 고향을 떠나 함경도에서 실력을 길러 조선이라는 새 왕조를 개창해 선조들이 이루지 못했던 소망을 이뤘다. 이와 비슷하게, 전라도 남평이 선조의 고향인 문재인도 조상들이 고향을 떠나 함경도에서 살다가 거제도로 온 피란민의 자손으로, 전라도 사람들의 지지를 받아 대통령이 되었다.

향토사학의 입장에서 보면, 노무현의 대통령 당선도 전라도와 인과관계가 있다. 한국의 노盧씨는 32위 성씨로 5만여 집이 살고 있다. 문헌의 본관은 42본에 달하지만 실제 본관 수는 10본 미만이다.

광산노씨 족보에 따르면, 이 집안의 선조는 중국 사람이나 당나라 말(859년) 난리를 피해 한반도로 건너온 노수盧穗를 도시조都始祖로 모신다. 그의 아홉 아들이 전국에 흩어져 살며 본관을 이루었는데, 광주백에 봉해진 노수의 맏아들 해ⓧ를 득관조로 삼아 광주 북구 오치동 삼각산 기슭에 시조단을 모시고 있다. 노태우 대통령은 노수의 둘째 아들 오ⓧ의 후손인 교하노씨이다. 노무현 대통령은 노해의 후손으로 알려져 있다. 노해의 후손 만ⓧ과 서ⓧ 형제의 자손이 번성하여 광주의 향반이 되었고 경북 상주를 중심으로도 번창하였다. 김해, 창녕 지방 노씨들은 광주군 노만의 14세 노선경의 후손들로 노선경의 넷째 아들 노섭의 집안이다. 노무현 대통령은 광주노씨 시조 노해의 31세손이다.

2002년 대통령 선거 때 노무현은 광주에서 95.18퍼센트, 전남에서 93.39퍼센트를 얻었다. 이는 김대중이 대선 때 호남에서 얻은 62.3퍼센트(1971년), 88.4퍼센트(1987년), 91.9퍼센트(1992년)보다 높은 지지율이다. 당시 노무현에 대한 주된 지지요인은 김대중 대통령을 이을 사람이며 이해를 따지지 않은 의리에 감동한 점이었지만, 본관이 광주라는 것과 관계가 없다고는 말할 수 없다. 노무현은 스스로 광주노씨 31세손이고 그의 핏속에는 전라도의 선조 유전자가 흐르고 있다고 호소했었다. 그러나 그도 역시 김대중과 마찬가지로 지역 당의 이미지가 싫었던지, 열린우리당을 창당하여 전라도 사람들을 의아스럽게 했다. 신라 경순왕이 광주 사람들에 의해 왕이 되었으면서도 그 왕위와 나라를 전라도 사람들의 후백제와 싸우고 있던 왕건에 바쳤다는 실리 챙기기에 배신감과 같은 비슷한 감정을 느끼게 된다.

2012년 호남에서 88.96퍼센트의 지지를 받았던 문재인이 2017년 선거에서 61.99퍼센트밖에 득표하지 못한 것은 호남 국회의원들의 이탈과 맥을 같이한다. 역사적 혈연으로 전라도계에 속하는 노무현은 2002년 부산에서 29.86퍼센트를 얻었고, 문재인의 경남 득표율은 36퍼센트 대를 맴돌았다.

혈연성은 크게 희석되었다지만 아직도 지역주의가 엄연히 살아 있는 한국사회에서 소선거구제와 지방자치 선거에 씨족이라는 혈연이 큰 위력을 발휘하고 있음을 애써 외면해서는 안 된다.

6.4.

지역주의의 조화와 상생

연고주의는 전근대적인 유산이며 적폐라고 비판받는다. 인정에 사로잡혀 원칙을 그르친다면 사회 정의가 바로 설 수 없다고 기염을 토한다. 더구나 세상이 지구촌화된 마당에, 좁은 공간에 울타리를 치고 생활하던 원시시대 국지 공동체 때의 미련을 버리지 못하면 미래가 없다고 극단론을 펴는 사람들도 있다.

이런 발언은 연고주의가 자신에게 불리한 사람의 입에서 나온다는 사실에 주목하고 싶다. 김대중, 노태우가 다 같이 연고주의로는 득이 없었을 때 같은 주장을 했다. 연고주의는 사람이 살아가는 과정에서 자연스럽게 생성될 수밖에 없다. 남녀가 만나 부부가 되고, 자식을 낳고 형제와 더불어 가정을 이룬다. 식구가 늘면 분가해 새 가정을 이루지만, 핏줄의 끈[血緣]을 바탕으로 계속해서 서로 돕고 보살피며 살아간다.

세대가 늘면 혈연끼리 동네를 이루기도 하고 생활에 필요한 이웃을 불러들이기도 한다. 이 자연공동체들이 모여 고을이 되고 나라가 되었다. 가까운 동네끼리는 서로 이해가 깊어 친한

마음을 갖기 쉽다. 먼 타향에서 같은 고을 사람을 만나면 반가운 마음이 샘솟는다. 이것이 혈연에 이은 지연이다. 인연의 인(仞)자는 한 울타리에 사는 사람끼리는 큰대자로 네발 쭉 뻗고 의지할 수 있다는 뜻이다. 인연이란 본디 바로 이 의지하는 마음을 실로 꿰매 놓은 상태를 뜻한다.

보편적 가치를 실현하기 위해서는 원칙을 무시하는 인연에서 벗어나야 한다는 주장도 일리가 있다. 그러나 일찍이 사마천이 읊은 것처럼 "사람은 목석이 아니라 모두 정이 있다." 인간은 감정이 없는 로봇이 아니다. 눈에 보이지 않는 사랑이라는 감정이 가족관계를 만들고, 지역사회를 구성하고, 마침내 나라를 이루었다. 인정과 인연이 공룡 이상의 힘을 발휘하며 인류를 다스려 온 것이다.

어리석은 통치자는 이 연고의 조화와 균형이 정치의 요체임을 모르기 때문에, 연고주의가 통치에 불편을 준다면서 없애려고만 애쓴다. 그러나 무엇보다 유의해야 할 점은, 이 같은 인간 본연의 정서를 그릇된 통치 도구로서 이용하려는 음모에 놀아나지 않도록 하는 것이다. 연고주의를 제대로 이해하지 못하면서 망국병이라고 규정할수록 한국 정치는 지연주의를 지하화·심화시킬 뿐이다.

홍동식은 〈연고주의와 지역감정〉(《지역감정연구》, 1991)을 쓰며 1988년 10월 한국사회학회가 실시한 아래와 같은 연고주의 조사 결과를 인용했다.

- 혈연관계가 사회생활에 많은 도움을 준다 : 22퍼센트
- 혈연관계가 사회생활에 다소 도움을 준다 : 36퍼센트

● 지연관계가 사회생활에 크게 도움이 된다 : 11퍼센트
● 지연관계가 사회생활에 다소 도움이 된다 : 35퍼센트

응답자의 58퍼센트가 혈연관계가 사회생활에 도움을 준다고 응답하였으며, 거의 반수가 지연관계를 의식하고 있다. 실제로 1987년 대통령 선거와 1988년 국회의원 선거 때 그 의식이 반영되었음은 앞에서 확인한 바 있다.

학연에 대해서도 13퍼센트가 사회생활에 크게 도움을 준다고 응답했고, 33퍼센트가 다소 도움이 된다고 응답하고 있어서 역시 학교 선후배 관계나 동창 관계가 영향을 끼친다고 보고 있음을 알 수 있다.

【 표 10 】 연고주의가 생활에 도움 주는 정도

구분	혈연관계(응답률)	지연관계	학연관계
많이	439명(22.0%)	210명(10.6%)	237명(12.8%)
다소	710명(35.7%)	695명(34.9%)	602명(32.6%)
별로	597명(30.0%)	806명(40.5%)	633명(34.2%)
전혀	245명(12.3%)	278명(14.0%)	377명(20.4%)
계	1,991명(100%)	1,989명(100%)	1,840명(100%)

한국사회학회 조사, 1989 ; 김용학, 〈엘리트 충원·탈락의 지역격차〉,
김종철 외, 1991, 258~288쪽에서 재인용.

같은 책 제3장 〈오늘의 지역감정 실태〉(박용남)는 1989년 2월 제주를 제외한 전국 1,501명을 상대로 실시한 결과를 소개하고 있다. 이때도 '연줄'에 대한 조사를 했는데, 출세에 관련이 있다고 생각하냐는 질문에 83.3퍼센트가 그렇다고 답변했다.

기업체나 정부기관에서 연줄이 작용하냐는 질문에는 42.4퍼센트가 조직 내에서 필요한 정도까지, 22.5퍼센트가 동료 사이에 봐주는 수준까지, 자기 세력 만드는 자리 마련까지는 26.95퍼센트가 그렇다고 응답하여 전체의 90퍼센트 이상이 연줄이 영향을 미친다고 여기는 것을 보여 주었다. 단순히 연줄이 출세에 도움을 준다고 생각하냐는 질문에는 83.35퍼센트가 그렇다고 대답했다. 지난 양대 선거 때 연고지 후보자에게 투표했는지를 묻는 질문에 46.7퍼센트가 그렇다고 응답했다.

특히 호남 출신들에게 출신지역이 사회생활에 장애가 되었던 경험을 조사한 결과, 40.4퍼센트가 피해 경험이 있으며 인간적인 모욕을 겪었다고 응답했다. 취업 때 출신지가 불이익이 되었는지에 대한 질문에는 전라도 출신의 36.55퍼센트가 불이익을 당했다고 답했다. 지역의 집단의식을 갖는 곳도 전라도가 심해 74.9퍼센트에 달했으나, 다른 지역은 모두 10퍼센트 미만이었으며, 경상도는 13.8퍼센트였다.

박용남은 이 조사 결과에서 호남 사람들은 스스로 결속해야 생존할 수 있다는 냉혹한 현실을 느끼고 있었다고 결론짓고 있다.

그러나 전라도 사람들은 과거에서 도망치거나 역사로 말미암은 천년의 한에 분노하여 보복하기보다는, 과거에서 배우고 느끼며 새 역사 창조를 위한 관용 정신을 발휘해야 한다. 경쟁의 승리는 결코 강자만의 것이 아니다. 위급하면 자기조직화와 집단화를 꾀하는 것이 인간이다. 변하지 않으면 죽는다. 힘들 때 비로소 위대해질 수 있다.

6.5.

남·북 통일과 지역주의

본디 재판의 상징으로 쓰이는 천칭天秤, scales은 균형, 평등, 정의, 조화, 하늘의 섭리 등을 뜻한다. 그리스에서는 법과 정의의 여신 테미스의 상징이다. 이 여신은 사람이 죽으면 죽은 자의 생전 선행과 악행을 천칭으로 저울질한다. 천칭은 힌두교, 기독교, 이슬람교 등 여러 종교에서 '판결'의 상징이었다. 오늘날도 재판의 상징물로 쓰이기도 한다.

역사기록을 볼 때마다 늘 의문을 품어 왔다. 기록에도 재판제도와 같은 검사의 논고와 피의자의 변론권이 보장되고 고대실화에 나오는 천칭과 같은 저울질이 용납된다면, 과연 오늘날과 같은 역사가 가능할 것인가. 학자들은 논리상 모순되는 기록들을 보고도 다른 증거가 없으므로 기록을 우선할 수밖에 없다한다. 그러나 더러 전설처럼 떠돌아다니는 개인 문집류의 기록들은 오늘날의 재판제도에서처럼 변론으로 쓰이지는 않았다. 옛 기록들을 오늘날의 소송법제를 본받아 옛 기록들을 파고들면 소송 대상이 많았을 것이다.

원고를 끝낼 무렵 필자는 외교관 윤상욱이 쓴《권력은 왜 역사를 지배하려 하는가》(시공사, 2018)란 책을 대할 기회가 있었다. 이 책은 오늘날 세계 강대국들의 역사 왜곡사를 기술하고 있다. 필자는 상당수의 한국사만이 권력 유지를 위해 왜곡되어 왔다고 생각했는데 지금 미국, 러시아, 중국, 인도 등 국제적 패권국가일수록 국민들이 권력과 국가에 충성하도록 역사적 사실을 가리거나 왜곡하고 있다는 것이다. 국민에게 행복한 삶을 누릴 기회를 공평하게 보장하기 위해 애국심을 교육하는 것이 아니라 권력을 연장하기 위해서라는 주장이다.

한국에서는 아직 향토사가 독립학문도 아닌 시골사람들의 소일거리 정도로 대접받는다. 그러나 지방분권을 주장하면서 가장 절실한 것이 향토사의 제자리 찾기라는 생각을 버리지 못하고 있다. 일본에서는 문화인류학이나 민속학자들을 중심으로 1910년 향토회를 창립하면서 본격화되었지만, 결국 국가주의가 강조되었던 태평양전쟁 때 흐지부지되고 말았다. 이에 앞서 1890년 〈소학교령〉이나 〈중학교 교칙대강〉에 향토교육을 지시한 바 있다. 당시 일본 사람들은 독일에서 시작된 하이마트쿤데 Heimatkunde, 곧 향토지에 영향을 받아 향토사를 조국과祖國科(國史)나 세계과世界科(세계사)와 같은 비중을 두었다. 일본 쓰쿠바대학 하가 노보루芳賀登 교수의 책은《지방문화의 보전》(교육과학사, 1985)이라는 국내 번역판도 나왔다.

1992년에 필자는 이해준 교수와 함께《향토사 이론과 실제》(향토문화진흥원 출판부)라는 책을 냈다. 1991년에는《서울제국과 지방식민지》(지식산업사)란 책을 냈다. 이때 일본 향토학자들의 흉내를 내 "향토사 운동은 한반도를 1백 개의 토막으로 잘려도 살아남는 지렁이 사회로 만드는 일이다. 남조선 인구의 절반을 품고 있는 서울은, 어느 날 거대한 공룡이 작은 찔레 가시 하나에 발바닥을 찔려 죽듯이 핵폭탄 한 방에 불바다가 될 수 있다. 반대로 흙 속에 묻혀 사는 지렁이는 그 몸이 백 개로 나뉘어도 각각 따로 살 수 있어서 공룡이 사라진 세상에서도 여전히 살아오고 있다. 객관적으로 과연 어떤 삶이 더 보람되고 행복한가는 판가름 낼 수 없다. 방글라데시 국민들의 행복지수가 높으냐 미국 사람들의 행복지수가 높으냐는 어떤 잣대로 재느냐에 달렸다."고 썼다.

또 한국은 겉으로는 민주주의 국가처럼 보이지만, 내용을 뜯어보면 아직 상당수가 그러한 조선왕조 시대나 다름없는 의식에 젖어 있고, 사람마저 출신지와 생활지에 따라 차별 대우하는 전근대적 신분국가라고 주장했다.

같은 교통사고를 당해도 서울 사람의 보상금과 시골 사람의 보상금이 다르다. 지방자치단체를 운영한다고 중앙당에서 단체장은 물론 지방의원까지 공천해 중앙당의 하수인처럼 부린다. 일제 식민지 시절 총독이나 지방장관을 임명하던 형태다. 지방에 연고가 있다는 이유만으로 그 지역에 집도 생업기반도 없는 서울 거주 당원들을 골라 지방자치단체장을 시키고 있으니, 주민을 위한 행정을 하는 것이 아니라 공천자를 위해 모든 청탁을 수용하고 심지어 서울에서 여는 중앙당 정책 시위꾼들을 모집해 보내기도 한다. 중앙정보는 지방자치단체들의 여건에 따라 균형 발전과 문화 수준 유지를 위해 경중을 두어 재정을 지원할 의무가 있다. 오늘날 지방정부의 특별보조금이나 기간시실비 지원은 출신 국회의원의 역량에 따라 달라진다. 모든 회의는 중앙부처의 편의에 따라 서울에서 열리기 때문에, 변방의 빈한한 지방자치단체들은 가난한 재정에서 가장 비싼 출장비와 여관비를 서울에 뿌린다. 지방자치는 지역 거주자끼리 대표를 뽑도록 해야 한다. 그래야 인재의 서울 집중화를 막을 수 있다. 서울에서 맺은 학연, 지연 등을 동원해 고향을 지배하는 구조를 바꿔야 한다. 전국에 10개 정도의 서울을 육성해야 서울이 핵폭탄을 맞더라도 다른 도시가 수도 기능을 즉시 떠맡을 수 있다. 심하게 말하자면, 통치권력은 사라져도 민초들은 계속 살아남아야 한다.

인구가 늘어갈수록 인종과 지역 간 차별과 연고주의는 강화된다. 근래 자국 내 부족한 노동력을 개발도상국에서 유입된 인구로 채우던 유럽의 여러 나라들에서 난민 유입을 막는 우파 세력의 집권이 득세하고 있다.

2008년 미국에서는 128년 만에 혼혈 대통령이 탄생했다. 이 정부에서 첫 흑인 국무장관을 지낸 콘돌리자 라이스Condoleezza Rice는 지난 2018년 3월 4일 CNN과의 인터뷰에서 "많은 미국인이 스스로 사회적 계급에 갇힌 죄수라고 느낀다"고 말하며 아메리칸 드림이 끝나가는 것 같다고 걱정했다. "국민 모두가 공유하는 서사narrative를 잃어버렸다. 공동의 목적과 서사 없이는 어떤 나라도 국민을 하나로 묶을 수는 없다. …못 사는 동네의 임대주택에 살더라도 언젠가는 최고경영자가 될 수 있다는 희망이 있었으나 지금은 그렇지 않다"고도 말했다(Alexandra King, "Condoleezza Rice says America is 'a country divided'", CNN Politics, 2018.3.4., ⟨https://edition.cnn.com/2018/03/04/politics⟩, (2018.4.10.)). 트럼프의 이민금지와 인종차별에 대한 간접적인 비판으로 보인다.

인종이나 연고주의가 아직도 남아 있고, 어떤 나라나 어느 지역에서는 강화되기까지 하고 있다. 적은 공간에 생물의 수가 많아지면 같은 종끼리도 죽이고 잡아먹는 것이 자연 생태계이다. 인간이 이런 비극에 처하지 않으려면 만물의 영장靈長답게 상생하는 지혜를 계속 교육하는 수밖에 없다. 전라도나 경상도, 서울이나 강원도를 서로 공부하고 이해하는 슬기로움을 키우는 길이 첩경이다. 이에 앞서 정치인들이 진정으로 지방분권 원리와 사상을 이해하고, 한반도 안에 열 곳 이상의 서울 공화국을 만들어야 이 민족의 멸종을 면할 수 있다. 공룡은 멸종했으나 미물인 지렁이는 살아 온 것처럼, 전라도는 본시 '지렁이 왕국'이었음을 잊지 말아야 한다.

민주주의를 영어로 데모크라시Democracy라 한다. 인민dēmos과 통치-kratia라는 그리스어가 합쳐져 만들어진 단어dēmokratia에서 비롯했다. 민주주의民主主義라는 낱말은 일본 사람들이 이를 한문의 뜻글자에 맞춰 만든 말이다. 민중(인민, 백성)이 주인인 주의로 풀이한다. 그러한 정치는 공화정共和政이라 일컫는다. 곧 공화정은 '모든 국민은 나라의 주인이고, 따라서 국가 권력은 국민으로부터 나온다'는 뜻이다. 이는 하늘의 아들을 자칭한 군주(황제 또는 천자)의 다스림에 대칭되는 개념으로 발전해 인간, 자유, 평등, 정의의 개념으로 바뀌었다. 이 낱말은 우리 옛 개념 가운데 홍익인간弘益人間(널리 인간을 이롭게 한다)과도 통하고, 서학에 맞서 전개한 근세의 동학운동인 인내천人乃天(백성이 곧 하늘의 아들이다) 운동의 뜻과도 통한다. 다수결의 원칙을 따르면서도 소수나 변방도 손해 보지 않도록 골고루 돌보는 정치체제를 이상으로 했다. 지금처럼 다수자가 지배하여 소수의 원망을 받는 정치가 아니라 소수도 같이 사는 상생相生주의였다. 중국의 공자도 이런 사회를 대동大同사회라 했다.

조선왕조 5백 년 동안 전라도 출신全州出身 이씨가 통치했으면서 영남 패권 반세기도 못 참고 불평하느냐고 눈을 흘길 것이 아니라, 호남 사람들이 불평하지 않는 정치를 해야 한다. 이같은 동·서 상생의 훈련이야말로 남·북 통일 후의 상생을 위한 학습이다.

연고주의는 망국의 병이 아니다. 인간이 사회적 동물임을 인정하고, 영장답게 지혜롭게 조정하는 제도와 기술을 갖춘 정치 생태를 구축해야 한다. 이 세상의 모든 이념도 결국은 모든 인간의 행복에 있다. 인간은 본질적으로 생태계의 일원이라 할 수 있지만 다른 동물보다 우월한 사회성으로 공존을 추구하는 영장이다.

민주주의의 기본 원리인 '다수결의 원칙'에 따른다면서 인구 배분에 따라 서울이나 영남이 자기들의 연고지 우선정책을 쓸 경우, 이 때문에 차별받는 소외지 사람들의 가슴에 울분과 불평의 씨앗을 심어 행복하지 않을 수밖에 없다.

국회의원 의석수로 따지면 영남 국회의원은 호남과 충남을 합한 의석수보다 9석이나 많다. 수적 열세가 차별의 원인이 된다면 지역갈등은 영원히 해소될 수 없다. 역사적 진실과 지리적 차이로 말미암은 차별을 인정하고, 서로 이해하고 어루만지며 이익을 골고루 나누는 데만이 해결의 길이 있다.

호남 사람들이나 영남 사람들이나 다 같이 지리적 환경이 인성과 문화의 차이를 만들어 왔음을 살펴 왔다. 호남은 조선 근대 실학자들이 지적했듯이 그 지리환경이 흩어져 있다. 흩어진 지리처럼 인심도 나뉘어, 통치의 중심이 되어 보지 못하고 들판을 떠도는 야당野黨 신세를 면하지 못했다.

후삼국 때 가장 강력했던 후백제가 망한 것도 바로 이 지역이 안고 있는 지리적 약점으로 말미암은 결과였다. 그 땅의 토박이들은 바다를 통해 사방에서 들어온 사람들의 후손들이라 경상도처럼 한통속이 될 수가 없었다. 내륙의 광주, 전주 지역 사람들은 후백제 편이였고, 해변인 나주, 영암, 순천, 광양 사람들이 왕건 편을 들어서 망했다. 이 때문에 계속해 압제받고 착취받으며 살다가, 참을 수 없으면 사전에 충분히 힘을 조직화하지도 않고 좀스런 민란이나 일으켜 차등과 착취를 심화시켰을 뿐이다. 서로 조금씩 다른 문화들이 섞여 새로운 문화를 창조하는 능력도 있고, 바다와 강을 통해 이웃과 교섭도 많아 개방적일 수밖에 없는 지역이다. 기득권을 유지하려는 산골 지역보다 진취적이고 변화를 추구하는 특질이 움틀 수밖에 없는 환경이 전라도이다. 끊임없는 변혁을 추구하는 진보성이 소수 차별의 한풀이와 뒤섞일 수 있다. 영남 사람들은 호남의 이 같은 지리적 특질과 역사를 이해하고 사랑으로 상생의 미덕을 보여야 한다. 그렇지 않고 오늘날 같은 정치적 갈등 놀이에 휩쓸리다 보면, 극성스런 한풀이가 화석이 되고 드디어는 암처럼 번져 불치병이 되어 나라 전체를 망하게 할 것이다. 전라도 사람들은 감정을 앞세우지 말고 경상도의 현실적인 실리 챙기기를 배워야 한다. 전라도 사람들은 불평의 에너지를 창조와 개척의 에너지로 선환할 때가 되었다.

광주 민주화운동은 수백 명이 죽어도 잠잠해질 줄 몰랐으나 오랜 시간 누명을 뒤집어썼고, 아직도 1980년 5월 광주의 진상은 완전히 밝혀지지 않은 채 논쟁이 계속되고 있다. 언제라도 역사적 진실은 밝혀질 것이지만, 그 아픔은 크고, 깊고, 오래가야 아물어질 것인가. 역사가 정의로운 영웅보다 비굴한 승리자들로 하여금 엮여 왔다고 느낄 때가 많다. 진실이 승리하기까지 너무 많은 세월과 희생이 소요되었다.

전라도 사람들에게 잠재되어 있는 또 하나의 약점은 패배에 따른 피해의식과 자격지심이다. 경상도는 신라권역이라 할 경상북도와 가야권역에 속했던 경상남도마저 갈등의 기미를 보이기 시작했다. 인종으로 따지면 대륙 유목민과 해양 정착민 사이의 역사적 차이에서 오는 당연한 현상이다. 직접 드러내지는 못했지만 북동쪽의 신라권역에 열등의식을 느껴 온 경남 사람들의 자존심을 위해 문재인 대통령이 가야사 복원을 주문하는 듯한 느낌을 받는다.

전라도는 엄연한 역사상의 왕국을 가졌던 땅이지만 전라도 사람들은 후백제의 유적에 관심을 두지 않는다. 이 점이 바로 전라도의 약점이다. 신라에 패망했다는 사실에만 매몰되어 이 땅에 건설하려 했던 나라가 어째서 망했는가에 대한 성찰의 기운이 전혀 없다. 역사 공부는 왜 하는가. 과거로 미래를 바로잡자는 데 있다. 지리적 약점이나 환경이 영향한 지역 인심의 잘못은 없는지 지나온 역사의 진실을 통해 자신의 참모습을 찾아내야 한다.

자만은 실패의 씨앗이다. 질시의 대상일 뿐이다. 전라도 사람들은 환경도 인간 의지가 결정한다는 토인비의 말을 명심해야 한다. 인간은 스스로 변화시킬 수 있는 능력 때문에 만물의 영장이 되었다.

앞서 동·서 갈등이나 대립의 순화는 민족의 지상 과제라는 남·북 통일을 위한 선행 학습이라는 점을 강조했다. 이 같은 노력 없이 남·북이 통일된다면, 역사적·사회적으로 쌓여 온 그 지역갈등은 상상을 초월할 것이다. 본디 지역주의는 이념을 우선하는 인간의 생물적 본능임을 누차 말했다. 남·북은 지리 환경이 다를 뿐 아니라 역사 환경이 다르고 오늘날은 이념과 정치 형태마저 다르다. 심정적인 민족의식만으로 통일국가를 이룬다면 경상도와 전라도의 경쟁이나 이해 다툼 이상의 지역갈등이 시작될 것은 너무나 뻔하다. 이미 한국에 넘어온 탈북민 가운데는 남한 사람들의 편견을 이기기 힘들다고 호소한 경우도 있다(주승현, 《조난자들》, 생각의힘, 2018).

남·북 문제에 앞서, 외국인 노동자 유입에 따라 이미 일어나고 있거나 앞으로 더 깊어질 수도 있는 갈등에도 대비해야 한다. 외국인 노동자와 다문화가정을 포용하는 선행학습이 절실하다. 전라도 사람, 경상도 사람, 피란민, 탈북자, 외국 이민 노동자, 북한 사람, 남한 사람은 같을 수가 없다. 서로 조금씩 양보하고 이해하려는 노력 없이는 문제가 영원히 해결될 수 없다. 인구 절벽을 해결하기 위해 외국 노동력 유입이 늘어 갈수록, 미국이 중국인 이민을 막았듯 한국이 외국인 유입 금지법을 제안하는 날도 올 수 있다. 동·서가 화합하여 상생하는 방법을 젊은이들에게 교육하고 지혜를 발휘하여 외국 노동자 증가와 북한과의 공생에 대비하는 미래의 자원으로 삼아야 한다.

이제 결론을 내기로 하자. 인간은 환경의 영향을 받으며 살아오는 동안 영광도 맛보고 박해도 받으며 진화했다. 세계사에서 그동안 경험하지 못한 가장 위험한 역사가 시작되고 있다는 징조가 느껴진다. 민족주의와 전체주의적 패권의식이 되살아나면서 그동안 가장 이상적이라고 여겨 온 자유민주주의가 위기를 맞고 있다.

산맥이나 큰 강으로 격리된 대륙에서 서로 경쟁하던 유럽 사람들이 바다는 인간생활의 장애가 아니라 활로라면서 항해시대를 열었다. 그 바다로 인류의 활동 공간을 넓힌 대신 침략과 식민기법을 발전시켰고 종내에는 산업혁명에 성공했다. 결국 소통의 바다를 넓게 이용할 수 있는 자리를 차지한 미국과 섬나라 영국·일본 등이 한때 패권을 차지했다. 이제는 서로 해양국가가 되겠다고 남은 바다를 두고 싸울 준비를 하고 있다.

풍수란 시대에 따라 변하는 것이다. 지구에 남아 있는 자원은 바다뿐이다. 여러 갈래의 강으로 나뉘어 힘을 쓰지 못한 지리적 약점을 장점으로 활용할 호남의 시대가 온 것이다. 한반도에 살고 있는 사람들이 힘을 합쳐 나아갈 곳은 아직도 여유가 있는 바다다.

필자는 1972년 〈섬·섬사람〉이란 신문 연재로 한국신문상을 받은 뒤, 바다가 미래의 자원이고 그 자원 가운데서도 섬들은 사막의 오아시스와 같은 값진 존재라는 뜻을 담은 잡지 《바다의 오아시스》를 내기도 했다. 바다를 향해 힘을 뻗다가 좌절한 '장보고' 연구에 많은 세월을 보냈다. 그는 지금부터 천수백 년 전 한반도 민족이 나아갈 길을 제시한 선각자였다.

지금도 늦지 않았다. 좁은 땅 반도에서 서로 지역 이익만을 따질 것이 아니라 크게 상생할 수 있는 바다시대를 열기 위해 뭉쳐야 한다. 하늘은 시련 받은 민족에게 희망을 주었다. 반도가 절반으로 나뉘면서 남쪽은 인위적으로 만들어진 섬이나 다름없게 되었다. 섬사람들은 생활을 위해 배를 만들고, 항해술을 익히고, 생선과 해조류를 양식하는 기술을 익힌 옛 고향 사람들이다. 현재 이들은 베트남·인도네시아·필리핀·말레이시아 사람들과 함께 배질을 하며 기술을 익혀 가고 있다. 한반도의 풍수는 유라시아 대륙의 물류기지로서 항구의 역할을 맡으라고 가르치고 있다. 앞에서도 보았듯이 일찍이 장보고는 이 사업에 뛰어들었었다. 필자는 2000년 해양수산부 해양한국자문위원으로 참가했을 때 20만 톤급 산업모함을 세 척쯤 만들어 태평양의 주요 어장에 정박시키고, 자선들이 잡아오는 고기를 가공해 바로 전 세계에 팔자고 제안했다. 함선 조선비용의 일부는 식품 가공 공장을 유치해 해결할 수 있다고 보았다. 이 산업모함은 태풍에도 크게 영향을 받지 않으므로 작은 배들의 피항에 이용하고, 갑판은 활주로 화물 수송에 이용하다가 유사시에는 전함으로 바꾸면 일석이조라는 주장을 폈으나 공감을 얻지 못했다. 세금을 퍼부어 대형 조선소를 연명시킬 것이 아니라, 산업모함을 만드는 일감을 주면 일석삼조가 될 것이다. 풍수 때문에 생긴 오해나 인성을 한반도 부두풍수론으로 바꿀 시대가 이미 도래했다.

마지막 결론은 이미 밝힌 토인비의 말로 대신한다. "한 민족의 체격과 기질은 그들이 살고 있는 땅의 토질에 따른다. …환경이 문명발전의 한 요인이기는 하지만 문명화할수록 인간 의지가 환경을 지배할 수 있다."

끝내는 말

본디 시작할 때는 공정하게 쓰겠다고 다짐했지만, 다 써놓고 읽다 보니 너무 내 고장 변명에만 열을 올린 것 같아 가슴이 섬찟하다. 연고주의를 버릴 수 없다면 도덕률을 벗어나서는 안 되고, 연고 간 조화를 이루며 발전시켜 나가야 한다는 점을 재삼 강조하고 싶다.

이제 우리 국민, 우리 겨레는 뒤늦게라도 제대로 된 근대 국가를 이룩해야 한다. 오랜 시간 역사적·사회적으로 첩첩이 쌓여 온 전근대의 지역주의를 극복하고, 차이를 넘어 동질성을 찾아 통일된 나라로 나아가야 하지 않겠는가.

전라도 사람들 가운데서는 지나치게 전라도의 약점이나 험담을 드러냈다고 못마땅해 하는 이도 있을 듯하다. 그러나 타관 사람들이 이 책의 전라도 약점을 들추어 폄하에 쓸 것을 걱정하여 사실들을 적시하지 않는다면 그것은 위선이고 비겁일 것이다. 반성하고 고치기를 다짐하면서 타관 사람들의 이해를 구하기 위해서이다.

되돌아보기도 안타깝지만, 특히 1960년대 이후 한국 정치사회에서 벌어졌던 어처구니없는 일들의 가장 큰 책임은 정통성이 부족한 지도자들에게 있었다. 그들의 지나친 행동이 갈등의 주된 원인이었고, 이들에게 맞장구쳤던 그 추종자들이나 동조자들의 권력 지향적인 일탈 또한 컸다. 그러나 그뿐인가, 그들의 언행에 맞장구친 언론, 출판, 학계, 문단의 책임은 없는가.

오늘날 사회의 모든 분야에서 일고 있는 민주화 바람과, 선진화에 대한 열망이 다수 국민의 간절한 기대에 따라 더 좋은 새날로 이어지기를 바라면서 펜을 놓기로 한다.

참고문헌

1. 자료

《삼국사기》《삼국유사》《고려사》《고려사절요》《도선비기》《조선왕조실록》〈태조호적원본〉(국보 제131호)《동사열전》《택리지》《신증동국여지승람》《조선농지관계휘보》《조선연감》《광산김씨세보》《견씨세보》《도강김씨 조사공파 족보》《논산군지》《상주목지》《합천군지》《거창군지》《홍성군지》《순천시지》《문경지》《전라남도지》《전라북도지》

2. 연감 및 통계자료

《朝鮮の人口現象》(調査資料 第22輯), 朝鮮總督府, 1928.

〈1989년 한국인 라이프스타일 조사〉, 리스피아르조사연구소, 1988.

《한국지리지》 경북·전남편, 국토지리원, 2005.

《경북지명총람》, 경상북도교육위원회, 1984.

《광주시사》, 광주광역시, 1995.

《한국지명총람》 경북편Ⅲ·Ⅳ, 한글학회, 1979.

〈역대선거정보〉, 중앙선거관리위원회 선거통계시스템, 〈http://info.nec.go.kr/〉.

3. 신문·잡지·매체

〈소위 하와이 근성시비 – 전라도 개땅쇠(하와이 교포론)〉,《야화》1959년 6월호.

〈특질고〉,《문학사상》1979년 1월호.

〈영남이 서울을 점령했다〉,《신동아》1988년 1월호.

《월간정우》1988년 6월호.

〈거대파워 커넥션 TK사단〉,《한국일보》1989.1.8.

《시사월간 WIN》1996년 7월호.

KBS 전주방송국, "거북바위는 전주를 지키는 관문이었다", KBS 역사스페셜, 2002.5.4.

김희태, "1240년, 나는 湖南의 마을들을 두루 다니고자 하나니", 향토학, 2011.9.15.

전남대학교 호남학연구원·경북대학교 영남문화연구원 워크숍 학술발표·상호토론자료
    (《영호남의 자연과 문학》), 2017.8.17.~18.

Alexandra King, "Condoleezza Rice says America is 'a country divided'", CNN Politics, 2018.3.4.

4. 논문

김갑동, 〈고려 현종대의 지방제도 개혁〉, 《한국학보》 21-3, 일지사, 1995.

_____, 〈전라도의 탄생과 그 의의〉, 《역사학연구》 63, 호남사학회, 2016.

김덕현, 〈한국의 자본주의적 산업화와 지역불균등발전〉, 한국공간환경연구회 편, 《지역
    불균형연구》, 한울, 1994.

김영모, 〈한국사회의 권력지배층의 사회적 배경에 관한 연구〉, 《진단학보》 33집, 진단
    학회, 1972.

김진국, 〈지역민간의 편견적 태도 연구〉, 《학생생활연구》, 전남대학교 학생지도연구소, 1984.

김철준, 〈후삼국시대 지배세력의 성격〉, 김인걸·서굉일·이근수, 《한국사의 전개》, 동성
    사, 1983.

나간채·정근식, 〈직업계층간의 사회적 거리감에 관한 연구〉, 《한국사회학》 제22집 여름호,
    한국사회학회, 1988.

문석남, 〈한국의 지역격차와 지역정책〉, 《국토연구》 창간호, 1982.

_____, 〈지역격차와 갈등에 관한 한 연구-영·호남 두 지역을 중심으로〉, 《한국사회학》
    18집 겨울호, 한국사회학회, 1984.

박광순, 〈지역개발과 경제성장-그 효과 판정을 기준율 중심으로〉, 《한국경제연구》 제2집,
    한국경제연구회, 1967.

박영숙, 〈도심지 빈민의 경제적 적응방식에 대한 연구〉, 이화여자대학교 석사학위논문, 1983.

오기수, 〈조선시대 각 도별 인구 및 전답과 조세부담액 분석〉, 《세무학연구》 제27권 3
    호, 한국세무학회, 2010.

오영교, 〈1862년 농민항쟁연구〉, 《손보기박사정년기념한국사학논총》, 지식산업사, 1988.

이원명, 〈조선시대 관료지배층 연구-문과급제자 거주지를 중심으로〉, 한국행정학회 동계
    학술대회 발표논문, 2005.

이창기, 〈영해 도곡리 무안박씨의 문중조직과 종족활동〉, 《민족문화논총》 57집, 영남대
    학교 민족문화연구소, 2014.

전석홍, 〈성남시와 서울시 간의 경제적 교류에 관한 연구〉, 서울대학교 석사학위논문, 1973.

조경근, 〈한국정치의 현실과 과제: 정치사회화의 시각에서 본 영·호남간의 지역감정 실재와 악화 및 그 해소-광주 및 대구지역의 대학생들에 대한 설문조사를 중심으로〉, 한국정치학회 합동학술대회 논문집 7권, 한국정치학회, 1987.

최재율, 〈모정이 농촌사회경제에 미친 영향〉, 《호남문화연구》 제4집, 전남대학교, 1966.

황선영, 〈경순왕의 귀부와 고려초기 신라계세력의 기반〉, 《한국중세사연구》 14집, 한국중세사학회, 2003.

Kim Hyung-Kook, 〈The Impact of Economic Development on an Inter-Urban Hierarchy and its Implicit Influence on a National Political Integration with Reference to the Case of Korea〉, 《국토계획》 제9권 2호, 1974.

5. 단행본

가람이병기박사송수논문집간행위원회 편, 《가람이병기박사송수논문집》, 삼화출판사, 1966.

견훤의출생과유적조사단 편, 《견훤의 출생과 유적》, 문경시, 1996.

고영진, 《호남사림의 학맥과 사상》, 혜안, 2007.

고흥화, 《자료로 엮은 한국인의 지역감정》, 성원사, 1989.

광주시립민속박물관 편, 《의로운 역사의 고장》, 광주시립민속박물관, 2011.

권동희, 《지리이야기》, 한울, 1998.

길승흠·김광웅·안병만, 《한국선거론》, 다산, 1987.

김도형, 《민족과 지역》, 지식산업사, 2017.

김삼룡, 《한국미륵신앙의 연구》, 동화출판, 1984.

김성한, 《왕건》, 동아일보사, 1981.

김성호, 《씨성으로 본 한일민족의 기원》, 푸른숲, 2000.

김연옥, 《한국의 기후와 문화: 한국 기후의 문화역사적 연구》, 이화여자대학교출판부, 1985.

김영모, 《조선지배층연구》, 일조각, 1977.

김용운, 《풍수화: 한·중·일 문명 비평서》, 맥스미디어, 2014.

_____, 《역사의 역습》, 맥스미디어, 2018.

김정호, 《호남문화입문》, 김향문화재단, 1990.

_____, 《서울제국과 지방식민지》, 지식산업사, 1991.

_____, 《전남본관성씨연구》, 향토문화진흥원, 1996.

_____ 《한국의 귀화 성씨》, 지식산업사, 2003.

_____, 《(전라도의 恨) 후백제의 흥망》, 향토문화진흥원, 2009.

_____, 《광주산책》 上·下, 광주문화재단, 2014~2015.

김정호 편, 《(천하명당) 금환락지》, 향토문화진흥원, 1992.

김정호·김희문, 《(청해진 옛터) 완도지역 지명 유래조사》, 해상왕장보고기념사업회, 2003.

김정호·이해준·호남향사회원, 《향토사 이론과 실제》, 향토문화진흥원, 1992.

김종철·김학민·이두엽, 《지역감정연구》, 학민사, 1991.

김지견 외, 《도선연구》, 민족사, 1999.

김지영 편, 《김씨사》, 도서교육출판, 1972.

대구시 편, 《대구의 향기: 전통과 문물》, 대구시, 1982.

문경문화원 편, 《문경의 옛 모습과 이름》(문경문화원 향토사료 제20집), 문경문화원, 2007.

문경현, 《고려태조의 후삼국통일연구》, 형설, 1987.

문석남, 《전남인의 의식구조》, 대왕사, 1984.

민족문화추진위원회 편, 《동사강목》(고전국역총서 127~136권), 민족문화추진위원회, 1976.

박연희, 《백강은 흐르고》, 1986.

백선엽, 《조국이 없으면 나도 없다-백선엽 회고록》, 월간아미, 2010.

뿌리깊은나무편집부 편, 《한국의 발견》 경상북도편, 뿌리깊은나무, 1984.

안종철, 《광주·전남 지방현대사 연구》, 한울, 1991.

윤상욱, 《권력은 왜 역사를 지배하려 하는가》, 시공사, 2018.

이기백, 《민족과 역사》, 일조각, 1977.

_____, 《고려귀족사회의 형성》, 일조각, 1993.

이도학, 《진훤이라 불러다오》, 푸른역사, 1998.

이민수, 《조선전》(탐구신서 67), 탐구당, 1976.

이병도, 《고려시대의 연구》, 을유문화사, 1948.

이상우, 《박정희 시대》, 중원문화, 1985

이수건, 《한국중세사회사연구》, 일조각, 1984.

이숭녕, 《한국의 전통적 자연관》, 서울대학교출판부, 1985.

이용빈, 《백제 지방통치제도 연구》, 서경문화사, 2002.

이종범, 《나는 호남인이로소이다》, 사회문화원, 2002.

이해준, 《(다시 쓰는) 전라도 역사》, 금호문화, 1995.

이현혜, 《삼한사회형성과정연구》, 일조각, 1984.

전기웅, 《나말여초의 정치사회와 문인지식층》, 혜안, 1996.

정순목, 《한국서원교육제도연구》(민족문화연구총서), 영남대학교 민속문화연구소, 1979.

전남사학회 편, 《전남지방사 연구의 현황과 과제》(《전남사학》 7집), 전남사학회, 1993.

전남지역개발협의회연구자문위원회 편, 《전남인의 가치관과 의식구조연구》, 1983.

정청주, 《신라말고려초 호족연구》, 일조각, 1996.

정회석, 《무엇이 강자를 만드는가: 자연을 살리는 생태계의 전략가들》, KMAC, 2018.

조갑제, 《박정희》, 조갑제닷컴, 2007.

조흥윤·김열규·김택규·성백인, 《한국 민족의 기원과 형성》 下, 소화, 1996.

주승현, 《조난자들》, 생각의힘, 2018.

최근영, 《통일신라시대의 지방세력 연구》, 신서원, 1990.

최영준, 《(한국의 옛길) 영남대로》, 고려대학교 민족문화연구원, 2004.

충남대학교 백제연구소 편, 《후백제와 견훤》(백제연구총서 8), 서경문화사, 2000.

하현강, 《한국중세사연구》, 일조각, 1988.

한국사회학회 편, 《한국사회와 갈등의 연구》, 현대사회연구소, 1985.

_____, 《한국의 지역주의와 지역갈등》, 성원사, 1990.

한국심리학회 편, 《심리학에서 본 지역감정》, 성원사, 1988.

한국정치학회 편, 《한국정치의 민주화》, 법문사, 1989.

_____, 《한국정치의 재성찰》, 한울아카데미, 1996.

홍순권, 《한말 호남지역 의병운동사 연구》, 서울대학교출판부, 1994.

데이비드 아널드, 서미석 역, 《인간과 환경의 문명사》, 한길사, 1996.

유발 하라리, 조형욱 역, 《사피엔스》, 김영사, 2015.

아널드 토인비, 《역사의 연구》, 대양서적, 1977.

이마니시 류, 이부오 역, 《이마니시 류의 신라사 연구》, 서경문화사, 2008.

팀 마샬, 김미선 역, 《지리의 힘》, 사이, 2016.

하가 노보루, 여박동·고바야시 사치오 역, 《지방문화의 보전》, 교육과학사, 1985.

찾아보기

295

302